25–

Der erste Teil der in diesem Band versammelten Essays kreist um die traumatische Konflikterfahrung des Genießens in der heutigen „allgemeinen Erniedrigung des Liebeslebens" (Freud). Das Begehren, das eine Spalte in der Realität schafft, macht Žižek sich hier ebenso zum Thema wie die Darstellung der Frauenrolle von Otto Weiningers *Geschlecht und Charakter* bis zu David Lynchs Filmen und die Logik der Geschlechterdifferenz.

Der zweite Teil des Buches hingegen behandelt das Genießen als politisch-ideologische Kategorie: Das Über-Ich als das obszöne, genießerische Gesetz, welches das öffentliche Gesetz potenziert; die Weise, in der politische Gewalt in ihrer körperlichen Realität einen phantasmatischen Hintergrund impliziert; die Art, wie der Blick passiver Zeugen von Kriegsgreueln immer schuldig gemacht wird – von dem tatenlosen Blick des Vaters in Bosnien, der der Vergewaltigung seiner Tochter beiwohnt, bis zu dem unterschwelligen Rassismus des „aufgeklärten" westlichen Blicks, der das exotische Barbarentum des Balkans bedauert.

Slavoj Žižek, geboren 1949 in Ljubljana, ist Philosoph und Psychoanalytiker. Im Passagen Verlag erschien von ihm bereits *Denn sie wissen nicht, was sie tun*, eine Arbeit über das Genießen als politischen Faktor.

DIE METASTASEN DES GENIESSENS

PASSAGEN PHILOSOPHIE

Slavoj Žižek
Die Metastasen des Genießens

Sechs erotisch-politische Versuche
Herausgegeben von Peter Engelmann

Passagen Verlag

Deutsche Erstausgabe
Vom Autor überarbeitete und erweiterte Version
des in englischer Sprache erschienenen Buches:
The Metastases of Enjoyment. Six Essays on Woman and Causality.
Übersetzt von Karl Bruckschwaiger, Michael Buchner,
Jens Hagestet, Michael Scholl, Michael Wiesmüller und Nina Zimnik.

Gedruckt mit der freundlichen Unterstützung des
Bundesministeriums für Wissenschaft, Forschung
und Kunst in Wien

Die Deutsche Bibliothek – CIP-Einheitsaufnahme

Žižek, Slavoj:
Die Metastasen des Genießens : sechs erotisch-politische
Versuche / Slavoj Žižek. Hrsg. von Peter Engelmann. –
Dt. Erstausg. – Wien : Passagen-Verl., 1996
 (Passagen Philosophie)
 ISBN 3-85165-209-6

Alle Rechte vorbehalten
ISBN 3-85165-209-6
© 1996 by Passagen Verlag Ges. m. b. H., Wien
Graphisches Konzept: Ecke Bonk
Satz: BTZ, Korneuburg
Druck: Manz, Wien

Inhalt

Einleitung	11
I Erotik	
Eine Spalte in der Realität	19
Zusatz: Minne und Masochismus	45
Otto Weininger oder „die Frau existiert nicht"	61
Zusatz: David Lynch oder die weibliche Depression	95
Die Stimme in der Geschlechterdifferenz	109
Zusatz: Kino angesichts der „allgemeinen Erniedrigung des Liebeslebens"	125
II Politik	
Das genießerische Gesetz	145
Ideologie zwischen Fiktion und Phantasma	167
Die Schuld des Blickes	191
Anmerkungen	215

Einleitung

Als Slowene war ich stets an jenen wenigen Stellen der Schriften und Briefe Freuds interessiert, an denen er Slowenen oder Slowenien erwähnt; bedenkt man, daß Slowenien zu Freuds Zeiten ein Teil der österreichischen Monarchie war, überrascht es, daß dies so selten der Fall ist. Abgesehen von einem verhaltenen, nichtsdestoweniger aber rätselhaften Hinweis auf einen „unanalysierbaren" slowenischen Patienten in einem Brief an Eduardo Weiss[1], gibt es einen anderen, vielleicht noch signifikanteren Fall. Während einem seiner Sommerurlaube besuchte Freud die Skocjan-Höhle, eine bezaubernde unterirdische Höhle im südlichen Slowenien – bekanntlich diente ihm der Abstieg in unterirdische Höhlen des öfteren als Metapher für den Eintritt in die Unterwelt des Unbewußten. Nun, mitten auf seinem Spaziergang durch das faszinierende, dunkle Universum erbleichte Freud plötzlich, getroffen von einem unerfreulichen Zufall: hier, in dieser zwielichtigen Tiefe, stand ihm, direkt vor seinen Augen, ein anderer Besucher der Höhle gegenüber, nämlich Dr. Karl Lueger, der Wiener Bürgermeister, ein rechtsaußen stehender christlicher Demagoge, Populist und notorischer Antisemit... Was dabei keineswegs übersehen werden sollte, ist das Wortspiel mit *Lueger*, ein Wort, das im Deutschen natürlich sofort mit *Lüge* assoziiert wird. Es schien, als wäre diese zufällige Begegnung für Freud die Inszenierung einer fundamentalen Wahrheit seiner Lehre, welche nunmehr vom obskurantistischen Zugang des New Age verdeckt wird. Diesem Zugang zufolge werden wir, wenn wir in die innerste Tiefe unserer Persönlichkeit eindringen, unser wahres Selbst entdecken, dem wir uns öffnen und freie Entfaltung ermöglichen müssen. Doch ganz im Gegenteil – was wir im innersten Kern unserer Persönlichkeit entdecken, ist eine fundamentale, konstitutive und ursprüngliche *Lüge*, das *proton pseudos*, die phantasmatische Konstruktion, durch die wir versuchen, die Inkonsistenz der symbolischen Ordnung, in der wir uns bewegen, zu verbergen. In dieser Szene verdichten sich sozusagen zwei eng miteinander verbundene lacansche Thesen: Die erste lautet, daß der Herr unbewußt ist, versteckt in einer infernalen Welt, die zweite, daß er ein obszöner Usurpator ist – die „Version des Vaters" ist immer eine père-Version. Die Lehre, die sich – kurz gesagt – für die *Ideologiekritik* daraus ziehen läßt, lautet, daß es keine *Herrschaft* gibt, die nicht von einem phantasmatischen Genießen getragen wird.

Untersuchen wir nun, wo dieses „*Genießen* als politischer Faktor" in seiner reinsten Form angetroffen werden kann. Ein berühmtes Photo aus der Zeit der antisemitischen Pogrome der Nazis zeigt einen ängstlichen jüdischen Jungen, der von einer Gruppe Deutscher in eine Ecke gedrängt und umringt wird. Diese Gruppe ist ausgesprochen interessant, insofern der Gesichtsausdruck der Beteiligten das gesamte Spektrum möglicher Reaktionen wiedergibt: einer von ihnen „genießt es", und zwar in einer unmittelbaren und idiotischen Art und Weise; ein anderer ist sichtlich erschrocken (vielleicht ahnt er, daß er der nächste sein könnte); die frisch erwachte Neugier eines dritten versteckt sich hinter geheuchelter Teilnahmslosigkeit etc., und schließlich der einzigartige Ausdruck eines jungen Mannes, der offensichtlich verlegen, ja entsetzt ist über die ganze Geschichte, der unfähig ist, sich auf die Situation völlig einzulassen, zugleich aber von ihr fasziniert bleibt und sie dabei viel intensiver genießt als die Idiotie eines unmittelbaren Genießens dies vermag. *Er ist der gefährlichste*: Seine fiebrige Unentschlossenheit korrespondiert in jeder Hinsicht jenem einzigartigen Ausdruck auf dem Gesicht des Rattenmannes, den Freud bemerkte, als sein Patient die Geschichte der Rattenfolter erzählte: „Bei allen wichtigeren Momenten der Erzählung merkt man an ihm einen sonderbar zusammengesetzten Gesichtsausdruck, den ich nur als Grausen vor seiner ihm selbst unbekannten Lust auflösen kann."[2]

Eine persönliche Erfahrung enthüllte mir diese der Macht inhärente Obszönität auf höchst geschmacklos-genußvolle Art und Weise. In den 70er Jahren leistete ich meinen (obligatorischen) Wehrdienst in der früheren jugoslawischen Volksarmee, in einer kleinen Kaserne ohne zureichende medizinische Versorgung. In einem Raum, der als Schlafquartier für einen als Arzthelfer ausgebildeten Gefreiten diente, hielt der Arzt des nächsten Militärkrankenhauses einmal die Woche seine Sprechstunde ab. In den Spiegelrahmen über dem Waschbecken in seinem Zimmer hatte der Soldat ein paar Postkarten mit halbnackten Mädchen gesteckt – eine damals, in präpornographischen Zeiten, übliche Quelle zur Selbstbefriedigung. Als der Doktor zu seinem wöchentlichen Besuch erschien, wurden wir alle, die wir uns zur medizinischen Untersuchung angemeldet hatten, auf eine lange Bank gegenüber des Waschbeckens gesetzt und der Reihe nach untersucht. Eines Tages, als ich darauf wartete, untersucht zu werden, kam ein junger Soldat, ein halber Analphabet, an die Reihe, der Schmerzen in seinem Penis hatte (was allein natürlich schon genügte, um bei uns allen, den Doktor eingeschlossen, ein Kichern auszulösen). Die Haut um seine Eichel war zu eng, so daß er sie nicht richtig zurückschieben konnte. Der Doktor befahl ihm, seine Hosen auszuziehen und seine Beschwerden zu demonstrieren; der Soldat tat, wie befohlen, aber die Haut glitt problemlos über seine Eichel, und er beeilte sich hinzuzufügen, daß seine Beschwerden nur auftreten, wenn er eine Erektion bekommt. Darauf sagte der Doktor: „Okay, dann masturbieren Sie, verschaffen Sie sich eine Erektion, so daß wir Sie dann untersuchen können!" Zutiefst beschämt und mit hochrotem Kopf fing der Soldat an, vor uns allen zu masturbieren, bekam aber natürlich keine Erektion; daraufhin nahm der Doktor eine der Postkarten zur Hand, hielt sie dem Soldaten ins Gesicht und fing an, ihn anzubrüllen: „Sieh her! Was für Brüste, was für eine Möse! Hol' dir einen runter! Wie kommt es, daß du keine Erektion bekommst? Was für ein Mann bist du? Weiter, hol' dir einen runter!" Wir alle, den Arzt eingeschlossen, begleiteten das Spektakel mit obszönem Gelächter; der unglückliche Soldat selbst schloß sich uns bald darauf mit einem verschämten Kichern an und tauschte solidarische Blicke mit uns aus, während er masturbierte... Diese Szene war mir quasi eine Offenbarung: *in nuce* kam hier alles vor, das ganze Dispositiv der Macht – das unheimliche Gemisch von auferlegtem Genuß und erniedrigender Machtausübung, die Machtinstanz, die strenge Befehle ausruft, aber gleichzeitig mit uns, ihren Untergebenen, das obszöne Gelächter teilt, das von einer tiefen Solidarität zeugt...

Man könnte auch sagen, daß diese Szene das *Symptom* der Macht darstellt: den grotesken Exzeß, durch den in einem Kurzschluß Einstellungen, die offiziell gegenteilig und diametral entgegengesetzt sind, ihre unheimliche Komplizenschaft enthüllen, wo der ernste Agent der Macht uns plötzlich in einer Geste obszöner Solidarität über den Tisch hinüber zuzwinkert und uns wissen läßt, daß die Sache (das heißt seine Befehle) nicht allzu ernst genommen werden dürfen *und auf diese Weise seine Macht konsolidiert*. Kurzum, der offizielle, öffentliche ideologische Text verneint und benötigt gleichzeitig diesen symptomatischen Kern für sein ungestörtes Funktionieren. Und das Ziel dieses Buches ist es, mittels der Psychoanalyse die verschiedenen Metastasen dieses traumatischen Kerns des Genusses in der heutigen erotischen und ideologisch-politischen Szenerie zu entdecken.

In der psychoanalytischen Gemeinschaft stoßen wir oft auf eine nostalgische Sehnsucht nach den guten, alten, heroischen Tagen, als die Patienten noch naiv waren und nichts über psychoanalytische Theorie wußten – diese Unwissenheit erlaubte es ihnen angeblich, „reinere" Symptome zu produzieren, das heißt Symptome, in denen ihr Unbewußtes noch nicht zu sehr von ihrem rationalen Wissen verzerrt war. Damals gab es noch Patienten, die ihrem Analytiker berichteten: „Letzte Nacht habe ich geträumt, ich hätte einen Drachen getötet und wäre danach durch einen dichten Wald auf ein Schloß zugekommen..." – woraufhin der Analytiker triumphierend antwortete: „Sehr elementar, mein lieber Patient! Der Drache ist ihr Vater, und der Traum drückt ihren Wunsch aus, ihn zu töten, um zum sicheren Hafen des mütterlichen Schlosses zurückzukehren..." Jacques Lacan setzt aufs genaue Gegenteil: das Subjekt der Psychoanalyse ist das moderne Subjekt der Wissenschaft. Das heißt unter anderem, daß seine Symptome niemals „unschuldig", sondern immer an den Analytiker als das Subjekt-das-es-wissen-soll (ihre Bedeutungen kennen soll) gerichtet sind und daher sozusagen auf ihre eigene Interpretation verweisen. Aus diesem Grund kann man berechtigter Weise sagen, daß wir jungsche, kleinsche, lacansche, etc. Symptome haben, das heißt Symptome, deren Wirklichkeit eine implizite Referenz auf irgendeine psychoanalytische Theorie beinhalten... Heutzutage bestehen die „freien Assoziationen" eines typischen, gebildeten Patienten, der analysiert wird, hauptsächlich aus Versuchen, eine psychoanalytische Erklärung für seine Störungen abzuliefern.

Worum es eigentlich in diesem Kampf der beiden Versionen der Psychoanalyse geht, ist nicht nur das Schicksal der Psychoanalyse, sondern auch das Schicksal der Moderne schlechthin: werden wir auf dem reflektiven Wissen beharren, oder werden wir zu irgendeiner Art intuitiver Weisheit zurückgehen? Diese Schlacht, die Fortsetzung der alten *bataille des Lumières* wird nirgendwo so grausam wie auf dem Feld der Beziehungen zwischen den Geschlechtern ausgetragen. Vor einem guten Jahrhundert kündigte das Auftreten der Figur der hysterischen Frau (in den Werken von Richard Wagner, Otto Weininger, Franz Kafka, Edward Munch und anderen) eine Krise der sexuellen Beziehung an, in deren Schatten wir weiterhin leben. Von der charmant-naiven Behauptung der Harmonie des Paares in Mozarts Zauberflöte („Mann und Weib, Weib und Mann...."), schlug das Pendel ins andere Extrem aus und zeugte vom radikal antagonistischen Charakter der Beziehung zwischen den Geschlechtern: Mann und Frau sind in keiner Weise komplementär, es gibt keine prästabilisierte Harmonie, jedes der beiden Geschlechter bedroht die Identität des anderen...

Es gibt zwei Versuche, sich an die Krise anzunähern. Dem ersten, obskurantistischen, zufolge resultiert dieses Ungleichgewicht aus der Tatsache, daß der moderne Mensch der organischen Einheit der Tradition entwurzelt ist, weswegen die Rückkehr zu irgendeiner Art prämoderner Weisheit (unter dem Deckmantel des neuen „holistischen Paradigmas", das das alte „mechanistische", das „kartesianische" Paradigma zum Beispiel, ersetzen soll) dann auch den Antagonismus zwischen den Geschlechtern abschaffen und ihre verlorene Harmonie wiederherstellen soll. In der zweiten Annäherung wird behauptet, daß die Vorstellung des späten 19. Jahrhunderts von der hysterischen Frau als Bedrohung der männlichen Identität einen universellen Zug sichtbar machte, der schon die ganze Zeit im Modus des „an sich" vorkam, das heißt noch nicht „gesetzt", noch nicht „für sich". So besteht keine Inkompatibilität zwischen dem genauen historischen Kontext (die große Krise im Verhältnis zwischen den Geschlechtern vor hundert Jahren war auch die Geburtsstunde der Psychoanalyse), in dem „il n'y a pas de rapport sexuel" (Lacan) zum Gemeinplatz wurde, und Lacans Behauptung, daß die Aussage „es gibt kein sexuelles Verhältnis" allgemein gültig ist: in einer dialektischen Analyse sind Allgemeingültigkeit und Historisierung strikt korrelativ. Die Freudsche Psychoanalyse ist, einer führenden Platitüde zufolge, ein Produkt des späten 19. Jahrhunderts; dennoch sind ihre Einsichten „allgemein gültig", und zwar nicht *trotz* des historischen Kontextes, in dem sie entdeckt wurden, sondern genau *aus diesem Grund*.

I Erotik

Eine Spalte in der Realität

1

Jacques Lacan formuliert die elementare dialektische Struktur der symbolischen Ordnung, indem er feststellt, daß „die Sprache in der Lage ist, die Schuld zu begleichen, die sie verursacht"[1] – eine These, in der man all ihre hegelschen Konnotationen wiedererkennen muß. Die Schuld, die „Wunde", die von der symbolischen Ordnung geöffnet wird, ist – zumindest seit Hegel – ein philosophischer Gemeinplatz: Mit dem Eintritt in die symbolische Ordnung geht unser Eintauchen in die Unmittelbarkeit des Realen für immer verloren, werden wir gezwungen, einen irreduziblen Verlust anzunehmen, bedeutet das Wort den (symbolischen) Mord des Dinges usw. – kurz: Womit wir es hier zu tun haben, ist die negativ-abstrakte Macht, die dem angehört, was Hegel den *Verstand* (das analytische, mortifizierende Zergliedern dessen, was organisch zusammengehört) nannte. – Wie aber haben wir dann eigentlich die These zu verstehen, der *logos* sei in der Lage, seine eigene konstitutive Schuld zu begleichen, oder – pointierter ausgedrückt – *nur* die Sprache, das Werkzeug der Desintegration, könne die Wunde heilen, die sie dem Realen beibrachte – *„Die Wunde schließt der Speer nur, der sie schlug"* (wie Wagner im *Parsifal* es ausdrückte)? Es wäre leicht, hierfür Beispiele zu liefern, vor allem das der ökologischen Krise: Wenn es heute etwas gibt, was nicht zu bezweifeln ist, dann, daß die Rückkehr zu einem natürlichen Gleichgewicht irgendwelcher Art für immer ausgeschlossen sein wird – nur die Technik und die Wissenschaft selbst können uns aus der Sackgasse herausführen, in die sie uns manövriert haben. Wir wollen jedoch auf der Ebene des *Begriffs* verweilen. Gemäß der postmodernen *doxa* verkörpert die bloße Idee, die symbolische Ordnung könne ihre Schuld zur Gänze begleichen, die Illusion der hegelschen *Aufhebung*: Die Sprache entschädigt uns für den Verlust der unmittelbaren Realität (den Ersatz der „Dinge" durch „Worte") mit einem Sinn, der das Wesen der Dinge vergegenwärtigt, das heißt in dem die Realität als ihr Begriff bewahrt wird. Das Problem jedoch – so die *doxa* weiter – besteht in der Tatsache, daß die symbolische Schuld konstitutiv und als solche uneinlösbar ist: Das Auftauchen der symbolischen Ordnung eröffnet eine *Kluft*, die niemals vollständig mit Sinn gefüllt werden kann; aus diesem Grund ist der Sinn niemals „alles", er ist immer beschnitten, ist immer mit dem Makel des Nicht-Sinns behaftet...

Doch Lacan folgt im Gegensatz zur allgemeinen Meinung dieser Fährte nicht; um seine Orientierung aufzuspüren, wollen wir ein kürzlich erschienenes Buch über Lacan zum Ausgangspunkt nehmen, Richard Boothbys *Death and Desire*[2]. Seine zentrale These ist, obwohl letztendlich falsch, sehr konsequent und zugleich im Sinne einer Forderung nach Symmetrie zutiefst zufriedenstellend: Sie scheint das fehlende Element eines Puzzles bereitzuhalten. Die Triade Imaginäres-Symbolisches-Reales umreißt die fundamentalen Koordinaten des lacanschen theoretischen Raums; doch diese drei Dimensionen können niemals in einem Zug, in reiner Gleichzeitigkeit gedacht werden, das heißt man ist immer gezwungen, zwei von ihnen zu wählen (so wie bei der Kierkegaardschen Dreiheit ästhetisch-ethisch-religiös): Symbolisches gegen Imaginäres, Reales gegen Symbolisches... Die bisher vorherrschenden Interpretationen Lacans haben tatsächlich den Schwerpunkt auf eine dieser Achsen gelegt: Symbolisierung (symbolische Realisierung) gegen imaginäre Verblendung beim Lacan der fünfziger Jahre; die traumatische Begegnung des Realen gegen die symbolische Integration beim späten Lacan. Was Boothby als Schlüssel zum gesamten Lacanschen Gebäude anbietet, ist einfach die dritte, noch nicht genutzte Achse: Imaginäres gegen Reales. Das bedeutet nach Boothby: die Theorie des Spiegelstadiums ist nicht nur chronologisch Lacans erster Beitrag zur Psychoanalyse, sondern benennt die ursprüngliche Tatsache, die den Status des Menschen definiert: die Entfremdung im Spiegelbild aufgrund der verfrühten Geburt des Menschen und seiner daraus folgenden Hilflosigkeit in den ersten Lebensjahren. Diese Fixierung auf ein *imago* unterbricht den flexiblen Lebensfluß und führt eine irreduzible *béance*, Kluft ein, indem sie das imaginäre Ich – ein heiles, doch unbewegliches Spiegelbild, eine Art eingefrorenes Kinobild – vom polymorphen, chaotischen Sprießen der körperlichen Triebe – vom realem Es – trennt. In dieser Perspektive erscheint das Symbolische als von streng sekundärer Natur verglichen mit der ursprünglichen Spannung zwischen Imaginärem und Realem: Sein Ort ist die

Leere, die eröffnet wurde durch den Ausschluß des polymorphen Reichtums an körperlichen Trieben – Symbolisierung bezeichnet das immer fragmentarische und letztendlich zum Scheitern verurteilte Bestreben des Subjekts, vermittels der symbolischen Repräsentanten das Reale der körperlichen Triebe, das von der imaginären Repräsentation ausgeschlossen wurde, ans Tageslicht zu bringen. Deshalb bildet es eine Art Kompromiß, mit Hilfe dessen das Subjekt Bruchstücke des geächteten Realen integriert. In diesem Sinn interpretiert Boothby den Todestrieb als das Wiederauftauchen dessen, was verbannt wurde, als sich das Ich dank der imaginären Identifikation konstituierte. Die Wiederkehr der polymorphen Impulse wird vom Ich als Todesdrohung erfahren, da sie die Auflösung seiner imaginären Identität mit sich bringt. Das ausgeschlossene Reale kehrt somit auf zwei Weisen wieder: Als wilde, zerstörerische, nicht symbolisierte Raserei bzw. in Gestalt einer symbolischen Vermittlung, das heißt aufgehoben im symbolischen Medium. Boothbys Eleganz besteht hierbei darin, den Todestrieb als sein Gegenteil zu interpretieren: als Wiederkehr der Lebenskraft, des Anteils an ihr, der durch die Auferlegung der versteinerten Maske des Ich ausgeschlossen wurde – was im „Todestrieb" wieder auftritt, ist letztendlich das *Leben selbst*, und die Tatsache, daß das Ich diese Wiederkehr als „Todestrieb" wahrnimmt, bestätigt nichts anderes als seinen pervertierten, „repressiven" Charakter. „Todestrieb" bedeutet, daß das Leben selbst gegen das Ich rebelliert: Der wahre Repräsentant des Todes ist das Ich selbst als versteinerte *imago*, welche den Fluß des Lebens stört. Vor diesem Hintergrund interpretiert Boothby auch Lacans Unterscheidung zwischen den beiden Toden neu: Der erste Tod ist der Tod des Ich, die Auflösung seiner imaginären Identifikationen, während der zweite Tod die Unterbrechung des vorsymbolischen Lebensflusses selbst benennt.

An dieser Stelle beginnen jedoch die Schwierigkeiten dieser ansonsten einfachen und eleganten Konstruktion: Der Preis, den man hierfür zu zahlen hat, ist die Reduktion des Lacanschen Gebäudes auf die Opposition einer ursprünglichen polymorphen Lebenskraft und ihrer späteren Verfestigung, die sie in das Prokrustes-Bett der *imago* zwängt – ein Gegensatz, der auch das Feld der *Lebensphilosophie* umschreibt. Aus diesem Grund gibt es in Boothbys Schema keinen Platz für die fundamentale Einsicht Lacans, nach der die symbolische Ordnung „für den Tod steht", in dem präzisen Sinn, daß sie das Reale des Körpers „mortifiziert", es einem fremden Automatismus unterordnet, seine „natürlichen" Instinkte aus dem Rhythmus bringt und *dabei den Überschuß an Begehren, das heißt Begehren* als *Überschuß, erzeugt*: Die symbolische Maschinerie, die den lebendigen Körper „mortifiziert", bringt ebenso das Gegenteil hervor, das unsterbliche Begehren, das Reale des „reinen Lebens", das sich der Symbolisierung entzieht. Um diesen Punkt zu verdeutlichen, wollen wir ein Beispiel ins Spiel bringen, das auf den ersten Blick erscheinen mag, als bestätige es Boothbys These: Wagners *Tristan und Isolde*. Worin besteht eigentlich die Wirkung des von der treuen Magd Brangäne bereiteten Zaubertranks auf die (zukünftigen) Liebenden?

... es ist niemals Wagners Absicht zu bedeuten, die Liebe von Tristan und Isolde sei die *körperliche Wirkung* des Zaubertranks, sondern lediglich, daß diese, nachdem sie getrunken hatten, wovon sie annahmen, es sei ein Schluck vom Tode, und glaubten, zum letzten Mal auf Erde, Meer und Himmel geschaut zu haben, als der Trank in ihnen zu wirken begann, die Freiheit empfanden, einander die Liebe, die sie schon so lange empfunden, aber voreinander und beinahe auch vor sich selbst verheimlicht hatten, einzugestehen.[3]

Die Pointe ist daher, daß sich Tristan und Isolde, nachdem sie den Zaubertrank getrunken haben, im Bereich „zwischen zwei Toden" befinden; lebendig und doch befreit von allen symbolischen Bindungen – *deshalb* sind sie in der Lage, ihre Liebe zu bekennen. Mit anderen Worten: Die „magische Wirkung" des Zaubertranks ist nichts anderes als die Suspendierung des „großen Anderen", der symbolischen Realität sozialer Verpflichtungen (Ehre, Eidschwüre...). – Stimmt dies nicht völlig mit Boothbys These über den Bereich „zwischen zwei Toden" überein: als einen Raum, in dem die imaginäre Identität wie auch die mit ihr verbundenen symbolischen Identitäten insgesamt entwertet werden, so daß das ausgeschlossene Reale (der reine Lebenstrieb) mit aller Macht auftauchen kann, wenn auch in Form seines Gegenteils, als Todestrieb? Nach Wagner selbst drückt die Passion von Tristan und Isolde die Sehnsucht nach dem „ewigen Frieden" des Todes aus. Die Falle, die es hier jedoch zu umgehen gilt, ist, den reinen Lebenstrieb als substantielle Wesenheit zu begreifen, die bereits da war, bevor sie sich im symbolischen Netzwerk verfing: Diese „optische Täuschung" verbirgt, daß die Vermittlung der symbolischen Ordnung es ist, die den organischen „Instinkt" in eine unstillbare Sehnsucht verwandelt, die ihren Frieden nur im Tod finden kann. Mit anderen Worten: Dieses „reine Leben" jenseits des Todes, diese Sehnsucht, die weiterreicht als der Kreislauf von Generation und Korruption, sind sie nicht *Produkt* der Symbolisierung in dem Sinne, daß die Symbolisierung den Überschuß, der sich ihr entzieht, überhaupt erst erzeugt? Indem Boothby die symbolische Ordnung als eine Instanz begreift, welche die Lücke zwischen Imaginärem und Realem füllt, wie sie vom Spiegelstadium aufgerissen wurde, umgeht er das konstitutive Paradox: *Das Symbolische selbst schlägt die Wunde, die es zu heilen behauptet.*

2

Wichtig wäre hier, sich dem Verhältnis zwischen Lacan und Heidegger im Rahmen einer detaillierteren Ausarbeitung auf neue Weise zu nähern: in den Fünfziger Jahren bemühte Lacan sich, den „Todestrieb" vor dem Hintergrund von Heideggers „*Sein-zum Tode*" zu lesen, indem er den Tod als innere und unhintergehbare Grenze der Symbolisierung auffaßte, die für deren irreduzibel zeitlichen Charakter verantwortlich ist; mit der Verschiebung des Akzents auf das Reale von den Sechziger Jahren an jedoch ist es vielmehr die „untote" Lamelle, das unzerstörbar-unsterbliche Leben, das den Bereich „zwischen zwei Toden" bewohnt, welches als das höchste Objekt des Schreckens erscheint. Lacan umreißt die Konturen dieses „untoten" Objekts am Ende des XV. Kapitels seiner *Vier Grundbegriffe der Psychoanalyse*, in der er seinen eigenen Mythos vorträgt, den er ausgehend vom Modell der Fabel des Aristophanes in Platons *Symposion* konstruiert: den Mythos von *l'hommelette*: (kleine „Männin" – Omelett):

Stellen Sie sich einen Augenblick lang vor, daß, immer wenn die Membrane das Eis brechen, woraus der Fötus, im Begriff ein Neugeborenes zu werden, hervorgeht, auch etwas ausfliegt, was mit einem Ei ebensogut herzustellen ist wie ein Mensch: die *hommelette* oder eben die Lamelle.
Die Lamelle ist etwas Extraflaches, das sich fortbewegt, fortschiebt wie eine Amöbe. Nur ein wenig komplizierter. Sie kommt überall durch. Und da es etwas ist [...] das sich auf das bezieht, was ein geschlechtliches Wesen in der Geschlechtlichkeit verliert, ist es, nicht anders als die Amöbe im Vergleich zu den geschlechtlichen Wesen, unsterblich. Es überlebt jede Spaltung und jeden teilenden Eingriff. Und es läuft.
Das klingt nicht gerade beruhigend. Stellen Sie sich vor, es kröche Ihnen übers Gesicht, während sie friedlich schlafen...
Ich sehe nicht, wie wir mit einem Wesen von solchen Eigenschaften nicht kämpfen sollten. Bequem allerdings dürfte dieser Kampf nicht sein. Diese Lamelle, dieses Organ, zu dessen Eigenschaften auch zu rechnen ist, daß es nicht existiert, das aber trotzdem Organ ist [...], ist die Libido.

Es ist die Libido als reiner Lebensinstinkt, das heißt als Instinkt des unsterblichen, nicht unterdrückbaren Lebens, des Lebens, das seinerseits keines Organs bedarf, des vereinfachten unzerstörbaren Lebens. Es ist das, was den Lebewesen entzogen ist, weil sie dem Kreislauf der geschlechtlichen Reproduktion unterworfen sind. Dies ist der Grund, weshalb es der Repräsentation, der Äquivalente bedarf, und all der Gestalten des Objekts *a*, die hier aufzuzählen wären. Diese Objekte *a* sind nur Stellvertreter, Darsteller. Die Brust – als Doppelsinn, als Charakteristikum der Organisation der Säugetiere: die Plazenta zum Beispiel – repräsentiert diesen Teil seiner selbst, den das Individuum bei seiner Geburt verliert, und der zutiefst ein Symbol für das verlorene Objekt ist.[4]

Was sich hier findet, ist die Beziehung des Subjekts zu einer Andersheit, die der Intersubjektivität vorausgeht: Die „unmögliche" Beziehung des Subjekts zu dieser amöbenhaften Kreatur ist es letztendlich, worauf Lacan mit seiner Formel „$ ◊ a" zielt. Die beste Weise, dies zu verdeutlichen, ist vielleicht, sich eine Assoziationskette zuzugestehen, die von Lacans Beschreibung hervorgerufen werden muß, sofern wir Horrorfilme lieben. Ist nicht der *Alien* aus Ridley Scotts gleichnamigen Film die „Lamelle" in Reinform? Sind nicht alle Schlüsselelemente in Lacans Mythos bereits in der ersten wahrhaft erschreckenden Szene des Films enthalten, wenn in der uterusförmigen Höhle des unbekannten Planeten der „Alien" aus der eiförmigen Kugel springt, als sich deren Deckel hebt, und auf John Hurts Gesicht kleben bleibt? Diese amöbenhafte, flache Kreatur steht für das nicht unterdrückbare Leben jenseits aller begrenzten Formen, die lediglich seine Repräsentanten, seine Gestalten sind (im weiteren Verlauf des Films ist der „Alien" fähig, eine Vielfalt verschiedener Formen anzunehmen), unsterblich und unzerstörbar (es genügt, an den unerfreulichen Nervenkitzel in dem Augenblick zu erinnern, als ein Wissenschaftler mit einem Skalpell in das Bein der Kreatur schneidet, die Hurts Gesicht bedeckt: die Flüssigkeit, die ihm entrinnt, tropft auf den Metallboden und läßt ihn sofort rosten; nichts kann ihm widerstehen)[5].

Die zweite Assoziation ist hier natürlich ein Detail aus Syberbergs Verfilmung des *Parsifal*, die Weise, in der Syberberg die Wunde des Amfortas darstellt – nach außen gelagert, von Dienern auf einem Kissen vor ihm hergetragen, in Form eines vaginaartigen Partialobjekts, aus dem in einem kontinuierlichen Fluß Blut tropft (wie, *vulgari eloquentia*, eine Vagina mit einer nie endenden Menstruation . . .). Diese pulsierende Öffnung – ein Organ, das zugleich ein ganzer Organismus ist (es sei hierbei an ein homologes Motiv in einer Reihe von Science-Fiction-Geschichten erinnert, wie z. B. das eines Riesenauges, das sein eigenes Leben lebt) – verkörpert das Leben in seiner Unzerstörbarkeit: Amfortas Schmerz besteht in der Tatsache, daß er nicht sterben kann, daß er zu einem ewigen Leben im Leid verdammt ist; wenn Parsifal am Ende die Wunde mit dem „Speer" heilt, „der sie schlug", ist Amfortas endlich in der Lage, zur Ruhe zu kommen und zu sterben... Diese Wunde des Amfortas, die außerhalb seiner selbst als ein *untoter* Gegenstand existiert, ist das „Objekt der Psychoanalyse".

Dieses „Leben jenseits des Todes" verkörpert selbstverständlich das reine Böse. Wir begegnen hier dem Problem des „radikalen Bösen", wie es zuerst von Kant in *Die Religion in den Grenzen der reinen Vernunft* dargelegt wurde. Indem er das Verhältnis Böse-Gut als Gegensatz, als „reale Opposition" begreift, sieht Kant sich gezwungen, die Hypothese über das „radikale Böse", dessen Anwesenheit im Menschen als positive Gegenmacht gegen sein Streben zum Guten hin, zu akzeptieren. Der letztendliche Beweis der positiven Existenz dieser Gegenmacht ist die Tatsache, daß das Subjekt das moralische Gesetz in sich als einen unerträglichen, traumatischen Druck erfährt, der das Selbstwertgefühl und die Selbstliebe erniedrigt – es muß also etwas in der Natur des Selbst geben, das dem moralischen Gesetz widersteht, das heißt die egoistischen, „pathologischen" Neigungen dem Befolgen des moralischen Gesetzes vorzieht. Kant betont den apriorischen Charakter dieses Hangs zum Bösen (des Moments, das später von Schelling weiterentwickelt wurde): Insofern ich ein freies Wesen bin, kann ich dasjenige in mir, das dem Guten widersteht, nicht einfach zum Gegenstand machen (indem ich, zum Beispiel, sage, es sei ein Teil meiner Natur, für den ich nicht verantwortlich sei). Allein die Tatsache, daß ich für mein Böses Verantwortung verspüre, zeugt davon, daß ich in einem zeitlosen transzendentalen Akt meinen ewigen Charakter frei zu wählen hatte, indem ich entweder dem Bösen oder dem Guten den Vorzug gab. Kant begreift somit das „radikale Böse" als apriorischen, nicht bloß empirisch-kontingenten Hang der menschlichen Natur zum Bösen. Indem er jedoch die Hypothese des „diabolischen Bösen" zurückweist, schreckt Kant vor dem grundlegenden Paradox des radikalen Bösen zurück, vor dem unheimlichen Reich jener Akte, die, obwohl in ihrem Inhalt „böse", die formalen Kriterien eines ethischen Aktes vollkommen erfüllen – sie sind nicht durch irgendwelche pathologischen Faktoren bedingt, das heißt ihr einziger verursachender Grund ist das Böse als Prinzip, weshalb sie auch die radikale Verneinung pathologischer Interessen einer Person bis hin zum Opfer ihres Lebens umfassen können.

Es sei hier an Mozarts *Don Giovanni* erinnert: Wenn Don Giovanni bei seiner letzten Begegnung mit der Statue des *Commendatore* es ablehnt, seine sündige Vergangenheit zu bereuen und ihr abzuschwören, so erfüllt er etwas, dessen einzige wirkliche Bestimmung eine radikal ethische Haltung ist. Es scheint, als kehre seine Beharrlichkeit auf spöttische Weise Kants eigenes Beispiel aus der *Kritik der reinen Vernunft* um, in dem der Libertin sich sehr schnell bereit erklärt, der Befriedigung seiner Leidenschaft abzuschwören, sobald er erfährt, daß der Preis, den er dafür zu zahlen hat, der Galgen ist: Don Giovanni besteht auf seiner libertinären Haltung auch in dem Moment, da er sehr wohl weiß, daß, was ihn erwartet *nur* der Galgen und nicht die Befriedigung ist. Das bedeutet: Vom Standpunkt der pathologischen Interessen aus wäre einzig der Vollzug der formalen Geste der Reue angemessen: Don Giovanni weiß, daß der Tod nahe ist, daß er, indem er seine Taten büßt, nichts zu verlieren und alles zu gewinnen hätte (das heißt sich vor postumen Qualen retten könnte); dennoch entscheidet er sich, „aus Prinzip" auf seiner trotzigen Haltung des Libertins zu bestehen. Wie kann man umhin, Don Giovannis unnachgiebiges „Nein!" zur Statue, diesem lebendigen Toten, als das Modell einer beharrlichen *ethischen* Haltung zu begreifen, ungeachtet ihres „bösen" Inhalts?

3

Das ethische Böse, Kants „Ungedachtes", kann weiter verdeutlicht werden, indem man auf das Verhältnis des Schönen zum *Erhabenen* Bezug nimmt. Kant begreift nämlich, wie man wohl weiß, das Schöne als das Symbol des Guten; zugleich weist er in der *Kritik der Urteilskraft* auf, daß wahrhaft erhaben nicht das Objekt ist, welches das Gefühl der Erhabenheit weckt, sondern das moralische Gesetz in uns, unsere übersinnliche Natur. Sind Schönheit und Erhabenheit also zu begreifen als zwei verschiedene Symbole des Guten? Verhält es sich nicht im Gegenteil so, daß diese Dualität auf eine Kluft verweist, die dem moralischen Gesetz selbst angehört? Lacan zieht zwischen den beiden Facetten des Gesetzes eine Demarkationslinie: einerseits Gesetz als symbolisches *Ich-Ideal* – das heißt Gesetz in seiner friedensstiftenden Funktion, Gesetz als Garantie des Gesellschaftsvertrags, als vermittelnder Dritter, der aus der Sackgasse der imaginären Aggressivität herausführt; andererseits Gesetz in seiner *Über-Ich*-Dimension – das heißt Gesetz als „irrationaler" Druck, als Macht der Schuldzuweisung, welche absolut nicht vergleichbar ist mit unserer wirklichen Verantwortung, als Instanz, in deren Augen wir a priori schuldig sind und die dem Körper den unmöglichen Imperativ des Genießens auferlegt. Diese Unterscheidung zwischen Ich-Ideal und Über-Ich versetzt uns in die Lage, den Unterschied darin, wie das Schöne und das Erhabene sich jeweils auf den Bereich der Ethik beziehen, zu spezifizieren. Das Schöne ist das Symbol des Guten, das heißt des moralischen Gesetzes als der befriedenden Instanz, welche unseren Egoismus im Zaum hält und gesellschaftliches Zusammenleben ermöglicht; das dynamische Erhabene dagegen – Vulkanausbrüche, stürmische See, Steilhänge im Gebirge usw. – beschwört in seinem Scheitern, das übersinnliche moralische Gesetz zu symbolisieren (symbolisch vorzustellen), dessen Über-Ich-Dimension. Die in der Erfahrung des Erhabenen funktionierende Logik ist deshalb: Ja, ich mag machtlos sein angesichts der wütenden Naturkräfte, ein kleines Staubteilchen, das von Wind und See hin und her geworfen wird – *dennoch erblaßt all dies Wüten der Natur im Vergleich mit dem absoluten Druck, der mir vom Über-Ich auferlegt wird, der mich demütigt und mich zwingt, entgegen meinen fundamentalen Interessen zu handeln!* (Wir begegnen hier dem grundlegenden Paradox der kantschen Autonomie: Ich bin ein freies und autonomes Subjekt, befreit von den Zwängen meiner pathologischen Natur gerade und nur insofern, als mein Selbstwertgefühl vom erniedrigenden Druck des moralischen Gesetzes niedergehalten wird.)

Der unvermeidliche Schluß, der aus all dem zu ziehen ist, lautet: Wenn das Schöne Symbol des Guten ist, dann ist das Erhabene Symbol des... bereits hier gerät die Homologie ins Stocken. Das Problem des erhabenen Objekts (genauer: des Objekts, das in uns das Gefühl des Erhabenen erweckt) ist, daß es als Symbol *scheitert* – es beschwört sein Jenseits herauf allein durch das Scheitern seiner symbolischen Repräsentation. Wenn also das Schöne Symbol des Guten ist, so evoziert das Erhabene – was? Es gibt nur eine mögliche Antwort: Selbstverständlich die nicht-pathologische, ethische, übersinnliche Dimension, aber *die übersinnliche, ethische Haltung, sofern sie sich dem Bereich des Guten entzieht* – kurz: das radikale Böse, das Böse als ethische Haltung. Dieses Paradox des kantschen Erhabenen versetzt uns in die Lage, in der heutigen populären Ideologie die Wurzeln der öffentlichen Faszination für Figuren wie Hanibal Lecter, den kannibalischen Serien-Mörder in den Romanen von Thomas Harris, zu entdecken: Wovon diese Faszination letztendlich zeugt, ist die tiefe Sehnsucht nach einem lacanschen Psychoanalytiker. Das bedeutet, daß Hanibal Lecter eine erhabene Figur im streng kantschen Sinn ist: ein verzweifelter, letztendlich scheiternder Versuch der populären Einbildungskraft, die Idee eines lacanschen Analytikers darzustellen. Das Verhältnis zwischen Lecter und einem lacanschen Analytiker entspricht vollkommen dem Verhältnis, das nach Kant die Erfahrung des „dynamischen Erhabenen" definiert: das Verhältnis zwischen der wilden, chaotischen, ungezähmten und wütenden Natur und der übersinnlichen Idee der Vernunft jenseits aller natürlichen Einschränkungen. Natürlich strapaziert das Böse in Lecter – er tötet seine Opfer nicht nur, sondern ißt auch noch Teile ihrer Eingeweide – die Fähigkeit, sich die Schrecken vorzustellen, die man seinen Mitmenschen zufügen kann, bis an die Grenzen; doch scheitert selbst das äußerste Bemühen, sich Lecters Grausamkeit vorzustellen, daran, das wahre Ausmaß des Akts des Analytikers zu erfassen: Indem er *la traversée du fantasme* (den Durchgang unseres fundamentalen Phantasmas) hervorbringt, „stiehlt" er uns buchstäblich „den Kern unseres Seins", das *Objekt klein a*, den geheimen Schatz, *agalma*, den wir für das Kostbarste in uns halten, indem er ihn als reinen Schein denunziert. Lacan definiert das *Objekt klein a* als den phantasmatischen „Stoff des Ich", als das, was dem $ (diesem Riß in der symbolischen Ordnung, dieser ontologischer Leere, die wir „Subjekt" nennen) ontologische Konsistenz einer „Person", Anschein der Fülle des Seins, verschafft – und genau das ist der „Stoff", den der Analytiker „schluckt", in Pulverform. Dies ist der Grund für das unerwartete „eucharistische" Element, das in Lacans Definition des Analytikers wirkt, nämlich seine wiederholte ironische Anspielung auf Heidegger: „Mange ton *Dasein*" – „Iß Dein Dasein".

Hierin besteht die Macht der Faszination für die Figur des Hanibal Lecter: In seinem Scheitern, die Grenzen dessen zu erreichen, was Lacan die „subjektive Destitution" nennt, befähigt er uns zu einer Vorahnung der Idee des Analytikers. So ist Lecter in *Das Schweigen der Lämmer* (*The Silence of the Lambs*) nicht kannibalistisch seinen Opfern gegenüber, sondern im Verhältnis zu Clarice Sterling: Ihre Beziehung ist eine spöttische Imitation der analytischen Situation, da er zum Ausgleich für seine Hilfe bei der Gefangennahme von „Buffalo Bill" von ihr verlangt, ihm etwas anzuvertrauen. Was? Genau das, was der Analysand dem Analytiker anvertraut, den Kern ihres Seins, ihr fundamentales Phantasma (das Schreien der Lämmer). Das *quid pro quo*, das Lecter Clarice vorschlägt, ist deshalb: „Ich werde Dir helfen, wenn Du mich Dein *Dasein* essen läßt." Die Verkehrung der eigentlichen psychoanalytischen Beziehung besteht darin, daß Lecter sie dafür entschädigt, indem er ihr dabei hilft, „Buffalo Bill" aufzuspüren – er ist als solcher nicht grausam genug, um lacanscher Analytiker zu sein, da wir in der Psychoanalyse den Analytiker bezahlen müssen, damit er uns erlaubt, ihm unser *Dasein* auf einem Teller zu präsentieren...

4

Was den Raum für solche erhabenen, monströsen Erscheinungen eröffnet, ist das Zusammenbrechen der Logik der Vorstellung, d. h der radikalen Inkommensurabilität zwischen dem Feld der Vorstellungen und dem unvorstellbaren Ding, wie sie bei Kant auftaucht. Die Seiten, die die erste Begegnung von Madame Bovary und ihrem Liebhaber beschreiben[6], verdichten die gesamte Problematik, die nach Foucault das nachkantische Epistem des 19. Jahrhunderts bestimmt: Die neue Konfiguration der Achse Macht-Wissen, die von der neuen Inkommensurabilität zwischen dem Feld der Vorstellung und dem Ding sowie von der Erhebung der Sexualität in den Rang des unvorstellbaren Dinges verursacht wird. Nachdem die beiden Verliebten in die Kutsche eingestiegen sind und den Kutscher angewiesen haben, einfach in der Stadt herumzufahren, erfahren wir nichts mehr darüber, was sich hinter den gut verschlossenen Vorhängen abspielt: Mit einer Aufmerksamkeit für Details, die an den späteren *nouveau roman* erinnert, beschränkt Flaubert sich auf ausgiebige Beschreibungen der städtischen Umgebung, durch welche die Kutsche ziellos herumfährt, die gepflasterten Straßen, die Kirchen-Bögen usw. – nur in einem kurzen Satz erwähnt er, daß eine nackte Hand für einen kurzen Moment durch den Vorhang stieß... Diese Szene ist so gestaltet, als solle sie Foucaults These aus dem ersten Band von *Sexualität und Wahrheit* belegen, daß gerade dasjenige Sprechen, dessen „offizielle" Funktion es ist, Sexualität zu verbergen, das Erscheinen ihres Geheimnisses hervorruft, das heißt, um eben die psychoanalytischen Begriffe zu verwenden, gegen die Foucaults These gerichtet ist, wie *der „verdrängte" Inhalt Effekt der Verdrängung selbst ist*: Je mehr der Blick des Autors sich auf langweilige Details der Architektur beschränkt, desto mehr werden wir, die Leser, auf die Folter gespannt, gierig darauf zu erfahren, was sich im verschlossenen Raum hinter den Vorhängen der Kutsche abspielt. Der öffentliche Ankläger tappte bei der Gerichtsverhandlung gegen *Madame Bovary* in diese Falle, denn es war genau diese Stelle, die er als Beweis für den obszönen Charakter des Buches heranzog: Für Flauberts Verteidiger war es ein Leichtes darzulegen, daß an diesen neutralen Beschreibungen von gepflasterten Straßen und alten Häusern nichts Obszönes ist – die Obszönität ist vollkommen auf die Einbildung des Lesers (in diesem Falle: des Anklägers) beschränkt, der besessen ist vom „wahren Geschehen" hinter dem Vorhang... Es ist vielleicht kein bloßer Zufall, daß diese Szenerie Flauberts uns derart *filmisch* vorkommt: Es scheint, als spiele sie in dem, was die Filmtheorie *horschamp* nennt, im Außerhalb des Feldes der Sichtbarkeit, das gerade in seiner Abwesenheit die Ökonomie des Sichtbaren organisiert: Während Dickens (was Eisenstein in seinen klassischen Analysen schon vor langer Zeit nachwies) die Korrelate dessen, was später zu den elementaren filmischen Vorgehensweisen wurde – die Dreiheit von eröffnender Totale [*establishing shot*], „Amerikanischer" Einstellung (Halbtotale) und Großaufnahme; die Parallelmontage usw. –, in den literarischen Diskurs einführte, ging Flaubert einen Schritt darüber hinaus: zu einem Außen, das sich dem üblichen Wechsel von Schuß und Gegenschuß entzieht, das heißt das ausgeschlossen bleiben muß, wenn das Feld dessen, was vorgestellt wird, seine Konsistenz bewahren soll.[7]

Entscheidend ist jedoch, *diese* Inkommensurabilität zwischen dem Feld der Repräsentation und der Sexualität nicht mit der Zensur zu verwechseln, die in der Beschreibung von Sexualität bereits in früheren Epochen wirksam war. Wäre *Madame Bovary* ein Jahrhundert früher geschrieben worden, so wären die Details des sexuellen Akts gewiß auch dort unerwähnt geblieben, was wir jedoch zu lesen bekommen hätten, nachdem die beiden Liebenden den abgesonderten Raum der Kutsche betreten hätten, wäre eine einfache kurze Feststellung gewesen wie: „Endlich allein und verborgen hinter den Vorhängen der Kutsche, konnten sich die Liebenden ihrer Leidenschaft hingeben." – die langatmigen Beschreibungen von Straßen und Plätzen wären dort völlig fehl am Platze gewesen, sie wären wahrgenommen worden als bar jeder Funktion, da in diesem präkantschen Universum der Vorstellungen eine radikale Spannung zwischen dem vorgestellten Inhalt und dem traumatischen Ding hinter dem Vorhang nicht hätte entstehen können. – Vor diesem Hintergrund ist man versucht, eine mögliche Definition für „Realismus" vorzuschlagen: der naive Glaube, hinter dem Vorhang der Vorstellungen gebe es wirklich eine volle, substantielle Realität (im Fall von *Madame Bovary* die Realität des sexuellen Überflusses). Der „Postrealismus" beginnt, wenn ein Zweifel an der Existenz dieser „Realität hinter dem Vorhang" auftaucht, das heißt wenn die Ahnung erwächst, daß die Geste des Verbergens überhaupt erst erzeugt, was sie zu verhüllen vorgibt.

Exemplarisch für ein solches „postrealistisches" Spielen sind natürlich die Gemälde von René Magritte. Sein notorisches *Ceci n'est pas une pipe* ist heutzutage Teil des Allgemeinwissens: die Zeichnung einer Pfeife mit der Unterschrift: „Dies ist keine Pfeife". Die von diesem Gemälde ausgehenden Paradoxien als Ausgangspunkt nehmend hat Michel Foucault ein scharfsinniges kleines Buch mit demselben Titel geschrieben[8]. Doch gibt es vielleicht ein anderes Bild von Magritte, welches in noch angemessenerer Weise dazu dienen kann, die elementare Matrix zu erstellen, welche die unheimlichen Effekte hervorbringt, die zu seinem Werk gehören: *La lunette d'approche* (1963), das Gemälde eines halb geöffneten Fensters, auf dem wir durch die Fensterscheibe die äußere Realität (blauer Himmel mit einigen verstreuten weißen Wolken) sehen können, doch was wir in der schmalen Öffnung, die direkten Zugang zur Realität hinter der Fensterscheibe gewährt, sehen können, ist nichts, nur eine unbestimmbare schwarze Masse... Die Übersetzung dieses Bildes ins „Lacansche" geht wie von selbst: Der Rahmen der Fensterscheibe ist der Phantasma-Rahmen, der die Realität konstituiert, während wir durch den Spalt einen Einblick in das „unmögliche" Reale, das Ding-an-sich, gewinnen.[9]

Das Gemälde gibt die elementare Matrix der Magritteschen Paradoxa wieder, indem es die „kantsche" Spaltung inszeniert zwischen einer (symbolisierten, kategorisierten, transzendental konstituierten) Realität und der Leere des Dings-an-sich, des Realen, das in der Mitte der Realität klafft und ihr einen phantasmatischen Charakter verleiht. – Die erste Variante, die aus dieser Matrix erzeugt werden kann, ist die Anwesenheit eines fremdartigen, inkonsistenten Elements, das der dargestellten Realität „äußerlich" ist, das heißt das seinen Ort innerhalb dieser hat, obwohl es nicht in sie „paßt": Der gigantische Felsbrocken schwebt in *La Bataille de l'Argonne* (1959) in der

Luft nahe einer Wolke als ihr schweres Gegenstück, ihr Doppel; die unnatürlich große Blüte, die den gesamten Raum in *Tombeau des lutteurs* (1960) einnimmt. Dieses fremdartige „aus den Fugen geratene" Element ist genau das Phantasma-Objekt, welches die Schwärze des Realen ausfüllt, das wir durch den Spalt des geöffneten Fensters in *La lunette d'approche* gesehen haben. Der Effekt der Unheimlichkeit ist noch stärker, wenn das „selbe" Objekt verdoppelt wird, wie in *Les deux mystères*, einer späteren Version (von 1966) des berühmten *Ceci n'est pas une pipe*: Die Pfeife und die Unterschrift „Ceci n'est pas une pipe" sind beide als Zeichnungen auf einer Tafel dargestellt; doch auf der linken Seite dieser Tafel schwebt die Erscheinung einer *anderen* massiven und riesengroßen Pfeife frei in einem unbestimmten Raum. Der Titel dieses Gemäldes hätte auch lauten können: „Eine Pfeife ist eine Pfeife", denn was ist es, wenn nicht eine Illustration der hegelschen These über die Tautologie als den grundlegenden Widerspruch: Die Übereinstimmung zwischen der Pfeife, die in einer klar definierten symbolischen Realität lokalisiert ist, und ihrem phantasmatischen, unheimlichen Schatten-Doppel. Die Schrift unter der Pfeife auf der Tafel zeugt von der Tatsache, daß die Kluft zwischen den beiden Pfeifen, der Pfeife, die einen Teil der Realität bildet, und der Pfeife als realer, das heißt als Phantasma-Erscheinung, Ergebnis des Eingreifens der symbolischen Ordnung ist: Es ist das Auftauchen der symbolischen Ordnung, das die Realität in sich selbst und das geheimnisvolle Mehr des Realen, die wechselseitig ihr jeweiliges Gegenstück „derealisieren", aufspaltet. (Die Marx-Brothers-Fassung dieses Bildes wäre etwas wie: „Es sieht aus wie eine Pfeife und funktioniert wie eine Pfeife, aber davon sollten Sie sich nicht täuschen lassen – es *ist* eine Pfeife!"[10]) Die massive Anwesenheit einer frei-schwebenden Pfeife verkehrt natürlich die dargestellte Pfeife in ein „bloßes Gemälde", doch ist die frei-schwebende Pfeife zugleich der „gezähmten" symbolischen Realität der Pfeife auf der Tafel entgegengesetzt und gewinnt auf diese Weise eine phantomhafte, „surreale" Gegenwart... wie das Erscheinen der „realen" Laura in Otto Premingers *Laura*: Der Polizei-Detektiv (Dana Andrews) schläft ein, während er das Porträt der angeblich toten Laura anstarrt; als er erwacht, entdeckt er neben dem Porträt die „reale" Laura, lebendig und wohlauf. Diese Anwesenheit der „realen" Laura unterstreicht die Tatsache, daß das Porträt eine bloße „Imitation" ist; andererseits erscheint die „reale" Laura als nicht-symbolisiertes phantasmatisches Mehr, als gespensterhafte Erscheinung – unterhalb des Porträts kann man sich leicht eine Unterschrift vorstellen: „Dies ist nicht Laura". – Ein beinahe homologer Effekt des Realen tritt ein am Anfang von Sergio Leones *Es war einmal in Amerika [Once upon a time in America]*: Ein Telephon klingelt ohne Ende; als endlich eine Hand den Hörer abnimmt, *klingelt es weiter* – der erste Ton gehört zur Realität, während das Klingeln, das sich fortsetzt, nachdem der Hörer abgenommen worden ist, aus der unbestimmten Leere des Realen kommt[11].

5

Die undurchdringliche Schwärze, die man durch den Spalt des halbgeöffneten Fensters erblicken kann, eröffnet somit den Raum für die unheimlichen Erscheinungen eines Anderen, der dem anderen der „normalen" Intersubjektivität vorausgeht. Wir wollen hier an ein Detail aus Hitchcocks *Frenzy* erinnern, das von seinem Genie zeugt: In einer Szene, die zum zweiten Mord führt, verläßt Babs, das Opfer, ein junges Mädchen, das in einer Kneipe in Covent Garden arbeitet, nach einer Auseinandersetzung mit dem Besitzer ihren Arbeitsplatz und geht hinaus auf den geschäftigen Marktplatz; der Straßenlärm, der uns für einen kurzen Moment trifft, setzt sofort aus (auf völlig „unrealistische" Weise), als die Kamera sich Babs für eine Nahaufnahme nähert, und die mysteriöse Stille wird sodann durchbrochen von einer unheimlichen Stimme von einem unbestimmbaren Punkt in absoluter Nähe, als ob hinter ihr und zugleich aus ihrem Inneren eine männliche Stimme zärtlich sagt: „Brauchst Du einen Platz, wo Du bleiben kannst?" Babs bewegt sich und blickt nach hinten – hinter ihr steht ein alter Bekannter, der, ohne daß sie es weiß, der „Krawattenmörder" ist; nach einigen Sekunden verflüchtigt sich die Magie wieder und wir hören den Klangteppich der „Realität", auf dem Marktplatz herrscht reges Treiben ... Die Stimme, die aus dem Aussetzen der Realität auftaucht, ist keine andere als das *Objekt klein a*, und die Gestalt, die hinter Babs erscheint, wird vom Zuschauer als im Hinblick auf die Stimme supplementär erfahren: Sie gibt ihr Körper und ist auf seltsame Weise mit dem Körper von Babs verflochten als dessen schattiger Auswuchs (nicht unähnlich dem fremdartigen Doppel-Körper von Leonardos Madonna, wie er von Freud analysiert wurde; oder der Körper des Führers der Untergrund-Widerstandsbewegung auf dem Mars in *Totale Erinnerung [Total Recall]*, eine Art parasitärer Auswuchs aus dem Bauch einer anderen Person . . .). Es wäre leicht, eine lange Liste homologer Effekte zu erstellen; so besetzen in einer der Schlüsselszenen von *Das Schweigen der Lämmer* Clarice und Lecter dieselben Positionen, als sie sich in Lecters Gefängnis in einer Diskussion befinden: Im Vordergrund die Nahaufnahme von Clarice, die in die Kamera starrt, und das Spiegelbild von Lecters Kopf auf einem gläsernen Raumteiler keimt hinter ihr – aus ihr – auf als ihr Schatten, zugleich mehr und weniger real als sie. Das beste Beispiel für diesen Effekt findet sich jedoch in einer der geheimnisvollsten Einstellungen von Hitchcocks *Vertigo*, als Scottie Madelaine durch den Spalt der halb-geöffneten Hintertür eines Blumengeschäftes anstarrt. Für einen kurzen Moment betrachtet sich Madelaine in einem Spiegel nahe dieser Tür, so daß das Bild vertikal geteilt erscheint: Die linke Hälfte ist ausgefüllt vom Spiegel, in dem wir Madelaines Spiegelbild sehen, während die rechte Hälfte von einer Reihe vertikaler Linien (den Türen) zerteilt ist; im vertikalen dunklen Band (dem Spalt der halbgeöffneten Tür) sehen wir ein Bruchstück von Scottie, seinen Blick, geheftet auf das „Original", dessen Spiegelbild wir in der linken Hälfte sehen. Es gibt eine wahrhaft „magritteske" Qualität in dieser einzigartigen Einstellung: Obwohl Scottie gemäß der Disposition des diegetischen Raums „in der Realität" da ist, während das, was wir von Madelaine sehen, nur ihr Spiegelbild ist, ist die Wirkung der Einstellung genau umgekehrt: Madelaine wird als Teil der Realität wahrgenommen und Scottie als phantomhafter Auswuchs, der (wie der Zwerg in Grimms *Schneewittchen*) hinter dem Spiegel lauert. Diese Einstellung ist magrittesk in einem sehr präzisen Sinn: das zwergenhafte *Mirage* von Scottie schaut aus derselben undurchdringlichen Dunkelheit hervor, die im Spalt des halboffenen Fensters in *La lunette d'approche* (der Spiegel in *Vertigo* entspricht natürlich der Fensterscheibe in Magrittes Gemälde) gähnt – in beiden Fällen wird der umrahmte Raum der gespiegelten Realität durchkreuzt von einem vertikalen schwarzen Riß[12]. Wie Kant es faßt, gibt es kein positives Wissen vom Ding-an-sich, man kann nur seinen Ort bezeichnen, ihm „Raum geben". Magritte erfüllt dies auf einer ganz buchstäblichen Ebene: Der Spalt der halbgeöffneten Tür, seine undurchdringliche Schwärze, gibt dem Ding Raum. Und indem er in diesem Spalt einen Blick ansiedelt, ergänzt Hitchcock Magritte auf hegelsch-lacansche Weise: Das Ding-an-sich jenseits der Erscheinung ist letztendlich der Blick selbst, wie Lacan in seinen *Vier Grundbegriffen der Psychoanalyse* es faßt.

In seiner Bayreuther Inszenierung von *Tristan und Isolde* veränderte Jean-Pierre Ponelle Wagners ursprüngliche Handlung, indem er alles, was auf den Tod Tristans folgt – die Ankunft von Isolde und König Mark, Isoldes Tod – als Tristans Todes-Delirium interpretiert: Der letzte Auftritt Isoldes wird so inszeniert, daß die blendend hell beleuchtete Gestalt Isoldes überquellend hinter Tristan emporwächst, während er uns – die Zuschauer, die in der Lage sind, sie als sein erhabenes Doppel, den Auswuchs seines lethalen Genießens, wahrzunehmen – anstarrt. Auf dieselbe Weise zeigt Bergmann in seiner Fassung der *Zauberflöte* des öfteren Pamina und Monostatos: Eine Nahaufnahme von Pamina, die intensiv in die Kamera starrt, hinter ihr erscheint Monostatos als ihr Schatten, als gehöre er einer anderen Realitätsebene (die mit pointiert „unnatürlichen" dunkelvioletten Farben beleuchtet ist) an, den Blick auch in die Kamera gerichtet. Diese Disposition, in der das Subjekt und sein schattiges extimes Doppel auf einen gemeinsamen dritten Punkt (der sich in uns, den Zuschauern materialisiert) starren, verkörpert das Verhältnis des Subjekts zu einer Andersheit, welche der Intersubjektivität vorausgeht. Das Feld der Intersubjektivität, in der Subjekte innerhalb ihrer gemeinsamen *Realität* „einander in die Augen schauen", wird von der väterlichen Metapher gestützt, während der Bezug auf den abwesenden dritten Punkt, der die beiden Blicke anzieht, den Status eines der beiden Partner – desjenigen im Hintergrund – in die erhabene Verkörperung des *Realen* des Genießens verwandelt. Was all diese Szenen auf der Ebene der rein filmischen Vorgehensweise gemeinsam haben, ist eine Art formales Korrelat der Umkehrung der Intersubjektivität-von-Angesicht-zu-Angesicht in das Verhältnis des Subjekts zu seinem Schatten-Doppel, das hinter ihm auftaucht als eine Art erhabener Auswuchs: *die Verdichtung von Schuß und Gegenschuß innerhalb derselben Einstellung*. Wir haben hier eine paradoxe Art der Kommunikation: keine „direkte" Kommunikation des Subjekts mit seinem Mitmenschen *ihm gegenüber*, sondern die Kommunikation mit einem Auswuchs *hinter* ihm, vermittelt über einen dritten Blick, als solle der Gegenschuß in die Einstellung selbst zurückgespiegelt werden. Dieser dritte Blick verleiht der Szene ihre hypnotische Dimension: Das Subjekt wird bezaubert von einem Blick, der „das sieht, was in ihm ist mehr als es selbst" . . . Und die analytische Situation selbst – die Beziehung zwischen Analytiker und Analysand –, bezeichnet sie letztendlich nicht auch eine Art Rückkehr zu diesem präintersubjektiven Verhältnis zwischen Subjekt(-analysand) und seinem Schatten-Anderen, seinem entäußerten Objekt in sich selbst? Ist das nicht der entscheidende Punkt ihrer räumlichen Disposition: Nach den sogenannten vorbereitenden Begegnungen, das heißt mit Beginn der eigentlichen Analyse sitzen sich Analytiker und Analysand *nicht* von Angesicht zu Angesicht gegenüber, sondern der Analytiker sitzt *hinter* dem Analysanden, der, ausgestreckt auf der Couch, in die Leere vor ihm starrt? Lokalisiert nicht diese Disposition den Analytiker als das *Objekt klein a* des Analysanden, und nicht als seinen Dialogpartner, nicht als anderes Subjekt?

6

An dieser Stelle sollten wir zu Kant zurückkehren: in seiner Philosophie wird dieser Spalt, dieser Raum, in dem solche monströsen Erscheinungen auftauchen können, von einer Unterscheidung zwischen negativen und unendlichen Urteilen geöffnet. Schon das von Kant zur Illustration dieser Unterscheidung verwendete Beispiel ist verräterisch: Das positive Urteil, vermittels dessen ein Prädikat einem (logischen) Subjekt zugeschrieben wird: „Die Seele ist sterblich"; das negative Urteil, vermittels dessen ein Prädikat dem Subjekt abgesprochen wird: „Die Seele ist nicht sterblich"; das unendliche Urteil, vermittels dessen wir, statt das Prädikat zu verneinen (das heißt die Copula, die es dem Subjekt zuschreibt), ein bestimmtes Nicht-Prädikat bejahen: „Die Seele ist nichtsterblich". (Der Unterschied betrifft nur die Interpunktion: Kant verwendet geheimnisvollerweise nicht das übliche „*unsterblich*").

Diesem Gedanken folgend führt Kant in der zweiten Auflage der *Kritik der reinen Vernunft* die Unterscheidung zwischen positiver und negativer Bedeutung des „Noumenons" ein: In der positiven Bedeutung des Begriffs ist Noumenon „ein *Objekt einer nichtsinnlichen Anschauung*", während es in der negativen Bedeutung „ein Ding [...] [ist], *so fern es nicht Objekt unserer sinnlichen Anschauung ist*"[13]. Wir sollten uns von der grammatischen Form hierbei nicht täuschen lassen: Die positive Bedeutung wird vom negativen Urteil ausgedrückt und die negative Bedeutung vom unendlichen Urteil. Mit anderen Worten: Wenn man das Ding als „ein Objekt einer nichtsinnlichen Anschauung" bezeichnet, negiert man unmittelbar das positive Urteil, welches das Ding als „ein Objekt einer sinnlichen Anschauung" bestimmt: Man akzeptiert die Anschauung als nicht hinterfragte Basis oder Gattung; vor diesem Hintergrund stellt man zwei dieser Arten einander gegenüber: sinnliche und nichtsinnliche Anschauung. Das negative Urteil ist also nicht nur begrenzend, es umschreibt einen Bereich jenseits der Phänomene – den Bereich der nichtsinnlichen Anschauung –, in dem es das Ding ansiedelt, während im Fall der negativen Bestimmung das Ding aus dem Bereich unserer sinnlichen Anschauung ausgeschlossen wird, ohne auf implizite Weise als Objekt nichtsinnlicher Anschauung gesetzt zu werden; indem der positive Status des Dinges in der Schwebe gehalten wird, untergräbt die negative Bestimmung die Gattung, die Affirmation und Negation des Prädikats gemeinsam haben.

Hierin besteht auch der Unterschied zwischen „ist nicht sterblich" und „ist nichtsterblich": Im ersten Fall haben wir eine einfache Negation, während im zweiten Fall *ein Nicht-Prädikat affimiert wird*. Die einzige „rechtmäßige" Definition des Noumenon ist, daß es „nicht Objekt unserer sinnlichen Anschauung ist", das heißt eine insgesamt negative Definition, die es aus dem phänomenalen Bereich ausschließt; dieses Urteil ist „unendlich", da es keine Schlußfolgerungen darüber nach sich zieht, wo im unbestimmten Raum dessen, was außerhalb des phänomenalen Bereichs verweilt, das Noumenon lokalisiert ist. Was Kant eine „transzendentale Illusion" nennt, besteht letztendlich aus der (Fehl-) Deutung des unbestimmten-unendlichen Urteils als negativem Urteil: Wenn wir das Noumenon als ein „Objekt einer nichtsinnlichen Anschauung" begreifen, bleibt das Subjekt des Urteils dasselbe (das „Objekt einer Anschauung"), was sich verwandelt, ist nur der Charakter (nichtsinnlich statt sinnlich) dieser Anschauung, so daß eine minimale Kommensurabilität zwischen dem Subjekt und dem Prädikat (das heißt in diesem Fall zwischen dem Noumenon und seinen phänomenalen Bestimmungen) noch aufrechterhalten wird.

Für Hegel ist eine logische Folge aus diesem Argument Kants, daß man die Grenze als das, was jenseits von ihr liegt, vorgängig begreifen muß, sodaß es schließlich Kant selber ist, dessen Begriff des Dinges-an-sich zu sehr „verdinglicht" bleibt. Hegels Position hier ist subtil: was er beansprucht, indem er feststellt, das Übersinnliche sei „Erscheinung als Erscheinung", ist gerade, daß das Ding-an-sich *die Begrenzung der Phänomene als solcher* darstellt. „Übersinnliche Objekte" (Objekte einer übersinnlichen Anschauung) gehören der chimärischen „verkehrten Welt" an, sie sind nichts anderes als eine verkehrte Darstellung, Projektion des bloßen Inhalts der sinnlichen Anschauung in Form einer anderen, nichtsinnlichen Anschauung – oder, um an Marx' ironische Kritik an Proudhon in *Das Elend der Phi-*

losophie zu erinnern: „An Stelle des gewöhnlichen Individuums und seiner gewöhnlichen Art zu reden und zu denken, haben wir lediglich diese gewöhnliche Art an sich, ohne das Individuum."[14] (Die doppelte Ironie hierbei ist natürlich, daß Marx mit diesen Zeilen die spöttische Zurückweisung des Hegelianismus Proudhons beabsichtigte, das heißt seines Bemühens, die ökonomische Theorie mit einer Form spekulativer Dialektik auszustatten!) Bei der Chimäre der „nichtsinnlichen Anschauung" handelt es sich genau darum: An Stelle des gewöhnlichen Objekts der sinnlichen Anschauung, haben wir lediglich dieses gewöhnliche Objekt der Anschauung, ohne seinen sinnlichen Charakter.

Dieser subtile Unterschied zwischen dem negativen und dem unendlichen Urteil wirkt in einem bestimmten Typ des Witzes, wobei der zweite Teil den ersten nicht unmittelbar umkehrt, indem er sein Prädikat negiert, sondern ihn wiederholt und dabei die Negation auf das Subjekt verschiebt. Das Urteil: „Er ist ein Individuum voller idiotischer Eigenarten" zum Beispiel kann auf die übliche spiegelbildliche Weise negiert, das heißt von seinem Gegenteil ersetzt werden: „Er ist ein Individuum ohne idiotische Eigenarten". Man kann es jedoch auch in dieser Form negieren: „Er ist voller idiotischer Eigenarten, ohne ein Individuum zu sein". Diese Verschiebung der Negation vom Prädikat auf das Subjekt stellt die logische Matrix für dasjenige bereit, was häufig das unvorhergesehene Resultat unserer pädagogischen Bemühungen ist, einen Schüler von den Zwängen der Vorurteile und Klischees zu befreien: Nicht eine Person, die fähig ist, sich zwanglos und ungezwungen auszudrücken, sondern ein automatisiertes Bündel von (neuen) Klischees, hinter denen wir nicht länger die Gegenwart einer „realen Person" empfinden. Wir wollen kurz an das übliche Ergebnis des psychologischen Trainings erinnern, das beabsichtigt, das Individuum von den Zwängen seiner alltäglichen geistigen Schranken zu befreien und sein „wahres Selbst", seine authentischen kreativen Potentiale freizulegen (Transzendentale Meditation usw.): Sobald es die alten Klischees losgeworden ist, die doch in der Lage waren, die dialektische Spannung zwischen ihnen selbst und der hinter ihnen stehenden „Persönlichkeit" aufrechtzuerhalten, treten an deren Stelle neue Klischees, die die „Tiefe" der Persönlichkeit hinter ihnen außer Kraft setzen ... kurz: Sie wird zu einem wahrhaften Ungeheuer, einer Art „lebendigem Toten". Samuel Goldwyn, der alte Mogul Hollywoods, hatte recht: Was wir brauchen, sind in der Tat einige neue, originelle Klischees.

Die Erwähnung des „lebendigen Toten" ist an dieser Stelle keineswegs zufällig: In unserer gewöhnlichen Sprache greifen wir zu unendlichen Urteilen, wenn wir beabsichtigen, solche Grenz-Phänomene zu verstehen, die etablierte Unterschiede, wie den zwischen Leben und Tod, unterlaufen: In den Texten der Populär-Kultur werden die unheimlichen Kreaturen, die weder lebendig noch tot sind, die „lebendigen Toten" (Vampire usw.) als „Untote" bezeichnet – obwohl sie nicht tot sind, sind sie eindeutig nicht lebendig wie wir, die gewöhnlichen Sterblichen. Das Urteil: „Er ist untot" ist deshalb ein unendlich-eingrenzendes Urteil im präzisen Sinne einer rein negativen Geste, indem es Vampire aus dem Reich der Toten ausschließt, ohne sie deshalb im Bereich der Lebenden anzusiedeln (wie es in der einfachen Negation: „Er ist nicht tot" der Fall wäre). Die Tatsache, daß Vampire und andere „lebendige Tote" üblicherweise als „Dinge" bezeichnet werden, muß in ihrer vollen kantschen Bedeutung wiedergegeben werden: Ein Vampir ist ein Ding, das aussieht und handelt wie wir, und dennoch keiner von uns ist... Kurz: der Unterschied zwischen einem Vampir und einer lebendigen Person ist der zwischen einem unendlichen und einem negativen Urteil: Eine tote Person verliert das Prädikat eines lebendigen Wesens, sie verbleibt jedoch dieselbe Person; ein Untoter behält alle Prädikate eines lebendigen Wesens, ohne doch eines zu sein – wie im oben zitierten Witz von Marx: Wir haben mit dem Vampir dieselbe „gewöhnliche Art zu reden und zu denken, ohne das Individuum".

7

Und es ist – um hiermit zu schließen – genau der Bezug zu diesem unheimlichen Zwischen-Raum des Unvorstellbaren, erfüllt von „Untoten", der Raum „zwischen zwei Toden", der uns befähigt, Licht auf einen der dunkelsten Punkt der Lacanschen Theorie zu werfen: Welches ist genau die Rolle des *Objekts klein a* im Trieb, sagen wir im Schautrieb, im Gegensatz zum Begehren? Der Schlüssel hierzu findet sich in Lacans Verdeutlichung in *Die vier Grundbegriffe der Psychoanalyse*, daß nämlich der wesentliche Zug des Schautriebs darin bestehe, *„sich sehen* [zu] *machen / se faire voir/"*[15] – dieses „sich sehen machen", die Zirkularität, die konstitutive Kreisbahn des Triebes, darf, wie Lacan sofort hervorhebt, keineswegs mit dem narzißtischen „sich durch den anderen betrachten" verwechselt werden, das heißt durch die

Augen des großen Anderen, vom Standpunkt des Ich-Ideals im Anderen aus, in der Weise, wie ich mir selbst liebenswert erscheine: Was verlorengeht, wenn ich „mich durch den anderen betrachte", ist die radikale Heterogenität des Objekts als Blick, dem ich mich beim „mich sehen machen" aussetze. Einen beispielhaften Fall dieser narzißtischen Befriedigung, die vom „sich durch den Anderen betrachten" (Ich-Ideal) ermöglicht wird, stellt im eigentlichen ideologischen Raum die Reportage über das eigene Land dar, so wie es vom Blick eines Fremden gesehen wird (vgl. die Besessenheit heutiger amerikanischer Medien davon, wie Amerika wahrgenommen – bewundert oder verachtet – wird vom Anderen: den Japanern, den Russen . . .). Der erste exemplarische Fall sind natürlich *Die Perser* von Aischylos, in denen die persische Niederlage wiedergegeben wird, wie sie durch die Augen des persischen Königshofes gesehen wird: Die Verwunderung des König Darius darüber, was die Griechen für ein wunderbares Volk sind usw., sorgt für die tiefe narzißtische Befriedigung der griechischen Zuschauer . . . Doch – noch einmal – dies ist es *nicht*, worum es beim „sich sehen machen" geht; worin besteht es dann *eigentlich*?

Wir wollen an Hitchcocks *Fenster zum Hof* [*Rear Window*] erinnern, einen Film, der als für den Schautrieb beispielhafte Inszenierung häufig zitiert wird. Den größten Teil des Films hindurch dominiert die Logik des Begehrens: Dieses Begehren wird fasziniert, angetrieben von seinem Ursache-Objekt, dem dunklen Fenster gegenüber im Hinterhof, das auf das Subjekt zurückblickt . . . – Wann nun im weiteren Verlauf des Films, „kehrt der Pfeil zum Subjekt zurück"? Natürlich in dem Augenblick, als der Mörder im Haus gegenüber Stewarts Hinterfenster dessen Blick erwidert und ihn auf frischer Tat bei seinem voyeuristischen Akt ertappt: Genau in dem Moment also, als James Stewart sich nicht „sich sehen sieht", sondern *sich vom Objekt seines Sehens (ge)sehen macht*, das heißt von diesem Fleck im dunklen Raum auf der anderen Seite des Hinterhofs, der seinen Blick angezogen hat, wechseln wir vom Register des Begehrens in das des Triebes. Das bedeutet, wir verbleiben im Register des Begehrens, solange wir, indem wir die neugierige Haltung des Voyeurs einnehmen, auf dasjenige schauen, was wir aufgrund eines bestimmten Zuges dessen, was „hinter dem Vorhang" verborgen ist, als das faszinierende X betrachten; *wir schalten um in den Trieb, sobald wir uns (ge)sehen machen vom Fleck im Bild, vom unzugänglichen fremden Körper in ihm, von diesem Punkt, der unseren Blick anzog.* Hierin besteht die Umkehrung, die den Trieb definiert: Sofern ich den Punkt im anderen, von dem aus ich angeblickt werde, nicht sehen kann, bleibt mir nichts anderes, als mich für diesen Punkt sichtbar zu machen. Der Unterschied zwischen diesem und dem narzißtischen sich selbst vom Standpunkt des Ich-Ideals aus Betrachten ist eindeutig: Der Punkt, von dem das Subjekt sich (ge)sehen macht, behält seine traumatische Heterogenität und Nicht-Transparenz, er bleibt ein Objekt im streng lacanschen Sinn, nicht ein symbolischer Zug. Der Punkt, demgegenüber ich mich gerade in meiner Fähigkeit, zu schauen, sichtbar mache, ist das Objekt des Triebes, und auf diese Weise kann man vielleicht den Unterschied zwischen dem Status des *Objektes a* im Begehren und im Trieb ein wenig verdeutlichen (wie wir alle wissen, ist die Antwort, die Jacques-Alain Miller bekommt, als er in den *Vier Grundbegriffen der Psychoanalyse* Lacan nach diesem Punkt fragt, *chiaroscuro* im „besten" Sinne).

Was diese bedeutsame Unterscheidung weiter verdeutlichen kann, ist eine andere Eigenart der Schlußszene von *Das Fenster zum Hof*, welche die Verwandlung von Begehren in Trieb in reinster Form darstellt: die verzweifelte Verteidigung von Stewart, der versucht, den Mörder aufzuhalten, indem er Blitzlichter entzündet. Diese scheinbar unsinnige Geste muß gedeutet werden als *Verteidigung gegen den Trieb*, dagegen, „sich sehen zu machen" – Stewart versucht, den Blick des anderen zu blenden[16]. Was ihm widerfährt, als ihn der Mörder aus dem Fenster stößt, ist genau die Umkehrung, die den Trieb definiert: Wenn er durch das Fenster stürzt, fällt Stewart in einem radikalen Sinn *in sein eigenes Bild*, in das Feld seiner eigenen Sichtbarkeit. In lacanschen Begriffen: Er verwandelt sich in *einen Fleck in seinem eigenen Bild*, er macht sich in diesem, das heißt in dem Raum, der als sein eigenes Feld der Sichtbarkeit definiert wird, (ge)sehen[17].

Einige wunderbare Szenen gegen Ende von *Who Framed Roger Rabbit* stellen eine weitere Variante desselben Motivs dar, wobei der abgebrühte Detektiv in das Universum der Cartoons fällt: Er ist dabei eingegrenzt in den Bereich „zwischen zwei Toden", wo es keinen eigentlichen Tod gibt, nur ein nicht endendes Verschlingen und/oder Zerstören. Und eine weitere links-paranoide Version dessen findet sich in *Dreamscape*, einem SF-Film über einen amerikanischen Präsidenten, der von schlechten Träumen über die nukleare Katastrophe, die er auslösen könnte, heimgesucht wird; die dunklen militaristischen Verschwörer versuchen, seine pazifistischen Pläne zu durchkreuzen, indem sie einen Kriminellen anheuern, der die paranormale Fähigkeit hat, sich selbst in die Träume eines anderen zu versetzen und darin zu agieren – das Ziel ist, den Präsidenten in seinem Traum so sehr zu erschrecken, daß er an einer Herzattacke stirbt...

Die anscheinend melodramatische Einfachheit der Schlußszene von Chaplins *Rampenlicht* [*Limelight*] sollte uns nicht täuschen: Auch hier finden wir die Verkehrung des Begehrens in den Trieb. Diese Szene zentriert sich um eine wunderbare Kamerafahrt rückwärts von der Nahaufnahme des toten Clowns Calvero hinter der Bühne zur Totalen der gesamten Bühne, auf der das junge Mädchen, jetzt eine erfolgreiche Ballerina, gerade ihren Auftritt hat. Kurz vor dieser Szene äußert der sterbende Calvero gegenüber dem aufmerksamen Arzt den Wunsch, seine Geliebte tanzen zu sehen; der Arzt klopft ihm sanft auf die Schulter und tröstet ihn: „Du wirst sie sehen!" Daraufhin stirbt Calvero, sein Körper wird mit einem weißen Tuch bedeckt, und die Kamera zieht sich zurück, so daß sie das tanzende Mädchen auf der Bühne erfaßt, während Calvero auf einen winzigen, kaum sichtbaren weißen Fleck im Hintergrund reduziert wird. Von besonderer Bedeutung ist hier die Art und Weise, wie die Ballerina in den Rahmen eintritt: Von der Rückseite der Kamera her wie die Vögel in der berühmten „Gottesperspektiven"-Einstellung der Bodega Bay in Hitchcocks *Vögel* [*Birds*] – noch ein weiterer weißer Fleck, der sich aus dem geheimnisvollen Zwischen-Raum, der den Zuschauer von der diegetischen Realität auf der Leinwand trennt, heraus materialisiert... Wir begegnen hier der Funktion des Blicks als Objekt-Fleck in Reinform: Die Voraussage des Arztes ist erfüllt, als Toter, das heißt insofern er sie nicht mehr *sehen* kann, *schaut* Calvero *sie an*. Aus diesem Grund ist die Logik dieser Rückwärtsfahrt vollkommen „hitchcockartig": Durch sie wird ein Stück der Realität in einen amorphen Fleck verwandelt (in einen weißen Klecks im Hintergrund), in einen Fleck jedoch, um den sich das gesamte Feld des Sichtbaren dreht, einen Fleck, der sich über das gesamte Feld „verschmiert". Mit anderen Worten: Was der Szene ihre melodramatische Schönheit verleiht, ist unser – des Zuschauers – Bewußtsein, daß *die Ballerina, ohne zu wissen, daß er bereits tot ist, für ihn, für diesen Fleck tanzt* (der melodramatische Effekt ist immer von einem solchen Nichtwissen des Handelnden abhängig); es ist dieser Fleck, dieser weiße Klecks im Hintergrund, der die Bedeutung dieser Szene garantiert. – Wo genau findet sich hier die Verwandlung des Begehrens in den Trieb? Wir verweilen im Register des Begehrens solange das Feld der Sichtbarkeit organisiert, gestützt wird von Calveros Begehren, seine Geliebte ein letztes Mal tanzen zu sehen; wir treten ein in das Register des Triebes in dem Augenblick, da Calvero auf den Objekt-Fleck in seinem eigenen Bild reduziert wird. Aus eben diesem Grund reicht es nicht aus zu sagen, es sei einfach *sie*, die Ballerina, seine Geliebte, die sich von ihm (ge)sehen macht; die Pointe ist vielmehr die, daß er gleichzeitig die Gegenwart eines Flecks gewinnt, so daß sie beide in demselben Feld der Sichtbarkeit erscheinen[18].

Der Schautrieb bezeichnet immer ein solches Schließen der Kreisbahn, wobei ich im Bild, das ich anschaue, gefangen bin, die Distanz ihm gegenüber verliere; er ist als solcher niemals nur die bloße Verkehrung des Begehrens in das Passiv. „Sich sehen machen" wohnt dem Akt des Sehens inne: Der Trieb ist die Schlinge, die sie verbindet. Die grundlegenden Darstellungen des Triebs sind deshalb die visuellen und zeitlichen Paradoxa, die den sinnlosen, „unmöglichen" *circulus vitiosus* materialisieren: Die beiden Hände bei Escher, die sich gegenseitig zeichnen oder der Wasserfall, der in einem geschlossenen *perpetuum mobile* fließt; die Schleife der Zeitreise, wobei ich die Vergangenheit besuche, um mich selbst zu erzeugen (um meine Eltern zu verkuppeln)...

Vielleicht läßt sich die „Kreisbahn, die gebildet wird vom auf- und wieder absteigenden Trieb" besser als mit dem von Lacan erwähnten Pfeil mit der ersten freien Assoziation darstellen, die diese Formulierung weckt, nämlich dem Bumerang, wobei das „Treffen des Tieres" sich verwandelt in „sich treffen machen". Das bedeutet: Wenn ich den Bumerang werfe, ist das „Ziel" natürlich, das Tier zu treffen; doch die wahre List dabei besteht darin, daß man in der Lage ist, den Bumerang wieder einzufangen, wenn er, so wir das Ziel *verfehlt* haben, zurückfliegt – die wahre Absicht [aim] ist es, das Ziel [goal] zu verfehlen, sodaß der Bumerang zu uns zurückkehrt (der schwierigste Teil beim Erlernen der Handhabung des Bumerangs ist es deshalb, die Kunst zu beherrschen, ihn richtig aufzufangen; das heißt zu vermeiden, von ihm getroffen zu werden, die potentiell selbstmörderische Dimension des Bumerangwerfens zu blockieren...). Der Bumerang symbolisiert also den Augenblick des Entstehens von „Kultur", den Augenblick, da der Instinkt sich in den Trieb verwandelt: den Augenblick der Aufspaltung zwischen *goal* und *aim*, den Augenblick, da das wahre Ziel [*aim*] nicht mehr ist, das Ziel [*goal*] zu treffen, sondern die Kreisbewegung von dessen wiederholtem Verfehlen aufrechtzuerhalten.

Zusatz: Minne und Masochismus

1

Warum heute von höfischer Liebe (*amour courtois*, Minne) sprechen, im Zeitalter der Permissivität, in dem die sexuelle Begegnung oft nicht mehr als ein „Quickie" in irgendeiner dunklen Büroecke ist? Der Eindruck, daß die höfische Liebe überholt sei, längst überlagert von modernen Verhaltensweisen, ist naheliegend, er macht uns aber blind für die Tatsache, daß die Logik der höfischen Liebe noch immer die Parameter definiert, innerhalb derer die beiden Geschlechter zueinander in Beziehung stehen. Dies freilich nicht nach dem evolutionären Modell, in dem die höfische Liebe die elementare Matrix wäre, die es uns erlaubte, ihre späteren, komplexeren Varianten zu generieren. Unsere These lautet im Gegenteil, daß die Geschichte rückbezüglich zu lesen sei: Nur das Aufkommen des Masochismus, des masochistischen Paares gegen Ende des vorigen Jahrhunderts macht es uns möglich, die libidinöse Ökonomie der höfischen Liebe zu erfassen. Die erste Falle, in die man im Zusammenhang mit der höfischen Liebe nicht gehen darf, ist die irrtümliche Vorstellung von der Sublimierung, von der *frouwe* als dem sublimen Objekt. In der Regel denkt man hier an Vergeistigung, an die Verschiebung vom Objekt roher sinnlicher Begierde zum erhabenen geistigen Verlangen – die *frouwe* wird so, ähnlich der Beatrice Dantes, als eine Art geistige Führerin in die höhere Sphäre religiöser Ekstase betrachtet. Im Gegensatz dazu betont Lacan eine Reihe von Zügen, die der Vorstellung von einer solchen Vergeistigung widersprechen: Zwar verliert die *frouwe* in der höfischen Liebe tatsächlich die konkreten Züge, zwar wird sie tatsächlich als abstraktes Ideal angesprochen, so daß „die Autoren bemerkt haben, daß sämtliche Dichter sich an ein und dieselbe Person zu wenden scheinen ... Auf diesem Feld der Poesie ist das weibliche Objekt jedweder realen Substanz entleert."[1] Dennoch hat diese Abstraktheit der *frouwe* nichts mit spiritueller Läuterung zu tun. Lacan verweist eher auf die Abstraktheit, die einem kühlen, distanzierten, inhumanen Partner eigen ist; die *frouwe* ist durchaus kein warmes, mitfühlendes, verständnisvolles Mitgeschöpf:

> Aufgrund einer Art von Sublimierung, die der Kunst eigentümlich ist, besteht die dichterische Schöpfung darin, ein Objekt darzustellen, das ich nur als furchtbar, als inhumanen Partner beschreiben kann. Die *frouwe* wird nie durch eine ihrer realen, konkreten Tugenden charakterisiert, durch ihr Wissen, ihren Stolz oder auch nur ihre Kompetenz. Wenn sie als wissend beschrieben wird, dann nur deshalb, weil sie ein immaterielles Wissen verkörpert, oder weil sie dessen Funktionen repräsentiert – mehr als daß sie diese übte. Im Gegenteil, sie ist in den Aufgaben, die sie ihrem Diener stellt, so willkürlich wie nur möglich.[2]

Die Beziehung des Ritters zur *frouwe* ist somit die Beziehung des Leibeigenen, des Vasallen, zu seiner adligen Herrin-Herrscherin, die ihren Vasallen sinnlosen, empörenden, unmöglichen, willkürlichen, der Laune entsprungenen Prüfungen unterwirft. Um eben diese ungeistige Natur der Prüfungen hervorzuheben, zitiert Lacan ein Gedicht über eine *frouwe*, die von ihrem Diener buchstäblich verlangte, daß er sie am Arsche lecke. Das Gedicht hat des Dichters Klagen über die üblen Gerüche zum Inhalt, die ihn dort unten erwarten (der traurige Zustand der Leibeshygiene im Mittelalter ist bekannt), und die Klagen angesichts der drohenden Gefahr, daß die *frouwe*, während er den Befehl befolgt, auf seinen Kopf urinieren werde... Die *frouwe* ist somit so weit wie nur möglich von jeder Art geläuterter Geistigkeit entfernt: sie fungiert als inhumaner Partner im genauen Sinne eines radikal Anderen, der unseren Bedürfnissen und Wünschen überhaupt nicht gerecht wird; und sie ist als solche zugleich eine Art Automat, eine Maschine, die willkürlich sinnlose Befehle ausspuckt. Dieses Zusammenfallen von absoluter, unergründlicher Andersheit und bloßer Maschine verleiht der *frouwe* ihren unheimlichen, monströsen Charakter; die *frouwe* ist der Andere, der *nicht* unser „Mitgeschöpf" oder „Nebenmensch" ist, das heißt mit dem keine Empathiebeziehung möglich ist. Diese traumatische Andersheit ist es, die Lacan mit dem Freudschen Begriff des *Dinges* bezeichnet. Die Idealisierung der *frouwe*, ihre Erhebung zum vergeistigten, ätherischen Ideal muß daher als streng sekundäres Phänomen begriffen werden, als narzißtische Projektion, deren Sinn es ist, die traumatische, unerträgliche Dimension der *frouwe* dem Blick zu entziehen. In diesem genauen und umgrenzten Sinn konzediert Lacan, daß „das Element idealisierender Exaltation, das in der Ideologie der höfischen Liebe ausdrücklich gesucht wird, gewiß erwiesen ist; es ist fundamental narzißtischer Natur"[3]. Jeder wirklichen Substanz beraubt, wirkt die *frouwe* als Spiegel, in den das Subjekt sein narzißtisches Ideal projiziert; oder, um Christina Rosettis Sonett „Im Atelier eines Künstlers" zu zitieren, das von Dante Gabriel Rosettis Beziehung zu Elisabeth Siddal, seiner *frouwe*, spricht: „nicht, wie sie ist, sondern wie sie in seinem Traum erscheint"[4] Der entscheidende Punkt liegt jedoch woanders:

> Der Spiegel mag gelegentlich die Mechanismen des Narzißmus mit zur Geltung kommen lassen, vor allem die Dimension der Destruktion oder Aggression, mit der wir es im folgenden zu tun haben werden. Er spielt aber noch eine weitere Rolle, die Rolle der Grenze. Er ist das, was nicht überschritten werden kann. Und die einzige Organisation, an der er teilhat, ist die der Unzugänglichkeit des Objekts.[5]

Mit anderen Worten, wir müssen, bevor wir auf die Gemeinplätze darüber eingehen, inwiefern die *frouwe* in der höfischen Liebe nichts mit wirklichen Frauen gemein hat, inwiefern sie für die narzißtische Projektion des Mannes steht, die die Mortifikation der wirklichen Frau aus Fleisch und Blut mit sich bringt, die Frage beantworten: Wie kommt es zu jener leeren, glatten Oberfläche, zu jenem kalten, neutralen Bildschirm, der den Raum für mögliche Projektionen eröffnet? Soll heißen, wenn wir unser narzißtisches Ideal auf den Spiegel projizieren wollen, muß die stumme Spiegeloberfläche schon vorhanden sein. Diese Oberfläche wirkt als eine Art „schwarzes Loch" in der Wirklichkeit, als eine Grenze, in dessen Jenseits man nicht gelangen kann.

2

Der nächste wesentliche Zug der höfischen Liebe ist, daß sie durch und durch Sache der Courtoisie und Etikette ist; sie hat überhaupt nichts mit einer elementaren Leidenschaft zu tun, die alle Dämme überflutet und alle gesellschaftlichen Regeln mißachtet. Wir haben es mit einer streng kodifizierten Fiktion zu tun, mit einem Gesellschaftsspiel des „Als ob", wenn wir vorgeben, unser Liebling sei die unerreichbare *frouwe*. Und genau dieser Zug macht es uns möglich, eine Beziehung zwischen der höfischen Liebe und einem Phänomen herzustellen, das – auf den ersten Blick zumindest – überhaupt nichts damit zu tun zu haben scheint, mit dem Masochismus als einer spezifischen Form der Perversion nämlich, der zum ersten Mal Mitte des vorigen Jahrhunderts in den literarischen Werken und in der Lebenspraxis Sacher-Masochs artikuliert wurde. In seiner klassischen Studie über den Masochismus[6] hat Gilles Deleuze gezeigt, daß der Masochismus nicht als bloße symmetrische Umkehrung des Sadismus begriffen werden kann: Der Sadist und sein Opfer geben nie ein komplementäres „sado-masochistisches" Paar ab. In der Reihe der Züge, die Deleuze als Beweis für ihre Asymmetrie aufzählt, ist der entscheidende die Opposition zweier Modalitäten der Negation: Beim Sadismus begegnen wir direkter Negation, gewaltsamer Destruktion und Quälerei, während die Negation beim Masochismus die Form einer Fiktion, eines „Als ob" annimmt, das mit der Wirklichkeit gar nicht übereinstimmen will. Der Gegensatz von Institution und Vertrag hängt damit eng zusammen.

Der Sadismus folgt der Logik der Institution, der institutionellen Macht, die ihr Opfer quält und Gefallen am hilflosen Widerstand des Opfers findet. Genauer, der Sadismus ist bei der obszönen Über-Ich-Kehrseite am Werk, die notwendigerweise, als sein Schatten, das „öffentliche" Gesetz verdoppelt und in dessen Gefolge auftritt. Dagegen ist der Masochismus dem Opfer auf den Leib geschneidert: Der Vertrag mit dem Herrn (der Frau) geht auf die Initiative des Opfers (des Dieners in der masochistischen Beziehung) zurück. Er bevollmächtigt sie, den Initiator in jeder Weise, die ihr angemessen erscheint (innerhalb der Grenzen, die der Vertrag definiert), zu erniedrigen und ihn zu verpflichten, ganz „nach Maßgabe der Launen der unumschränkten Herrin", wie Sacher-Masoch es ausdrückt, zu agieren. Der nächste unterscheidende Zug ist, daß der Masochismus, anders als der Sadismus, zuinnerst theatralisch ist: Die Gewalt ist größtenteils vorgetäuscht, und selbst wenn sie „wirklich" ist, fungiert sie als Bestandteil einer Szene, als Teil einer theaterhaften Aufführung. Der Gewaltakt wird darüber hinaus niemals vollstreckt, er bleibt, als endlose Wiederholung einer unterbrochenen Geste, immer aufgeschoben. – Der Diener schreibt folglich das Drehbuch, das heißt er ist es, der wirklich die Fäden zieht und das Tun der Frau (der Domina) diktiert. Er inszeniert sein eigenes Sklaventum.[7]

Genau diese Logik der Fiktion erlaubt es uns, das fundamentale Paradox in der masochistischen Haltung zu erfassen. Denn wie sieht die typische masochistische Seance aus? Der Mann-Diener bestimmt kühl und *business-like* die Punkte des Vertrags mit der Frau-Herrin: was sie mit ihm tun soll, welche Szene endlos wiederholt werden soll, welche Kleidung sie tragen, wie weit sie in Richtung realer, physischer Tortur gehen soll (wie stark sie ihn peitschen, in welcher Weise genau sie ihn in Ketten legen, wo sie ihn mit den hohen Absätzen ihrer Schuhe stechen soll usw.). Wenn sie schließlich zum eigentlichen masochistischen Spiel übergehen, bewahrt der Masochist die ganze Zeit über eine Art von reflektierter Distanz, er läßt nie seinen Empfindungen wirklich freien Lauf, gibt sich nie dem Spiel vollkommen hin. Mitten im Spiel kann er ganz plötzlich mit dem Ton eines Regisseurs präzise Anweisungen geben (mehr Druck auf jenen Punkt, wiederhole jene Bewegung . . .), *ohne dadurch im geringsten „die Illusion zu zerstören"*. Ist das Spiel dann zu Ende, nimmt der Masochist wieder die Haltung des höflichen Bürgers an und beginnt, mit der unumschränkten Herrin nüchtern und *business-like* zu sprechen: „Dank für Ihre Bemühungen. Nächste Woche um die gleiche Zeit?" usw. – Von entscheidender Bedeutung ist hier, daß der Masochist seine intimste Leidenschaft vollkommen nach außen wendet: Unsere intimsten Wünsche werden Gegenstand vom Vertrag und gelassener Verhandlung. Das Wesen des masochistischen Theaters ist somit durch und durch „unpsychologisch": Das Abstandnehmen von der sozialen Realität, das surrealistisch leidenschaftliche Spiel des Masochismus fügt sich völlig problemlos in die Alltagsrealität.[8] Aus diesem Grunde ist das Phänomen des Masochismus ein sehr gutes Beispiel dafür, was Lacan meint, wenn er immer wieder darauf besteht, daß Psychoanalyse nicht Psychologie sei. Der Masochismus konfrontiert uns mit dem Paradox der symbolischen Ordnung als der Ordnung der „Fiktionen": An der Maske, die wir tragen, an dem Spiel, das wir spielen, an der „Fiktion", der wir gehorchen und folgen, ist mehr Wahres als an dem, was unter der Maske verborgen ist; der innerste Kern des Seins des Masochisten tritt in dem inszenierten Spiel, dem er die ganze Zeit Distanz gegenüber wahrt, zutage.

3

Wie ist, bei genauerem Hinsehen, die Unzugänglichkeit des Objekts *frouwe* in der höfischen Liebe zu verstehen? Zunächst ist vor allem das Mißverständnis zu vermeiden, das diese Unzugänglichkeit auf die simple Dialektik von Wunsch und Versagung reduziert, nach der wir die verbotene Frucht genau insoweit begehren, als sie verboten ist, oder, um Freuds klassische Formulierung zu zitieren,

der psychische Wert des Liebesbedürfnisses sofort sinkt, sobald ihm die Befriedigung bequem gemacht wird. Es bedarf eines Hindernisses, um die Libido in die Höhe zu treiben, und wo die natürlichen Widerstände gegen die Befriedigung nicht ausreichen, haben die Menschen zu allen Zeiten konventionelle eingeschaltet, um die Liebe genießen zu können.[9]

Aus dieser Perspektive scheint die höfische Liebe nur die radikalste Strategie zu sein, den Wert des Objektes dadurch zu erhöhen, daß man seiner Erreichbarkeit durch Konventionen Hindernisse in den Weg legt. Wo Lacan – im Seminar *Encore* – die bündigste Formulierung für das Paradox der höfischen Liebe findet, da sagt er etwas, das scheinbar ähnlich, tatsächlich aber fundamental verschieden ist: „Das ist eine durch und durch raffinierte Weise, der Abwesenheit von Geschlechtsverhältnis zu supplieren, indem fingiert wird, daß wir es sind, die hier Hindernis aufrichten."[10] Der Punkt ist daher nicht einfach, daß wir durch Konventionen zusätzliche Hindernisse schaffen, um den Wert des Objekts zu erhöhen. *Äußere Hindernisse, die uns den Zugang zum Objekt erschweren, dienen hier genaugenommen dazu, die Illusion zu schaffen, daß das Objekt ohne sie direkt zugänglich wäre*; was sie dadurch verhüllen, ist die innere Unmöglichkeit, zum Objekt zu gelangen. Die Stelle der *frouwe* / des „Dinges" ist ursprünglich leer; sie fungiert als eine Art „schwarzes Loch", um das herum sich das Begehren des Subjekts strukturiert. Der Raum des Begehrens ist gekrümmt, wie in der Relativitätstheorie; nur indirekt ist das Objekt / die *frouwe* zu erreichen, nur auf gewundenem, mäandrischem Wege. Sobald wir direkt darauf zugehen, verfehlen wir unser Ziel. Das ist es, was Lacan meint, wenn er im Kontext der höfischen Liebe auf „die Bedeutung" zu sprechen kommt, „die wir der Absolvierung des Umwegs in der psychischen Ökonomie beilegen müssen"[11]:

> Der Umweg in der Psyche ist nicht immer dazu bestimmt, den Verkehr zwischen dem, was jeweils im Bereich des Lustprinzips organisiert ist, und dem, was sich jeweils als die Struktur der Wirklichkeit darstellt, zu regeln. Es gibt auch Umwege und Hindernisse, die so organisiert sind, als sollten sie den Bereich der Vakuole als solchen offenbar machen... Die Techniken, die bei der höfischen Liebe zum Tragen kommen – und diese sind deutlich genug, so daß wir erkennen können, was bei Gelegenheit wirklich werden könnte, was in der Inspiration dieser Erotik in eigentlicher Weise von der sexuellen Ordnung spricht –, sind Techniken der Verhaltung, der Verschiebung, des *amor interruptus*. Die Szenen, die bei der höfischen Liebe dem voraufgehen müssen, was mysteriöserweise als *le don de merci*, „das Geschenk der Gnade" bezeichnet wird, finden – obwohl wir nicht genau wissen, was dies bedeutete – mehr oder minder in Begriffen ihren Ausdruck, die Freud in seinen *Drei Abhandlungen* als zur Sphäre des Vorspiels gehörig verwendet.[12]

Aus diesem Grund betont Lacan das Motiv der Anamorphose (im Seminar über die Ethik der Psychoanalyse lautet der Titel des Kapitels über die höfische Liebe „Höfische Liebe als Anamorphose"): Das Objekt kann nur erfaßt werden, wenn es von der Seite, in beschnittener, entstellter Form, als sein eigener Schatten gesehen wird; wenn wir einen direkten Blick darauf werfen, sehen wir nichts, sehen wir bloße Leere. In entsprechender Weise könnte von zeitlicher Anamorphose gesprochen werden: Nur auf dem Wege endlosen Aufschubs, als sein abwesender Bezugspunkt ist das Objekt erreichbar. Das Objekt ist daher buchstäblich hervorgebracht – sein Ort ist umschrieben – durch ein Netz von Umwegen, Annäherungen und Beinah-Verfehlungen. Hier setzt *Sublimierung* ein – Sublimierung im lacanschen Sinn der Erhebung eines Objekts zur Würde des „Dinges": „Sublimierung" findet statt, wenn ein Objekt, das Teil der Alltagsrealität ist, sich am Ort des unmöglichen „Dinges" wiederfindet. Die Funktion künstlicher Hindernisse, die ganz plötzlich unseren Zugriff auf ein gewöhnliches Objekt vereiteln, besteht darin, daß sie das Objekt zum Stellvertreter des „Dinges" erhöhen. Und so verwandelt sich das Unmögliche in das Verbotene: durch Kurzschluß zwischen dem „Ding" und einem gegebenen Objekt, das durch künstliche Hindernisse unzugänglich gemacht worden ist.

Die Tradition, nach der die *frouwe* das unzugängliche Objekt ist, ist in unserem Jahrhundert noch sehr lebendig – im Surrealismus etwa. Es genügt, an Luis Bunuels Film *Dieses obskure Objekt der Begierde* zu erinnern, in dem eine Frau durch eine Reihe absurder Tricks den Augenblick der sexuellen Wieder-Vereinigung mit dem gealterten Liebhaber hinausschiebt (als etwa der Mann es schließlich geschafft hat, sie ins Bett zu bekommen, entdeckt er unter ihrem Nachthemd ein altmodisches Korsett mit vielen Schnallen, die er unmöglich alle öffnen kann . . .). Der Charme des Films liegt gerade in diesem ziemlich sinnlosen Kurzschluß zwischen der fundamentalen, metaphysischen „Grenze" und den trivialen empirischen Hindernissen. Die Logik der höfischen Liebe und der Sublimierung ist darin in reinster Form beschlossen: Irgendein Objekt oder Akt, gewöhnlich und alltäglich, wird unzugänglich oder unvollziehbar, sobald es bzw. er sich in der Position des „Dinges" wiederfindet; obwohl die Sache leicht zu erreichen sein sollte, ist es so, als ob das ganze Universum so beschaffen wäre, immer wieder unerklärliche Zufälle herbeizuführen, die das Erreichen verhindern. Bunuel selbst wußte sehr gut um diese paradoxe Logik. In seiner Autobiographie spricht er von der „unerklärlichen Unmöglichkeit, sich einen simplen Wunsch zu erfüllen", und eine ganze Reihe seiner Filme enthalten Variationen zu diesem

Thema: In *Das verbrecherische Leben des Archibaldo de la Cruz* möchte der Held einen einfachen Mord begehen, aber all seine Versuche schlagen fehl; in *Der Würgeengel* kann eine Gruppe reicher Leute nach einer Party nicht die Schwelle überschreiten und das Haus verlassen; in *Der diskrete Charme der Bourgeoisie* möchten zwei Paare zusammen essen, aber unvorhergesehene Komplikationen verhindern immer wieder die Erfüllung dieses simplen Wunsches... Es sollte nunmehr klar sein, worin der Unterschied zur üblichen Dialektik von Wunsch und Verbot genau besteht: Der Zweck des Verbots ist nicht, den „Preis" eines Objekts dadurch zu erhöhen, daß der Zugang zu ihm erschwert wird, sondern dies Objekt selbst zum „Ding" zu erhöhen, zum „schwarzen Loch", um das herum der Wunsch sich organisiert. Aus diesem Grund hat es seine Berechtigung, wenn Lacan die übliche Formel der Sublimierung umkehrt (die Verschiebung der Libido von einem Objekt, das ein konkretes, materielles Bedürfnis befriedigt, auf ein Objekt, das in keinem erkennbaren Zusammenhang mit diesem Bedürfnis steht: destruierende Literaturkritik als sublimierte Aggressivität, wissenschaftliche Erforschung des menschlichen Körpers als sublimierter Voyeurismus usw.): Wir haben es bei der Sublimierung im Gegenteil mit der Verschiebung der Libido von der Leerstelle des „unbrauchbaren Dinges" auf ein konkretes, materielles Objekt des Bedürfnisses zu tun, das in dem Moment sublim wird, da es den Platz des „Dinges" besetzt.[13]

4

Zahlreiche Variationen dieser Matrix der höfischen Liebe sind vom 13. Jahrhundert an bis heute ausgeprägt worden. In Choderlos de Laclos' *Gefährliche Liebschaften* etwa ist die Beziehung zwischen der Marquise de Merteuil und Valmont offenkundig die Beziehung einer kapriziösen *frouwe* zu ihrem Diener. Das Paradox liegt hier in der Natur der Aufgabe, die der Diener lösen muß, um die versprochene Geste der Gnade zu verdienen: er muß andere Frauen verführen. Seine Prüfung besteht darin, daß er auch in den Augenblicken höchster Leidenschaft kühle Distanz zu seinen Opfern wahren muß: Gerade im Augenblick des Triumphes muß er sie, indem er sie ohne Grund verläßt, erniedrigen und damit seine Treue zur *frouwe* unter Beweis stellen. Die Dinge werden kompliziert, als Valmont sich in eines seiner Opfer (die Presidente de Tourvel) verliebt und dadurch

„seine Pflicht verletzt": Es ist das gute Recht der Marquise, seine Ausrede (das berühmte „ce n'est pas ma faute"; ich habe keinen Einfluß darauf, so sind die Dinge nun einmal...) als mit der Würde Valmonts unvereinbar, als elenden Rückfall auf die „pathologische" Stufe (in der kantschen Bedeutung des Begriffs) zu verwerfen. Die Reaktion der Marquise auf Valmonts „Betrug" ist somit streng ethischer Natur: Valmonts Ausrede ist genau jene, die moralische Schwächlinge in Anspruch nehmen, wenn sie ihrer Pflicht nicht nachkommen können – „ich konnte nichts dagegen machen, so bin ich nun einmal, ich bin einfach nicht stark genug..." Ihre Botschaft an Valmont ist eine Variation von Kants Motto „Du kannst, denn du sollst!". Aus diesem Grund ist die Strafe, die die Marquise Valmont auferlegt, ganz angemessen: Bei seinem Verzicht auf die Presidente de Tourvel soll er genau dieselben Worte verwenden, das heißt er muß einen Brief an sie schreiben, in dem er ihr erklärt, daß „er nicht schuld ist", wenn seine Leidenschaft für sie erloschen ist, daß die Dinge nun einmal so sind...

Eine andere Variation der Matrix der höfischen Liebe ist die Geschichte von Cyrano de Bergerac und Roxanne, die dem Sachverhalt dadurch einen besonderen Dreh gibt, daß die *frouwe* unzugänglich ist, weil sie die Frau eines anderen Mannes ist. Da er sich seiner obszönen natürlichen Entstellung (seine überlangen Nase) schämt, wagt Cyrano nicht, der schönen Roxanne seine Liebe zu bekennen. So schiebt er einen jungen, gutaussehenden Soldaten zwischen sich und sie und überträgt ihm die Rolle seines Stellvertreters, durch den hindurch er begehrt. Wie es sich ziemt für eine kapriziöse *frouwe*, verlangt Roxanne von ihrem Liebhaber, daß er seine Liebe in anmutigen poetischen Manifestationen artikuliere. Da der unselige, einfältige junge Soldat dazu nicht in der Lage ist, eilt Cyrano ihm bereitwillig zu Hilfe und schreibt an seiner Stelle leidenschaftliche Liebesbriefe vom Schlachtfeld. Die Auflösung vollzieht sich in zwei Szenarien, tragisch und melodramatisch. Roxanne läßt den Soldaten wissen, daß sie nicht nur seinen schönen Körper, sondern mehr noch seine geläuterte Seele liebe: sie sei so tief von seinen Briefen bewegt, daß sie ihn auch dann noch liebte, wenn sein Körper häßlich und verstümmelt werden würde. Der Soldat schaudert bei diesen Worten: es wird ihm bewußt, daß Roxanne ihn nicht so, wie er ist, liebt, sondern den Verfasser seiner Briefe – mit anderen Worten, daß sie unwissentlich Cyrano liebt. Da er diese Erniedrigung nicht ertragen kann, stürzt er sich in einen selbstmörderischen Angriff und stirbt.

Roxanne geht ins Kloster, wo sie regelmäßig von Cyrano besucht wird, der sie über das gesellschaftliche Leben von Paris auf dem Laufenden hält. Bei einem dieser Besuche bittet Roxanne ihn, ihr den letzten Brief des toten Geliebten vorzulesen. Nun ist der melodramatische Augenblick gekommen: Roxanne merkt plötzlich, daß Cyrano den Wortlaut des Briefes nicht abliest, sondern auswendig hersagt – um dadurch zu beweisen, daß er der wahre Verfasser ist. Tief erschüttert erkennt sie in diesem verkrüppelten Hanswurst ihre wahre Liebe. Doch es ist zu spät: Cyrano war tödlich verwundet zu dieser Begegnung gekommen...

Eine weitere Variation, und zwar eine, die dieses Motiv umkehrt, ist Gegenstand einer kurzen Liebesszene in Truffauts *Die Amerikanische Nacht*. Als auf dem Weg vom Hotel zum Studio einem Reifen die Luft ausgeht, befinden sich der zweite Kameramann und das Scriptgirl allein an einem Seeufer. Der Kameramann, der dem Mädchen schon seit langer Zeit nachläuft, ergreift die Gelegenheit und platzt mit einer pathetischen Rede darüber heraus, wie sehr er sie begehrt und wieviel es ihm, nun da sie allein sind, bedeuten würde, wenn sie zu einer raschen sexuellen Begegnung bereit wäre. Das Mädchen sagt bloß „Ja, warum nicht?" und fängt an, sich die Hose aufzuknöpfen... Diese wenig sublime Geste verwirrt den Verführer völlig, der sie für die unerreichbare *frouwe* gehalten hatte. Er kann nur „Wie meinst du? Einfach so?" stammeln. – Was diese Szene zur Logik der höfischen Liebe gehören läßt, ist die unerwartete Geste der Ablehnung: Die Reaktion des Mannes auf das langersehnte, nach heißem Bemühen errungene „Ja!" der Frau ist der Verzicht auf den Akt.

Eine subtilere Variation der Matrix der höfischen Liebe findet sich in Eric Rohmers *Meine Nacht bei Maud*: nur durch Bezugnahme auf die höfische Liebe wird die Lüge des Helden am Ende des Films erklärlich. Der mittlere Teil des Films zeigt die Nacht, die der Held und seine Freundin Maud zusammen verbringen. Sie unterhalten sich bis tief in die Nacht und schlafen sogar im selben Bett, doch zum Geschlechtsverkehr kommt es, aufgrund der Unentschlossenheit des Helden, nicht; er ist nicht in der Lage, die Gelegenheit beim Schopf zu packen, weil er mit seinen Gedanken bei der mysteriösen Blondine ist, die er am Abend vorher in einer Kirche gesehen hatte. Obwohl er noch nicht weiß, wer sie ist, ist er entschlossen, sie zu heiraten (das heißt die Blondine ist seine *frouwe*). In der letzten Szene des Films, die ein paar Jahre später spielt, begegnet der Held, der nun glücklich mit der Blondine verheiratet ist, Maud an einem Strand. Als seine Frau ihn fragt, wer diese unbekannte Frau ist, antwortet der Held mit einer Lüge – scheinbar zu seinem Nachteil, denn er teilt seiner Frau mit, daß Maud seine letzte Affäre vor der Hochzeit gewesen sei. Weshalb diese Lüge? Nun, die Wahrheit hätte den Verdacht wecken können, daß auch Maud die Stelle der *frouwe* innegehabt habe, mit der eine kurze, unverbindliche sexuelle Begegnung nicht möglich ist. Indem er seiner Frau aber eine Lüge auftischt, das heißt indem er behauptet, er habe Sex mit Maud gehabt, überzeugt er sie davon, daß Maud nicht seine *frouwe*, sondern nur eine zeitweilige Freundin gewesen war.

Die definitive Version der höfischen Liebe in den letzten Jahrzehnten ist natürlich die Figur der *femme fatale* im *film noir*: die traumatische Frau als das „Ding", die den „hartgesottenen" Helden mit ihren gierigen und kapriziösen Forderungen ruiniert. Die Schlüsselrolle wird hier von der dritten Person gespielt (in der Regel vom Gangsterboss), dem die *femme fatale* „gesetzmäßig" angehört. Sein Dasein macht sie unzugänglich und zeichnet so die Beziehung des Helden zu ihr mit dem Mal der Überschreitung; dadurch, daß er sich an sie heranmacht, hintergeht der Held die väterliche Figur des Bosses (so in *The Glass Key*, *Killers*, *Criss-cross*, *Out of the Past* usw.). Dieser Zusammenhang zwischen der höfischen *frouwe* und der *femme fatale* aus der *noir*-Welt mag überraschend scheinen: Ist die *femme fatale* im *film noir* nicht das genaue Gegenteil der vornehmen, souveränen *frouwe*, der der Ritter zu dienen gelobt hat? Schämt sich der hartgesottene Held nicht für die Tatsache, daß er, wie er empfindet, von ihr angezogen ist? Haßt er sie nicht dafür, daß er sie liebt, erfährt er seine Liebe zu ihr nicht als einen Betrug an seinem wahren Selbst? Wenn wir jedoch an das ursprünglich traumatische Wirken der *frouwe* denken, nicht an seine sekundäre Idealisierung, dann ist der Zusammenhang klar: Wie die *frouwe* ist die *femme fatale* ein „inhumaner Partner", ein traumatisches Objekt, mit dem keine Beziehung möglich ist, eine fühllose Leerstelle, die sinnlose, willkürliche Prüfungen auferlegt.

5

Der Grund für den außerordentlichen und unerwarteten Erfolg von Neil Jordans *The Crying Game* liegt vielleicht darin, daß der Film die letzte denkbare Variation des Motivs der höfischen Liebe enthält. Erinnern wir uns an die Umrisse der Handlung: Ein Mitglied der IRA, das einen gefangenen schwarzen britischen Soldaten bewacht, entwickelt freundschaftliche Bindungen zu ihm; der Soldat bittet ihn, im Falle seiner Liquidierung durch die IRA seine Freundin, eine Friseuse in einer Londoner Vorstadt, aufzusuchen und ihr seine letzten Grüße auszurichten. Nach dem Tod des Soldaten verläßt der Held die IRA, zieht nach London, findet einen Job als Maurer und sucht die Geliebte des Soldaten, eine schöne schwarze Frau, auf. Er verliebt sich in sie, die junge Frau aber wahrt eine zweideutige, ironische, souveräne Distanz zu ihm. Schließlich gibt sie seinem Werben nach und sie gehen zusammen ins Bett. Sie geht für einen kurzen Moment ins Badezimmer und kommt in einem durchsichtigen Nachthemd wieder. Als er einen begehrlichen Blick auf ihren Körper wirft, entdeckt der Held plötzlich ihren Penis: „sie" ist ein Transvestit. Angewidert, stößt er sie roh zurück. Erschüttert und naß von Tränen sagt sie ihm, sie hätte gedacht, daß er von Anfang an Bescheid gewußt habe (Ganz von ihr eingenommen, hatte der Held nicht bemerkt, daß die Bar, in der sie sich gewöhnlich trafen, ein Treffpunkt für Transvestiten war).

Die Struktur dieser Szene einer fehlgeschlagenen sexuellen Begegnung ist die genaue Umkehrung der Szene, auf die Freud sich als auf das primordiale Trauma des Fetischismus bezieht: Der Blick, der am nackten weiblichen Körper zum Sexualorgan hinabgleitet, wird von der Tatsache schockiert, daß da nichts zu sehen ist, wo man etwas (den Penis) zu sehen erwartet; im Fall von *The Crying Game* wird der Schock von der Tatsache verursacht, daß das Auge *etwas* sieht, wo es *nichts* zu sehen erwartete. – Nach dieser peinlichen Enthüllung ist die Beziehung zwischen den beiden in ihr Gegenteil verkehrt: Es zeigt sich nun, daß sie leidenschaftlich in ihn verliebt ist, obwohl sie weiß, daß ihre Liebe unmöglich ist. Von der kapriziösen und ironischen souveränen *frouwe* wird sie zur pathetischen Figur eines zarten, sensiblen jungen Mannes, der hoffnungslos verliebt ist. Nur an diesem Punkt zeigt sich wahre Liebe, Liebe als Metapher im genauen lacanschen Sinne: Wir werden Zeuge des sublimen Augenblicks, in dem der *eromenos* (der Geliebte) sich in den *erastes* (den Liebenden) verwandelt, indem auch er seine Hand ausstreckt und „Liebe wiedergibt". Dieser Augenblick bezeichnet das „Wunder" der Liebe, den Augenblick, in dem „das Reale antwortet". Als solcher läßt er uns vielleicht begreifen, was Lacan meint, wenn er versichert, daß das Subjekt selbst den Status einer „Antwort des Realen" habe. Das soll heißen, bis zu dieser Umkehrung hat der Geliebte den Status eines Objekts; er wird aufgrund von etwas geliebt, das „ein Mehr in ihm ist, als er ist", und um das er nicht weiß. Ich kann niemals die Frage beantworten: „Was für ein Objekt bin ich für den anderen? Was sieht der andere in mir, das seine Liebe weckt?"

Zunächst haben wir es daher mit einer Asymmetrie zu tun, nicht nur mit der Asymmetrie zwischen Subjekt und Objekt, sondern mit einer Asymmetrie im weit radikaleren Sinne einer Nichtentsprechung zwischen dem, was der Liebende im Geliebten sieht und dem, als was der Geliebte sich selber kennt. Die Verriegelung, die die Position des Geliebten definiert, besteht im folgenden: Der andere sieht etwas in mir und möchte etwas von mir, aber ich kann ihm nicht geben, was ich nicht habe – oder, wie Lacan es ausdrückt, es gibt keine Beziehung zwischen dem, was der Geliebte hat, und dem, was dem Liebenden fehlt. Die einzige Möglichkeit des Geliebten, dieser Verriegelung zu entgehen, besteht darin, daß auch er seine Hand ausstreckt, nach dem Liebenden, und „Liebe wiedergibt", das heißt mit einer metaphorischen Geste seinen Status des Geliebten mit dem Status des Liebenden vertauscht. Diese Umkehrung bezeichnet den Punkt der Subjektwerdung: das Objekt der Liebe verwandelt sich in ihr Subjekt, sobald es auf den Anruf der Liebe reagiert. Wir müssen hier besonders aufmerksam sein, um den Punkt dieser Umkehrung nicht zu verpassen. Obwohl wir nun zwei liebende Subjekte haben statt der anfänglichen Zweiheit des Liebenden und des Geliebten, bleibt die Asymmetrie bestehen, weil es das Objekt selber war, das sich, so wie es war, durch seine Subjektwerdung zu seinem Mangel bekannte. Es liegt etwas tief Unangenehmes und wirklich Skandalöses in dieser Umkehrung, durch die das mysteriöse, faszinierende, unfaßbare Objekt der Liebe seine Verriegelung löst und so den Status eines anderen Subjekts erwirbt.

Wir begegnen derselben Umkehrung auch in Horrorgeschichten. Ist nicht der sublimste Augenblick in Mary Shelleys *Frankenstein* der Augenblick der Subjektwerdung des Monsters, das heißt der Augenblick, in dem das Monster-Objekt (das bis dahin als unbarmherzige Tötungsmaschine beschrieben wird) in der ersten Person zu sprechen beginnt und sein elendes, mitleidregendes Dasein enthüllt? Es ist überaus bezeichnend, daß die meisten Filme über Frankenstein diese Geste der Subjektwerdung vermieden haben. Und vielleicht ist in der höfischen Liebe selbst der langerwartete Augenblick der höchsten Erfüllung, „Gnade" genannt (und von der *frouwe* dem Diener gewährt), weder die Hingabe der *frouwe*, ihre Zustimmung zum sexuellen Akt, noch irgendein mysteriöser Initiationsritus, sondern einfach ein Zeichen der Liebe von seiten der *frouwe*, das „Wunder" der Tatsache, daß das Objekt geantwortet hat, seine Hand dem Bittenden entgegengestreckt hat.

So ist sie – um zum *The Crying Game* zurückzukehren – nunmehr bereit, alles für ihn zu tun, und der Held mehr und mehr bewegt und fasziniert von dieser Absolutheit und Unbedingtheit ihrer Liebe, so daß er seine Aversion überwindet und sie tröstet. Am Ende, als die IRA noch einmal versucht, ihn für einen terroristischen Anschlag zu gewinnen, opfert er sich gar für sie und übernimmt die Verantwortung für einen Mord, den sie begangen hat. Die letzte Szene des Films spielt im Gefängnis, wo sie ihn besucht, herausgeputzt wieder als provozierend verführerische Frau, sodaß jedermann im Besuchszimmer von ihrem Anblick erregt ist. Sie zählen die Tage: Mehr als viertausend Tage Gefängnis muß er hinter sich bringen, aber sie verspricht ihm heiter, daß sie auf ihn warten und ihn regelmäßig besuchen werde... Das äußere Hindernis – die gläserne Trennwand im Gefängnis, die jeden physischen Kontakt verhindert – ist hier das genaue Äquivalent des Hindernisses, das in der höfischen Liebe das Objekt unzugänglich macht. Es ist dadurch für die Absolutheit, die Unbedingtheit dieser Liebe verantwortlich, ungeachtet der Tatsache der inneren Unmöglichkeit dieser Liebe, das heißt der Tatsache, daß sie nie vollzogen werden wird, weil er ein hundertprozentiger Heterosexueller ist und sie ein homosexueller Transvestit. In seiner Einführung zum veröffentlichten Drehbuch führt Jordan aus, daß

> die Geschichte mit einer Art Glück endet. Ich sage, mit einer Art Glück, weil es die Trennung einer Gefängniszelle und andere, tiefere Trennungen, die der rassischen, nationalen und sexuellen Identität, beinhaltet. Für die Liebenden aber liegt eine Ironie darin, daß, was sie trennt, ihnen zu lächeln erlaubt. Insofern besteht vielleicht noch Hoffnung für unsere Trennungen.[14]

Die Trennung – die unübersteigbare Barriere –, die zu lächeln erlaubt: Ist das nicht die prägnanteste Formel für die höfische Liebe? Wir haben es hier mit einer „unmöglichen" Liebe zu tun, mit einer Liebe, die niemals vollzogen werden wird, die nur als fingiertes Schauspiel realisiert werden kann, das den Blick der anwesenden Zeugen auf sich ziehen oder endlos aufschiebende Erwartung darstellen soll. Diese Liebe ist absolut, insofern, als sie nicht nur die Schranken der Klasse, der Religion und der Rasse (Schranken, die im heutigen „permissiven" Zeitalter sämtlich obsolet sind), sondern auch die letzte Schranke der sexuellen Ausrichtung, der sexuellen Identität überschreitet. Darin besteht das Paradox und zugleich der unwiderstehliche Charme des Filmes: Weit entfernt, die heterosexuelle Liebe als Erzeugnis männlicher Unterdrückung zu denunzieren, stellt es die genauen Umstände dar, unter denen diese Liebe heute ihre Absolutheit, Unbedingtheit bewahren kann.

Otto Weininger oder „die Frau existiert nicht"

„Die Gefahr ist offensichtlich nicht gering, daß jemand die Beschäftigung hiermit mit dem Koitus für des Philosophen unwürdig erachten könnte"(S. 294[1]). – Diese Bemerkung könnte als ein Motto für Weiningers Arbeit genommen werden. Er erhob die sexuelle Differenz und die sexuelle Beziehung zum zentralen Thema der Philosophie. Den Preis, den der dafür zahlte, war schrecklich: Selbstmord mit 24, wenige Monate nachdem sein großes Buch *Geschlecht und Charakter* erschienen war. Warum?

Was uns zuerst an Weininger auffällt, ist die ungemilderte Authentizität seines Schreibens. Wir haben es nicht mit einer objektiven Theorie zu tun. Der Schreiber ist aufs äußerste und ohne Reserve seinem Gegenstand verpflichtet. Es ist kein Zufall, daß in den ersten Jahrzehnten unseres Jahrhunderts *Geschlecht und Charakter* die Leselisten der verwirrten Jugendlichen anführte. Es lieferte eine Antwort auf all die Fragen, von denen ihr stürmisches Innenleben gequält wurde. Es ist leicht, diese Antwort als eine Kombination von zeitgenössischen antifeministischen und antisemitischen Vorurteilen, denen ein paar ziemlich flache philosophische Allgemeinplätze beigemengt wurden, abzutun. Aber was mit einer solchen Abweisung verlorengeht, ist der Effekt der Wiedererkennung, den die Lektüre von Weininger mit sich brachte. Es war, als ob er all das „beim Namen nannte", was der „offizielle" Diskurs stillschweigend voraussetzte, aber nicht wagte, öffentlich auszusprechen. Kurz gesagt, Weininger beförderte die sexistisch-phantasmatische Unterlage der dominanten Ideologie ans Tageslicht.

1

Für Weininger ist die sexuelle Differenz in der ontologischen Opposition von Subjekt und Objekt, von aktivem Geist und passiver Materie, gegründet. Die Frau ist ein passives, beeindruckbares Objekt, was bedeutet, daß sie vollständig dominiert ist von der Sexualität:

Unterschiedslos aber fühlt sich jede Frau, da das Weib nur und durchaus sexuell ist, da diese Sexualität über den ganzen Körper sich erstreckt und an einigen Punkten, physikalisch gesprochen, bloß dichter ist als an den anderen, fortwährend und am ganzen Leibe, überall und immer, von was es auch sei, ausnahmslos koitiert. Das, was man gewöhnlich als Koitus bezeichnet, ist nur ein Spezialfall von höchster Intensität... Darum also ist die Vaterschaft eine armselige Täuschung; denn sie muß stets mit unendlich vielen Dingen und Menschen geteilt werden... Ein Wesen, das überall und von allen Dingen koitiert wird, kann auch überall und von allen Dingen befruchtet werden: die Mutter ist empfänglich überhaupt. In ihr gewinnt alles Leben, denn alles macht auf sie physiologischen Eindruck und geht in ihr Kind als dessen Bildner ein (S. 298–299).

(Schon hier begegnen wir der Quelle all der Schwierigkeiten von Weininger, nämlich seiner Verwechslung des phallischen Genießens mit dem weiblichen anderen Genießen. Das letztere ist nicht auf den Phallus konzentriert und stürmt auf den Körper von allen Seiten ein. Weiningers gesamtes theoretisches Gebäude hängt an der Möglichkeit, das Genießen des Anderen auf das phallische Genießen zu reduzieren.) Daher „ist der Koitus das einzige allerwerts und immer von der Frau ausschließlich positiv bewertete... Der Koitus ist der höchste Wert der Frau. Ihn sucht sie immer und überall zu verwirklichen. Ihre eigene Sexualität bildet von diesem unbegrenzten Wollen nur einen begrenzten Teil"(S. 343–344). Diese Universalität wird auf zwei Arten konzeptualisiert. Zunächst färbt der Koitus mit seinem spezifischen Ton die gesamte Aktivität der Frau. Die Frau ist keiner reinen geistigen Haltung fähig. Sie kann nicht nach der Wahrheit streben, um der Wahrheit selbst willen, nach der Erfüllung der Pflicht, um der Pflicht willen, sie kann nicht eine uninteressierte Betrachtung von Schönheit aufrechterhalten. Wenn sie solch eine geistige Haltung zu erreichen scheint, führt eine nähere Betrachtung immer zur Entdeckung eines pathologischen sexuellen Interesses, das im Hintergrund lauert (eine Frau spricht die Wahrheit, um Eindruck auf den Mann zu machen und so ihre Verführung zu erleichtern etc.). Sogar der Selbstmord als absoluter Akt ist erfüllt mit narzißtisch-pathologischen Überlegungen: „Ihr Selbstmord erfolgt nämlich wohl immer mit dem Gedanken an andere Menschen, was diese sich denken, wie diese sie bedauern, wie sie sich grämen oder ärgern werden"(S. 377). Ohne es auszusprechen gilt dasselbe sogar in noch stärkerem Ausmaß im Falle der Liebe, die immer das Motiv des Geschlechtsverkehrs verdeckt. Die Frau ist keiner reinen uninteressierten Bewunderung der geliebten Person fähig. Darüberhinaus ist die Idee des Koitus für die Frau der einzige Weg, ihren Egoismus zu überwinden, die einzige ethische Idee, die ihr zur Verfügung steht. Ethisch in dem Sinn des Ausdrucks eines Ideals, nachdem die Frau strebt, unabhängig von ihrem besonderen pathologischen Interesse:

Das Bedürfnis, selbst koitiert zu werden, ist zwar das heftigste Bedürfnis der Frau, aber es ist nur ein Spezialfall ihres tiefsten, ihres einzigen vitalen Interesses, das nach dem Koitus überhaupt geht. Des Wunsches, das möglichst viel von wem immer, wo immer, wann immer koitiert werde (S. 341).

Koitus ist daher der einzige Fall, hinsichtlich dem die Frau imstande ist, ihre eigene Version des allgemeinen ethischen Imperativs zu formulieren. Handle so, daß Deine Aktivität zur Verwirklichung des unbegrenzten Ideals des allgemeinen Geschlechtsverkehrs beiträgt. Im Gegensatz zur Frau, die durch und durch dominiert ist von der Sexualität, das heißt von dem Begriff des Koitus, ist der Mann in seiner Beziehung zur Frau gespalten zwischen der wechselseitig ausschließenden Lust und der erotischen Liebe:

Liebe und Begehren sind zwei verschiedene, einander so völlig ausschließende, ja entgegengesetzte Zustände, daß in den Momenten, wo ein Mensch wirklich liebt, ihm der Gedanke der körperlichen Vereinigung mit dem geliebten Wesen ein völlig undenkbarer ist. Je erotischer ein Mensch ist, desto weniger wird er von seiner Sexualität belästigt und umgekehrt. Es gibt nur platonische Liebe, denn was sonst noch Liebe genannt wird, gehört in das Reich der Säue (S. 308–309).

Wenn die eigentliche Natur der Frau, der Bereich ihres Interesses, auf den Koitus begrenzt ist, woher kommt dann die Schönheit der Frau? Wie kann sie als ein Objekt der reinen geistigen Liebe fungieren? Hier zieht Weininger einen radikalen Schluß: Die Natur der weiblichen Schönheit ist performativ, das heißt es ist die Liebe des Mannes, die die Schönheit der Frau erschafft:

In der Liebe des Mannes liegt der Maßstab für das, was am Weibe schön und das, was an ihm häßlich gefunden wird. Es ist hier nicht wie in der Logik: das Wahre der Maßstab des Denkens, der Wahrheitswert sein Schöpfer; nicht wie in der Ethik: das Gute das Kriterium für das Sollen ... sondern, hier in der Ästhetik, wird die Schönheit erst von der Liebe geschaffen ... Alle Schönheit ist vielmehr selbst erst eine Projektion, eine Emanation des Liebesbedürfnisses und so ist auch die Schönheit des Weibes nicht ein von der Liebe Verschiedenes, nicht ein Gegenstand auf den sie sich richtet, sondern die Schönheit des Weibes ist die Liebe des Mannes, beide sind nicht zweierlei, sondern ein und dieselbe Tatsache (S. 312–313).

Eine weitere unvermeidliche Schlußfolgerung besteht darin, daß die Liebe des Mannes für die Frau, seine äußerst „reine", „geistige" Liebe im Gegensatz zum sexuellen Verlangen, ein durch und durch *narzißtisches* Phänomen ist: in seiner Liebe zur Frau, liebt der Mann nur sich selbst, sein eigenes Idealbild. Der Mann ist sich sehr wohl des Abgrundes bewußt, der seine erbärmliche Realität von diesem Ideal trennt, also projiziert und transferiert er es auf etwas anderes, auf die idealisierte Frau. Das ist der Grund, warum die Liebe „blind" ist: sie hängt an der Illusion, daß das Ideal, nachdem wir streben, schon im anderen, im Objekt der Liebe, realisiert ist:

> In aller Liebe liebt der Mann nur sich selbst. Nicht seine Subjektivität, nicht das, was er, als ein von aller Schwäche und Gemeinheit, von aller Schwere und Kleinlichkeit behaftetes Wesen wirklich vorstellt; sondern das, was er ganz sein will und ganz sein soll, sein eigenstes, tiefstes, intelligibles Wesen, frei von allen Fetzen der Notwendigkeit, von allen Klumpen der Erdenheit ... *Er projiziert sein Ideal eines absolut wertvollen Wesens*, das er innerhalb seiner Selbst zu isolieren nicht vermag, auf ein anderes menschliches Wesen und das, und nichts anderes bedeutet es, wenn er dieses Wesen liebt (S. 314).

Genauso wie der Haß ist die Liebe daher eine Erscheinungsform der Feigheit, ein leichter Ausweg: im Haß veräußern und übertragen wir das Böse, das in uns selbst wohnt, auf den anderen und vermeiden damit jede Konfrontation mit ihm, während bei der Liebe, anstatt uns die Mühe zu machen, unsere geistige Essenz zu realisieren, wir diese Essenz auf den anderen als schon realisierten Zustand des Seins projizieren. Daher ist die Liebe nicht nur in bezug auf den Mann selbst, sondern auch und vor allem in bezug auf sein Objekt feige und betrügerisch. Es mißachtet vollkommen die wahre Natur des Objekts (der Frau) und verwendet sie nur als eine Art leerer Projektionsschirm:

> Liebe zu einem Weibe ist nur möglich, wenn sich diese Liebe um die wirklichen Eigenschaften, die eigenen Wünsche und Interessen der Geliebten ... nicht bekümmert, sondern in schrankenloser Willkür an die Stelle der psychischen Realität des geliebten Wesens *eine ganz andere Realität* setzt. Der Versuch, sich im Weibe selbst zu finden, statt im Weibe eben nur – ein Weib zu sehen, setzt notwendig eine Vernachlässigung der empirischen Person voraus. Dieser Versuch ist also voll *Grausamkeit* gegen das Weib; und hier liegt die Wurzel des Egoismus aller Liebe, wie auch der Eifersucht, welche das Weib gänzlich nur noch als unselbständiges Besitztum betrachtet, und auf sein inneres Leben gar keine Rücksicht mehr nimmt ... Liebe ist Mord (S. 323–324).

(Hier spricht Weininger die versteckte Wahrheit der idealisierten Figur der Dame in der höfischen Liebe laut aus.) Das zentrale Rätsel der Liebe stellt sich folgendermaßen: warum wählt der Mann die Frau als idealisiertes Objekt, worin er die Verwirklichung seiner spirituellen Essenz (v)erkennt? Warum projiziert er seine Erlösung genau auf das Wesen, das für seinen Fall verantwortlich ist? Dem ist so, weil, wie wir bereits gesehen haben, der Mann gespalten ist zwischen seiner geistig-ethischen Essenz und dem sexuellen Verlangen, daß in ihm durch die ständige Einladung der Frau zum Geschlechtsverkehr erweckt wird. Der einzige Weg, dieses Rätsel zu lösen, besteht darin, zu akzeptieren, daß sowohl die Beziehung des Mannes zur Frau als ein Objekt der erotischen Liebe als auch seine Beziehung zur Frau als ein Objekt des sexuellen Verlangens performativ ist. Genaugenommen ist die Frau nicht der Grund für den Fall des Mannes. Es ist der Fall des Mannes in die Sexualität selbst, der die Frau erschafft, der ihr Existenz überträgt:

Erst indem der Mann seine eigene Sexualität bejaht, indem er das Absolute verneint, sich vom ewigen Leben ab-, dem niedrigen zukehrt, erhält das Weib Existenz (S. 394).
Als der Mann sexuell ward, da schuf er das Weib. Daß das Weib da ist, heißt also nichts anderes, als daß vom Manne die Geschlechtlichkeit bejaht wurde. Das Weib ist nur das Resultat dieser Bejahung, es ist die Sexualität selber (S. 395).
Deshalb muß dem Weibe alles daran gelegen sein, den Mann sexuell zu erhalten ... mit ihr ist selbst kein anderer Zweck verfolgt als der, den Mann schuldig werden zu lassen. Und sie wäre tot in dem Augenblick, in dem der Mann seine Sexualität überwunden hätte (S. 395).
Das Weib ist die Schuld des Mannes (S. 396).

Die gewohnte Beziehung zwischen Ursache und Wirkung wird hier umgekehrt. Die Frau ist nicht der Grund für den Fall des Mannes, sondern seine Konsequenz. Daher muß man nicht gegen die Frau aktiv kämpfen, da sie überhaupt keine positive ontologische Konsistenz besitzt: „Die Frau also ist nicht" (S. 378). Da die Frau aufhört zu existieren, reicht es für den Mann, das sexuelle Drängen in ihm selbst zu überwinden. Wir können jetzt genau sehen, warum der Mann die Frau als ein Objekt seiner Liebe gewählt hat: der unerträgliche Fehler der Erschaffung der Frau durch die Anerkennung seiner Sexualität lastet schwer auf ihm. Liebe ist nur ein feiger, scheinheiliger Versuch des Mannes, seine Schuld gegenüber der Frau zu kompensieren:

Was der Mann durch die Schöpfung des Weibes, das ist durch die Bejahung des Koitus, verbrochen hat und noch fortwährend verbricht, das bittet er dem Weib ab als Erotiker ... Durchaus ist das Weib nur der Gegenstand, den sich der Trieb des Mannes erzeugt hat als das eigene Ziel, als das halluzinierte Bild, das sein Wahn zu ergreifen sich ewig müht. Es ist die Objektivation der männlichen Sexualität, die verkörperte Geschlechtlichkeit, seine fleischgewordene Schuld. Ein jeder Mann schafft, in dem er sich inkarniert, für sich auch ein Weib, denn ein jeder ist auch sexuell. Das Weib selbst aber ist nicht durch eigene, sondern durch fremde Schuld; und alles, was dem Weibe vorgeworfen werden kann, ist Schuld des Mannes. Die Liebe soll die Schuld überdecken, statt sie zu überwinden. Sie erhebt das Weib, statt es aufzuheben (S. 396).

Die Existenz der Frau zeugt von der Tatsache, daß der Mann „sein Begehren kompromittiert" hat, daß er sein wahres Wesen als ein autonomes, ethisches Subjekt verraten hat, indem er der Sexualität Platz einräumte. Deren wahre Natur besteht konsequenterweise in dem endlosen Sehnen nach Geschlechtsverkehr, worin zum Ausdruck kommt, wie der Phallus „das ganze Leben der Frau, wenn auch oft völlig im Unbewußten, zu oberst beherrscht" (S. 330). Aufgrund dieser konstitutiven Unterwerfung unter den Phallus, ist die Frau heteronom im strengen, kantschen Sinne, das heißt unfrei, der Gnade eines äußeren Schicksals ausgeliefert:

Die Frau empfindet den Phallus als das gewisse, das Etwas, wofür sie gar keinen Namen hat: er ist ihr Schicksal, er ist das, wovon es für sie kein Entrinnen gibt. Nur darum scheut sie sich so davor, den Mann nackt zu sehen und gibt ihm nie ein Bedürfnis danach zu erkennen, weil sie fühlt, daß sie in demselben Augenblicke verloren wäre. Der Phallus ist das, was die Frauen absolut und endgültig unfrei macht (S. 330).
Das Weib ist unfrei: es wird schließlich immer bezwungen durch das Bedürfnis, vom Manne in eigener Person wie in der aller anderen, vergewaltigt zu werden. Es steht unter dem Banne des Phallus und verfällt unrettbar seinem Verhängnis (S. 366–367).

Wenn daher die Frau ihrem sexuellen Drängen widersteht und sich dessen schämt, unterdrückt sie ihre wahre Natur. Die Verinnerlichung der männlichen geistigen Werte kann so weit gehen, daß die Kenntnis der wahren Natur der Frau aus ihrem Bewußtsein ausgeschlossen wird – aber diese Natur schlägt mit voller Härte zurück und kehrt wieder in Gestalt von hysterischen Symptomen. Was die hysterische Frau erfährt als ein fremdes, böses unmoralisches Drängen, ist daher einfach ihre innerste Natur, ihre Unterwerfung unter den Phallus. Der ultimative Beweis für den amoralischen Charakter der Frau besteht darin, daß sie sich immer verzweifelter bemüht, männliche geistige Werte zu erreichen, je hysterischer sie wird. Wenn eine Frau gemäß moralischer Vorschriften handelt, macht sie es in einer heteronomen Weise, aus Angst vor dem männlichen Herren oder im Bemühen, ihn zu faszinieren: Die Autonomie der Frau ist vorgetäuscht, sie ist eine von außen auferlegte Imitation von Autonomie. Wenn die Frau die Wahrheit spricht, so macht sie es nicht aus wirklicher Wahrheitsliebe, sondern um den Mann zu beeindrucken, um ihn in einer etwas verfeinerten Art zu verführen. „Darum lügt die Frau stets, auch wenn sie objektiv die Wahrheit spricht" (S. 378). Darin liegt die „ontologische Verlogenheit des Weibes" (S. 348), das heißt in diesem Sinne ist die „Wahrheitsliebe der Frau nur die ihr eigentümliche Form der Verlogenheit" (S. 361). Die höchste Einsicht, die eine Frau erlangen kann, ist eine dunkle Ahnung ihrer konstitutiven Versklavung, die sie dazu führt, ihre Erlösung durch Selbstauslöschung anzustreben.

2

Für den Leser, der mit Lacans Theorie der weiblichen Sexualität vertraut ist, ist es nicht schwierig, in diesen kurzen Auszügen eine ganze Serie von fundamentalen Sätzen Lacans zu erkennen. Können wir nicht in Weiningers „Die Frau also ist nicht" den Vorboten von Lacans „La femme n'existe pas" erkennen? Die Vorstellung, daß die Frau dem Mangel des Mannes einen Körper verleiht, das heißt, daß ihre eigentliche Existenz am Betrug des Mannes an seiner geistig-ethischen Haltung hängt, liegt mit dieser Vorstellung nicht eine Variation von Lacans These über die Frau als ein Symptom des Mannes vor? (Nach Lacan zeugt das Symptom als eine Kompromißformation davon, wie das Subjekt seinem Begehren nachgibt.) Wenn Weininger darauf beharrt, daß die Frau niemals vollständig in die geistige Welt des Wahren, Guten und Schönen integriert werden kann, weil diese Welt für sie eine heteronome Ordnung bleibt, die ihr von außen auferlegt wurde, deutet dies nicht in Richtung von Lacans Behauptung, daß die Frau nicht vollständig in die symbolische Ordnung integriert ist und schließlich zum Motiv der totalen Unterordnung der Frau unter den Phallus, im Gegensatz zum Mann, der nur teilweise der Regel unterworfen ist?

Leider bringt eine nähere Untersuchung bald diese offensichtliche Homologie ins Wanken, ohne sie durchgehend zu entwerten. Das große Verdienst von Weininger, der vom Feminismus in Rechnung gestellt werden muß, ist sein vollständiger Bruch mit der ideologischen Problematik des „Rätsels der Frau", der Weiblichkeit als Geheimnis, das sich angeblich dem rationalen diskursiven Universum entzieht. Die Behauptung, „die Frau existiert nicht", bezieht sich in keiner Weise auf eine unaussprechliche weibliche Essenz jenseits des Bereichs der diskursiven Existenz: was nicht existiert, ist genau dieses unerreichbare Jenseits. Wir können sagen, indem wir mit einer irgendwie abgenutzten Hegelschen Formel spielen, daß das Geheimnis der Frau letztendlich verbirgt, daß da nichts zu verbergen ist.² Das Ziel, das Weininger nicht erreicht, ist eine hegelianisch-reflexive Umkehr, in der erkannt wird, daß in diesem „nichts" gerade die Negativität den Begriff des Subjekts bestimmt. Wir wollen uns hier an den wohlbekannten Witz über einen Juden und einen Polen erinnern: der Jude zieht dem Polen das Geld aus der Tasche, und zwar unter dem Vorwand, ihn an dem Geheimnis teilhaben zu lassen, wie die Juden erfolgreich den Leuten bis auf den letzten Penny das Geld aus der Tasche ziehen.³ Weiningers heftiger antifeministischer Ausbruch – „Es gibt überhaupt kein weibliches Geheimnis, hinter der Maske des Rätsels gibt es einfach nichts" – bleibt auf der Ebene der Wut des Polens, in die er ausbrach, als er schließlich begriff, wie der Jude durch endloses Hinausschieben der letzten Enthüllung ihm lediglich mehr und mehr Geld aus der Tasche zog. Was Weininger nicht vollzieht, ist eine Geste, die der Antwort des Juden auf den Ausbruch des Polen entsprechen würde: „Nun, jetzt siehst du, wie wir, die Juden, den Leuten das Geld aus der Tasche ziehen", das heißt eine Geste, die den Fehler als einen Erfolg uminterpretieren und wiedereinschreiben würde. Etwas wie „Siehe, dieses nichts hinter der Maske ist die eigentlich absolute Negativität, aufgrund derer die Frau das Subjekt par excellence ist und kein begrenztes Objekt, das der Kraft der Subjektivität gegenübergestellt ist!".

Der Status dieses Nichts kann mit den Mitteln der lacanschen Unterscheidung zwischen dem Subjekt der Aussage und dem Subjekt des Ausgesagten erklärt werden. Weit davon entfernt, es als bedeutungsloses Paradoxon fallen lassen zu können, nimmt das Statement „Ich existiere nicht" ein authentisches existentielles Gewicht an, insofern es die Kontraktion des Subjekts in dem leeren, verschwindenden Punkt der Aussage anzeigt, die jeder imaginären oder symbolischen Identifikation vorausgeht. Ich kann mich leicht vom intersubjektiven symbolischen Netzwerk ausgeschlossen finden, sodaß ich das identifikatorische Merkmal vermisse, daß es mir erlauben würde, triumphierend zu erklären, „das bin ich!". Das ist in einem bestimmten Sinne nicht einfach nur metaphorisch. Ich bin nur, was ich für die anderen bin, insofern ich in das Netzwerk des großen Anderen eingeschrieben bin, insofern ich eine soziosymbolische Existenz besitze. Außerhalb einer solchen eingeschriebenen Existenz bin ich nichts, nichts als der verschwindende Punkt des „Ich denke", der jedes positiven Inhaltes entleert ist. „Ich bin es, der denkt", ist schon eine Antwort auf die Frage „Wer ist es, der denkt?" Das heißt, sie rechnet schon mit einer minimalen positiven Identität des denkenden Subjekts. Worauf Lacan hinauswill, ist, daß ein unüberbrückbarer Spalt für immer das, was ich „im Realen" bin, von dem symbolischen Mandat, welches mir meine soziale Identität verschafft, trennt. Die primordiale ontologische Tatsache ist die Leere, der Abgrund, durch den ich mir selbst unzugänglich bin in meiner Kapazität als eine reale Substanz oder um Kants einzigartige Formulierung aus seiner *Kritik der reinen Vernunft* zu zitieren: „Weshalb ich niemals wissen werde, was ich bin, als ich oder er oder es (das Ding), welches denkt". Jede symbolische Identität, die ich mir erwerbe, ist letztendlich nichts als ein supplementäres Merkmal, dessen Funktion darin besteht, diese Leere auszufüllen. Diese reine Leere der Subjektivität, diese leere Form der „transzendentalen Apperzeption" muß vom karthesianischen Cogito unterschieden werden, daß eine *res cogitans* bleibt, ein kleines Stück der substantiellen Wirklichkeit, auf wundersame Weise vor der destruktiven Kraft des universalen Zweifels gerettet: nur bei Kant wird die Unterscheidung zwischen der leeren Form des „Ich denke" und der denkenden Substanz, dem „Ding, welches denkt", gemacht.

Hier greift Weininger zu kurz, denn in seiner ontologischen Interpretation der Verführung des Mannes durch die Frau als einem unendlichen Sehnen des Nichts nach etwas, denkt er die Frau als Objekt. In diesem Bestreben des Nichts, etwas zu werden, verkennt er das eigentliche Bemühen des Subjekts nach einer substantiellen Grundlage. Insofern das Subjekt ein „Sprachwesen" ist, verkennt Weininger in diesem Bemühen die konstitutive Bewegung des Subjekts als Leere, das heißt das Verlangen eines Loches, eines fehlenden Gliedes in der Signifikantenkette, einen Mangel des Signifikanten ($), nach einem signifizierenden Repräsentanten (S_1). Mit anderen Worten: weit davon entfernt die Angst des Subjekts vor einem „pathologischen" Makel, vor der Positivität eines unbeweglichen Objekts, auszudrücken, zeugt Weiningers Frauen-Aversion von der Angst vor der radikalsten Dimension der Subjektivität selbst: der Leere, die das Subjekt ist. In einem Manuskript für die Jena-Realphilosophie von 1805–1806 charakterisiert Hegel diese Erfahrung des reinen Selbst als „abstrakte Negativität", diese „Finsternis der (konstituierten) Realität", diesen Selbstwiderspruch des Subjekts als die „Nacht der Welt":

Der Mensch ist diese Nacht, dieses leere Nichts, das alles in ihrer Einfachheit enthält, ein Reichtum unendlich vieler Vorstellungen, Bilder, deren keines ihm gerade einfällt oder die nichts als gegenwärtige sind. Dies (ist) die Nacht, das Innere der Natur, das hier existiert – *reines Selbst*. In phantasmagorischen Vorstellungen ist es ringsum Nacht; hier schießt dann ein blutig(er) Kopf, dort ein(e) andere weiße Gestalt plötzlich hervor und verschwinden ebenso. Diese Nacht erblickt man, wenn man dem Menschen ins Auge blickt – in eine Nacht hinein, die furchtbar wird.[4]

Und die symbolische Ordnung, die Welt des Wortes, kann nur aus der Erfahrung dieses Abgrunds auftauchen. Nach Hegels Formulierung muß diese Innere des reinen Selbst „auch ins Dasein treten, Gegenstand werden, umgekehrt diese Innerlichkeit äußerlich sein: Rückkehr zum *Sein*. Dies ist die Sprache als *namensgebende Kraft* . . . Durch den Namen ist also der Gegenstand als *seiend aus* dem Ich herausgeboren"[5]. – Worauf wir hier sorgfältig achten müssen, ist, wie der Bruch Hegels mit der Tradition der Aufklärung als eine Umkehrung der eigentlichen Metapher des Subjekts wahrgenommen werden kann. Das Subjekt ist nicht länger das Licht der Vernunft im Gegensatz zum nichttransparenten undurchdringlichen Stoff (der Natur, der Tradition ..); sein eigentlicher Kern, die Geste, die den Raum für das Licht des Logos eröffnet, ist die absolute Negativität als „Nacht der Welt". Und was sind Weiningers berühmte „Heniden", – die verwirrten weiblichen Vorstellungen, die noch nicht die Klarheit des Wortes, die Selbstidentität des Begriffs, erreicht haben, – wenn nicht die „phantasmagorischen Vorstellungen", die bei Hegel erwähnt werden, also die Formationen des Phantasmas, die auftauchen, wo das Wort versagt, da ihre Funktion genau die ist, die Leere dieses Fehlers auszufüllen? Hierin liegt auch das Paradoxon von Weiningers Antifeminismus: weit davon entfernt ein Ergebnis seiner obskurantistischen antiaufklärerischen Haltung zu sein, bestätigt sein Antifeminismus seine Zugehörigkeit zum Ideal der Aufklärung, das heißt, seine Vermeidung des Abgrunds der reinen Subjektivität.[6]

Dasselbe gilt auch für Weiningers notorischen Antisemitismus, der seine in der Aufklärung wurzelnden Ursprünge nicht verleugnen kann. Ungeachtet Weiningers ethischem Voluntarismus bleibt es eine Tatsache, daß sein philosophischer Hauptbezugspunkt Kant ist, der Philosoph der Aufklärung par exellence (auf diese Verbindung zwischen Antisemitismus und einer bestimmten Art des Denkens in der Aufklärung wurde schon von Adorno und Horkheimer in ihrer *Dialektik der Aufklärung* hingewiesen). Auf der fundamentalsten Ebene verbindet der Antisemitismus die Juden nicht mit Korruption als einem positiven Merkmal, sondern eher mit der Formlosigkeit selbst, das heißt, mit dem Fehlen einer bestimmten und begrenzten ethnischen Disposition. So behauptet Alfred Rosenberg, Hitlers Chefideologe, daß alle europäischen Nationen eine wohlbestimmte „geistige Gestalt" besitzen, die sich in ihrem ethnischen Charakter ausdrückt – und genau diese „geistige Gestalt" ist es, die den Juden fehlt. Und ist nicht wieder diese „Gestaltlosigkeit" das konstitutive Merkmal der Subjektivität, überschreitet nicht die Subjektivität per definitionem jede positive geistige Gestalt? Es sollte jetzt klar sein, daß Antisemitismus und faschistischer Korporatismus die zwei Seiten ein und derselben Münze bilden. In seiner Ablehnung des jüdisch-demokratischen „abstrakten Universalismus", im Gegensatz zum Begriff der Gesellschaft als harmonisch organische Form, in der jedes Individuum und jede Klasse ihren eigenen wohlbestimmten Platz bestimmt, wird der Korporatismus von der Einsicht bestärkt, daß viele Demokraten es vorziehen, sich zu drücken: nur eine Entität, die selbst behindert, disloziert ist – das heißt, eine der es am „richtigen Platz" mangelt, also per defintionem „aus den Fugen ist" – kann unmittelbar auf die Universalität als solche Bezug nehmen.

Oder um die Frage in den Begriffen der Beziehung zwischen dem Allgemeinen und dem Besonderen zu stellen: Wie hat das Besondere am Allgemeinen Anteil? Gemäß der traditionellen Ontologie stellt das Allgemeine dem Besonderen seine Identität sicher. Besondere Objekte nehmen in ihrem allgemeinen Genus insofern teil, als sie „wirklich sind, was sie sind", das heißt, insofern sie in ihren Begriff passen oder ihn verwirklichen. Ein Tisch, zum Beispiel, nimmt am Begriff des Tisches teil, insofern er „wirklich ein Tisch" ist. Hier bleibt die Allgemeinheit „stumm", ein indifferentes Merkmal, das die besonderen Entitäten verbindet, ein An-sich, das nicht „gesetzt" ist. Das heißt: das Besondere bezieht sich nicht auf das Allgemeine als solches, im Gegensatz zur hegelschen Auffassung von Subjekt als „Selbstbewußtsein", das am Allgemeinen genau dann und nur dann teil hat, wenn seine Identität verstümmelt ist, markiert durch einen Mangel, insofern es nicht völlig ist, „was es ist" – das ist es, was Hegel im Sinn hatte, als er von der „negativen Allgemeinheit" sprach. Wir wollen an dieser Stelle an einem beispielhaften Fall aus der politischen Dialektik erinnern: wann beruft sich irgendeine besondere (ethnische, sexuelle, religiöse etc.) Minderheit auf das Allgemeine? Genau dann, wenn es dem bestehenden Netzwerk der sozialen Beziehungen nicht gelingt, die Bedürfnisse der Minderheit zu befriedigen und sie an der Verwirklichung ihrer Möglichkeiten behindert. Genau hier wird die Minderheit dazu getrieben, ihre Ansprüche in allgemeinen und allgemein anerkannten Prinzipien zu begründen, indem sie behauptet, daß ihre Mitglieder nicht dieselben Chancen auf Ausbildung, Arbeitsplätze, freie Meinungsäußerung, öffentliche politische Aktivitäten etc. hätten.

Ein beispielhafter Fall für dieses Für-sich des Allgemeinen, also der dialektisierten Beziehung zum Allgemeinen, liegt in der berühmten Behauptung von Malcolm X vor, daß der weiße Mann als solcher böse ist. Die Bedeutung dieser Aussage ist nicht, daß alle Weißen böse sind, sondern vielmehr, daß aufgrund des Unrechts, das vom weißen Mann am schwarzen Volk verübt wurde, das Böse zum allgemeinen Begriff eines weißen Mannes gehört. Das hält mich, einen einzelnen weißen Mann, nicht davon ab, „gut" zu werden, indem ich mir Kenntnis des Bösen erwerbe, das die Substanz meines Wesen bestimmt, indem ich diese Schuld völlig annehme und daran arbeite, sie zu überwinden (dasselbe gilt für den christlichen Begriff der Sündhaftigkeit, der in das Herz der menschlichen Natur eingeschrieben ist, weil wir alle „Söhne von Adam" sind: Die Erlösung liegt in der reflektierten Annahme dieser Schuld). Wir wollen hier die passende Formulierung von Ernesto Laclau zitieren (durch und durch hegelianisch – ungeachtet des deklarierten Antihegelianismuses von Laclau):

> ... das Allgemeine ist Teil meiner Identität, insofern ich von einem konstitutiven Mangel durchdrungen bin – also insofern meine differentielle Identität in seinem Prozeß der Konstitution gescheitert ist. Das Allgemeine taucht aus dem Besonderen nicht wie eine Art Prinzip auf, das ihm unterlegt ist und es erklärt, sondern als ein unvollständiger Horizont, der eine dislozierte besondere Identität zusammenbindet.[7]

In genau diesem Sinne „ist das Allgemeine das Symbol der fehlenden Fülle"[8]: Ich kann mich auf das Allgemeine als solches nur beziehen, insofern meine besondere Identität verunglückt, „disloziert" ist, insofern ein Hindernis mich davon abhält „das zu werden, was ich bin". Und wir haben schon darauf hingewiesen, der Beweis per negationem wird durch die gegenseitige Verbindung der zwei Merkmale geliefert, die den faschistischen Korporatismus kennzeichnen: seine Besessenheit vom Bild der Gesellschaft als einer organischen Gemeinschaft, in der jeder Bestandteil „seinen richtigen Platz einnehmen soll"; sein pathologischer Widerstand gegen das abstrakte Allgemeine als einer Kraft der sozialen Desintegration, das heißt, gegen die Idee, daß ein Individuum direkt und unabhängig von seinem oder ihrem Platz innerhalb des sozialen Organismus am Allgemeinen teilhaben kann (die Idee, zum Beispiel, daß ich unveräußerbare Rechte besitze, einfach, weil ich ein menschliches Wesen bin, und nicht nur in meiner Eigenschaft als ein Mitglied einer bestimmten Klasse, Korporation etc.).

3

Das Paradoxon an Weininger besteht darin, daß er gerade dann dem Feminismus am nächsten ist, wenn er antifeministischer erscheint als die „offizielle Ideologie". Im Gegensatz zu dieser Ideologie leugnet Weininger sogar den (begrenzten) ethischen Wert der Mutter, der Stütze der Familie, und formuliert die traditionelle Spaltung um: Der Mann ist geteilt in eine autonome geistige Haltung und eine phallische Sexualität (der Fall in die Heteronomie); die Frau ist geteilt in ihre „wahre Natur", die aus ihrem Mangel an einer eigenen Natur besteht – sie „ist" nichts als das Sehnen nach dem Mann, sie existiert nur insofern, als sie seinen Blick anzieht –, und in die heteronome, von außen auferlegte Moralität. Wenn wir in der ontologischen Leere der Frau die Leere erkennen, die die Subjektivität bestimmt, dann verwandelt sich diese doppelte Teilung in die „Formeln der Sexualisierung" von Lacan: Die Spaltung der Frau ist von einer hysterischen Natur, sie nimmt die Form der Inkonsistenz ihres Begehrens an: „Ich verlange von dir, daß du meinen Anspruch zurückweist, weil dies nicht das ist". Wenn, zum Beispiel, Wagners Kundry Parsifal verführt, will sie in Wirklichkeit, daß er ihrem Entgegenkommen widersteht – belegt diese Obstruktion, diese Sabotage ihres eigenen Anspruchs nicht die Existenz einer Dimension in ihr, die der Herrschaft des Phallus widersteht? (Weininger selbst spricht von einem dunklen Verlangen in der Frau nach Erlösung, nach dem Abschütteln des Joches des Phallus durch Selbstauslöschung.)

Die männliche Angst vor der Frau, die den Zeitgeist um die Jahrhundertwende zu tiefst prägte, von Edvard Munch und August Strindberg bis zu Kafka, enthüllt sich so selbst als die Angst vor der weiblichen Inkonsistenz: weibliche Hysterie (die diese Männer traumatisierte und die auch dem Geburtsort der Psychoanalyse ihren Stempel aufdrückte) konfrontierte sie mit einer inkonsistenten Vielfalt an Masken (eine hysterische Frau wechselt unvermittelt von verzweifeltem Bitten zu grausam vulgärem Hohn etc.). Was dieses Unbehagen erzeugt, ist die Unmöglichkeit, hinter den Masken ein konsistentes Subjekt zu erkennen, die sie manipuliert: hinter den vielen Schichten der Masken ist nichts, oder zumeist nichts als der formlose schleimige Stoff der Lebenssubstanz. Es genügt die Begegnung Edvard Munchs mit der Hysterie zu erwähnen, die einen tiefen Eindruck bei ihm hinterließ. 1893 war Munch in die wunderschöne Tochter eines Osloer Weinkaufmanns verliebt. Sie hing an ihm, aber er fürchtete sich vor so einer Bindung und machte sich über seine Arbeit Sorgen, und so verließ er sie. In einer stürmischen Nacht kam ein Segelboot, um ihn abzuholen: man berichtete ihm, daß die junge Frau im Sterben liege und ihn ein letzte Mal sprechen wolle. Munch war tief bewegt und begab sich ohne zu fragen zu ihrem Haus, wo er sie im Bett liegend vorfand zwischen zwei angezündeten Kerzen. Aber als er sich ihrem Bett näherte, erhob sie sich und begann zu lachen: die ganze Szene war nichts als ein Streich gewesen. Munch drehte sich um und wollte gehen; da drohte sie sich selbst zu erschießen, wenn er sie verlassen würde; sie zog einen Revolver und richtete ihn gegen ihre Brust. Als Munch sich bückte, um ihr die Waffe zu entwinden, überzeugt, daß auch das nur ein Teil des Spieles sei, ging die Waffe los und verwundete ihn an der Hand...[9] Hier begegnen wir dem hysterischen Theater in seiner Reinheit: das Subjekt ist gefangen in einer Maskarade, in der das, was als todernst erscheint, sich selbst als Betrug entlarvt (das Sterben) und was als eine leere Geste erscheint, sich selbst als todernst erweist (die Selbstmorddrohung). Die Panik, die das (männliche) Subjekt erfaßt, wenn es mit diesem Theater konfrontiert wird, bezeugt eine Angst vor der Tatsache, daß hinter diesen vielen Masken, die eine nach dem anderen abfallen wie die Schichten einer Zwiebel, nichts ist, kein letztes weibliches Geheimnis.

Hier müssen wir ein fatales Mißverständnis vermeiden. Insofern diese hysterischen Masken die Art sind, wie eine Frau den männlichen Blick fesselt, scheint der unausweichliche Schluß zu sein, daß das weibliche Geheimnis für die männliche phallische Ökonomie unzugänglich ist: das „ewig Weibliche" (Goethe) hinter den symbolischen Masken besteht aus der weiblichen Substanz, die sich der Herrschaft des „Phallogozentrismus" entzieht. Der komplementäre Schluß besteht darin, daß, insofern nichts hinter den Masken ist, die Frau gänzlich dem Phallus untergeordnet ist. Nach Lacan ist das genaue Gegenteil wahr: Das präsymbolische „ewig Weibliche" ist ein retroaktives patriachalisches Phantasma, das heißt, es ist die Ausnahme, auf der die Herrschaft des Phallus gründet (dasselbe gilt für den anthropologischen Begriff des ursprünglichen matriachalen Paradieses, das durch den Fall in die patriachale Zivilisation zerstört wurde. Dieser Begriff verleiht, mit Bachofen beginnend, der patriachalischen Ideologie seine Festigkeit, da er auf dem Begriff der telologischen Evolution vom Matriachat zum Patriachat beruht). Es ist daher das Fehlen jeder Alternative zum Phallus, die die weibliche libidinöse Ökonomie inkonsistent und hysterisch macht, und daher die Herrschaft des Phallus unterminiert. Wenn, nach Weininger, die Frau „von jedem Objekt koitiert wird", unterminiert diese grenzenlose Ausdehnung des Phallus den Phallus als Prinzip des Allgemeinen und als seiner begründenden Ausnahme.

Lacans „Subversion des Subjekts..." endet mit der zweideutigen Aussage „Ich will hier nicht weitergehen"[10]. Zweideutig, weil Lacan offenbar nahelegt, daß er später, an anderer Stelle „weitergehen" wird. Dieser Köder verführte einige feministische Kritikerinnen von Lacan dazu, ihm vorzuwerfen, genau an dem Punkt stehen geblieben zu sein, wo er den entscheidenden Schritt hätte machen sollen über Freuds Phallozentrismus hinaus: obwohl Lacan über die sich der phallischen Domäne entziehende Weibliche *jouissance* spricht, faßt er sie als einen unaussprechlichen „dunklen Kontinent" auf, der vom (männlichen) Diskurs durch eine unüberschreitbare Grenze getrennt ist. Für Feministinnen wie Irigaray oder Kristeva bedeutet diese Weigerung, die Grenze zu überschreiten, dieses „ich will hier nicht weitergehen", die fortgesetzte Tabuisierung der Frauen; sie wollen „weitergehen", das heißt, sie wollen die Konturen eines „weiblichen Diskurses" jenseits der „phallischen" symbolischen Ordnung skizzieren. Warum geht diese Argumentation, die vom Standpunkt des Common sense aus vollkommen gerechtfertigt erscheint, am Wesentlichen vorbei? Die Grenze, die die Frau definiert, ist nicht epistemologisch, sondern ontologisch bestimmt, das heißt, jenseits davon gibt es nichts. Diese Struktur der Grenze ist an sich „weiblich", eine Grenze, die vorwegnimmt, was in diesem Jenseits zu liegen kommt oder nicht: alles, was wir in diesem Jenseits (das ewig Weibliche, zum Beispiel) wahrnehmen, sind unsere eigenen phantasmatischen Projektionen. Die Frau als Rätsel ist ein Gespenst, das durch die inkonsistente Oberfläche der vielfältigen Masken erzeugt wird – das Geheimnis des „Geheimnisses" selbst ist die Inkonsistenz der Oberfläche. Und der lacansche Name für diese Inkonsistenz der Oberfläche (für den spiralig gewundenen topologischen Raum wie der Möbiusstreifen) ist einfach *das Subjekt*.

Im Gegensatz dazu ist im Falle des Mannes die Spaltung externalisiert: Der Mann entflieht der Inkonsistenz seines Begehrens durch die Etablierung einer Trennungslinie zwischen der Domäne des Phallus – das heißt, dem sexuellen Genießen, der Beziehung zu einem sexuellen Partner – und der nichtphallischen Domäne, das heißt, der Domäne der ethischen Ziele, der nichtsexuellen „öffentlichen" Aktivität (die Ausnahme der Domäne des Phallus). Hier begegnen wir dem Paradoxon der „Zustände, die ihrem Wesen nach Nebenprodukte sind": Der Mann ordnet seine Beziehung zu einer Frau der Domäne der ethischen Ziele unter (wenn er gezwungen ist zwischen der Frau und der ethischen Pflicht zu wählen – in der Form einer beruflichen Verpflichtung etc. –, wählt er sofort die Pflicht), doch ist er sich gleichzeitig bewußt, daß nur seine Beziehung zu einer Frau ihm das wahre „Glück" oder die persönliche Erfüllung bringen kann. Sein „Spieleinsatz" besteht darin, daß die Frau am effektivsten genau dann verführt wird, wenn er nicht alle seine Aktivitäten ihr unterordnet – sie wird unmöglich ihrer Faszination für seine „öffentlichen" Aktivitäten widerstehen, das heißt, ihrem heimlichen Wissen, daß er alles tatsächlich für sie macht. Hier haben wir die umgekehrte libidinöse Ökonomie der höfischen Liebe vor uns: in der höfischen Liebe gebe ich mich selbst direkt der Dame hin. Ich postuliere meinen Dienst an ihr als meine oberste Pflicht, und genau aus diesem Grund bleibt die Frau ein kalter, indifferenter, kapriziöser Despot, ein „inhumaner Partner" (Lacan), mit dem die sexuelle Beziehung weder möglich noch wirklich wünschenswert ist, während ich hier die sexuelle Beziehung möglich mache, indem ich sie nicht als mein explizites Ziel behaupte . . .

Dieses Paradoxon taucht in beinahe jedem Melodram auf, das die Bereitschaft des Mannes interpretiert, seine Geliebte für die (öffentliche) Sache zu opfern, als den obersten Beweis seiner Liebe zu ihr, also um zu zeigen, daß „sie ihm alles bedeutet". Der sublime Moment der Erkenntnis ereignet sich dann, wenn die Frau schließlich begreift, daß der Mann sie wegen seiner Liebe zu ihr verlassen hat. Eine interessante Variation zu diesem Thema wird bei Minellis Version der *Vier Reiter der Apokalypse* geboten: Glenn Ford spielt Julio, einen wohlhabenden Argentinier, der ein glückliches Leben in Paris während der Besetzung durch die Deutschen führt, sich mit den deutschen Offizieren gesellig macht und mit der schönen Frau eines abwesenden Führers der Resistance zusammenlebt (Ingrid Thulin). Obwohl die Frau leidenschaftlich in Julio verliebt ist, ist ihr der Umstand unbehaglich, daß der Mann, mit dem sie zusammenlebt, ein Schwächling ist, der in privaten Vergnügungen Zuflucht sucht, während der Ehemann, den sie für ihren Liebhaber verlassen hat, ein wahrer Held ist. Plötzlich wird dieses ganze Szenario als eine Maskarade dargestellt: in einem Notfall wird Julio von einem Mann kontaktiert, von dem sie weiß, daß er Teil der Resistance ist. So nimmt sie an, daß Julio vorgab, ein Mann des Vergnügens zu sein, um sich mit den hohen deutschen Offizieren zu sozialisieren und dadurch den Zugang zu wertvollen Informationen über den Feind zu erlangen. Formal gesehen hat Julio ihre Liebe verraten, doch trotz dieses Betrugs läßt sie ihn zur letzten, möglicherweise selbstmörderischen, Handlung schreiten: sie ist sich wohl bewußt, daß, in einem tieferen Sinn, er es für sie macht, um ihrer Liebe würdig zu werden ...

Was Lacan als die „phallische Funktion" bezeichnet, ist diese Spaltung zwischen der Domäne des phallischen Genießens und dem desexualisierten „öffentlichen" Feld, das sich ihr entzieht, daß heißt, *„phallisch" ist diese Selbstbegrenzung des Phallus, dieses Postulieren einer Ausnahme*. In genau diesem Sinne ist der Phallus der Signifikant der Kastration: die „symbolische Kastration" ist letztendlich ein anderer Name für das Paradoxon der „Zustände, die ihrem Wesen nach Nebenprodukte sind": wenn wir die Erfüllung durch das phallische Genießen erreichen wollen, müssen wir es als unser explizites Ziel aufgeben. Mit anderen Worten: wahre Liebe kann nur innerhalb einer Beziehung entstehen, einer „Partnerschaft", die von einem anderen, nicht sexuellen Ziel beseelt ist (wie in Romanen von Marguerite Duras). Liebe ist die unvorhersehbare Antwort auf das Reale: sie kann nur „aus dem Nichts" entstehen, wenn wir jeden Versuch der direkten Kontrolle ihres Verlaufs aufgeben (Auch hier, wie bei jedem Beispiel für das Reale, fallen die Gegensätze zusammen: Liebe ist gleichzeitig das unvorhersehbare Produkt eines blinden Mechanismus – wie der absolut vorhersehbare Charakter der Übertragungsliebe in der Psychoanalyse zeigt. Diese Liebe wird „automatisch" durch die analytische Situation erzeugt, unabhängig von den tatsächlichen Charakteristika des Analytikers. In genau diesem Sinne ist der Analytiker das Objekt klein a und nicht das andere Subjekt: wegen seines „automatischen" Charakters enthebt uns die Übertragungsliebe von der Illusion, daß wir uns aufgrund der positiven Eigenschaften der geliebten Person verlieben, also aufgrund dessen, was er oder sie „in Wirklichkeit" sind. Wir verlieben uns in den Analytiker als den formalen Ort in der Struktur, der frei von „menschlichen Merkmalen", also keine Person aus Fleisch und Blut ist).[11]

4

Lacan versuchte also, die Geschlechterdifferenz als diskursives Faktum vermittels seiner „Formeln der Sexualisierung" zu formalisieren, in denen auf der „maskulinen" Seite die universelle Funktion ($\forall$x, F (x): alle x unterliegen der Funktion F) die Existenz einer Ausnahme impliziert ($\exists$x, $\neg$F(x): es gibt zumindest ein x, das aus der Funktion F ausgenommen ist). Demgegenüber wird auf der weiblichen Seite eine besondere Negation ($\neg\forall$x, F(x): nicht alle x unterliegen der Funktion F) impliziert, wodurch keine Ausnahme möglich ist ($\neg\exists$x, $\neg$F(x): es gibt kein x, das aus der Funktion F ausgenommen ist).[12] Hinsichtlich dieser zwei asymmetrischen Antinomien der Symbolisierung (die „maskuline Seite", die die auf einer Ausnahme gegründete Allgemeinheit der phallischen Funktion involviert; die „weibliche Seite", die ein Feld des „Nicht-Alles" involviert, welches keine Ausnahme zur phallischen Funktion enthält) drängt sich von selbst die Frage auf: was bildet das Band, welches diese zwei rein logischen Antinomien mit dem Gegensatz von weiblich und männlich verbindet, das trotz der symbolischen Vermittlung und der kulturellen Konditionierung eine offensichtliche biologische Tatsache bleibt? Die Antwort auf diese Frage ist: es gibt kein Band. Was wir als „Sexualität" erfahren, ist genau der Effekt des kontingenten Aktes des „Aufpropfens" der fundamentalen Sackgasse der Symbolisierung auf den biologischen Gegensatz von männlich und weiblich. Die Antwort auf die Frage: ist dieses Band zwischen den zwei logischen Paradoxa der Verallgemeinerung und der Sexualität nicht unzulässig? ist daher: das ist genau Lacans Punkt. Lacan überträgt einfach diesen „unzulässigen" Charakter von der epistemologischen Ebene auf die ontologische Ebene: die Sexualität selbst, die wir als den höchsten und intensivsten Ausdruck unseres Wesens erleben, ist eine *Bricolage*, eine Montage aus zwei heterogenen Elementen. Hierin beruht Lacans „Dekonstruktion" der Sexualität.

Dieses parasitäre „Aufpropfen" der symbolischen Sackgasse auf die tierische Paarung unterminiert den instinktiven Rhythmus der tierischen Paarung und überträgt auf sie ein unauslöschliches Brandmal des Mißlingens: „Es gibt kein sexuelles Verhältnis", jede Beziehung zwischen den zwei Geschlechtern kann nur stattfinden gegen den Hintergrund einer fundamentalen Unmöglichkeit etc. Diese „Propfung" ist radikal kontingent in dem Sinn, daß sie an der Homologie zwischen dem Penis am Manne und der Tatsache hängt, daß in den „männlichen" Formeln wir es mit der Ausnahme zu tun haben, die die Allgemeinheit begründet: der Kurzschluß zwischen den beiden verwandelt den Penis in einen materiellen Träger des phallischen Signifikanten, des Signifikanten der symbolischen Kastration. Wie sind, bei näherem Hinsehen, die „männliche" und die „weibliche" Seite strukturiert?

Ein Standardbeispiel für das Feld des „Nichts-Alles" wird uns vom marxistischen Begriffs des Klassenkampfes geliefert: Jede Position, die wir gegenüber dem Klassenkampf einnehmen, inklusive der theoretischen, ist schon ein Moment im Klassenkampf, es involviert ein sich „auf eine Seite" schlagen, daher gibt es keine unparteiische objektive Position, die es uns ermöglichen würde, den Klassenkampf zu beschreiben. Genau in diesem Sinne kann man sagen „der Klassenkampf existiert nicht", da „ihm kein Element entgeht" – wir können ihn nicht „als solchen" begreifen, weil wir es immer mit Teileffekten zu tun haben, dessen abwesender Grund im Klassenkampf liegt[13]. Wir wollen uns aber einem ätherischeren Beispiel zuwenden, nämlich der Philosophie. Ein kurzer Blick auf jedes Handbuch der Philosophie macht uns klar, wie jeder allgemeine, allumfassende Begriff von Philosophie seine Grundlage in einer besonderen Philosophie hat, wie er den Standpunkt einer besonderen Philosophie beinhaltet. Es gibt keinen neutralen Begriff von Philosophie, der in eine analytische Philosophie, in eine hermeneutische Philosophie etc. geteilt werden kann; jede besondere Philosophie umfaßt sich selbst und (seine Auffassung von) alle(n) anderen Philosophien. Hegel sagt in seinen Vorlesungen zur Geschichte der Philosophie, daß jede epochale Philosophie auf eine Art das Ganze der Philosophie, das in einer spezifischen Modalität aufgefaßte Ganze selbst, ist und nicht eine Unterabteilung des Ganzen. Hier haben wir daher nicht eine einfache Reduktion des Allgemeinen auf das Besondere, sondern eher eine Art Überschuß des Allgemeinen: kein einzelnes Allgemeines umfaßt den gesamten besonderen Inhalt, weil jedes Besondere sein eigenes Allgemeine hat, also eine spezifische Perspektive des gesamten Feldes beinhaltet.

Und die männliche Position bezeichnet genau das Bemühen, aus dieser Sackgasse der „zuvielen Allgemeinheiten" herauszukommen, indem man ein paradoxes Besonderes ausschließt; dieses außergewöhnliche Besondere gibt dem Allgemeinen an sich sofort einen Körper und negiert gleichzeitig sein konstitutives Merkmal. So beginnt das Allgemeine „als solches", im Gegensatz zu dem besonderen Inhalt, zu existieren. Ein exemplarischer Fall dafür ist die Figur der Dame in der höfischen Liebe, die durch und durch zur männlichen symbolischen Ökonomie gehört. In der Figur der Dame erlangt die Frau als sexuelles Objekt Existenz – doch um den Preis als ein unerreichbares Ding behauptet zu werden, desexualisiert und in ein Objekt transformiert, daß, insofern es der Sexualität als solcher einen Körper verleiht, das männliche Subjekt impotent macht.[14]

Vor einigen Jahren publizierte *Mad* eine Reihe von Karikaturen, die die vier möglichen Ebenen exemplifizieren, auf die ein Subjekt sich durch eine von seiner Gemeinschaft angenommene symbolische Norm beziehen kann. Wir wollen uns selbst auf die Norm der Mode beschränken. Auf der untersten Ebene sind die Armen, deren Haltung gegenüber der Mode indifferent ist – ihr einziges Anliegen ist einfach zu vermeiden, schäbig auszusehen, das heißt, einen bestimmten Standard der Dezenz aufrechtzuerhalten. Die nächsten sind die unteren Mittelklassen, die verzweifelt versuchen, der Mode zu folgen; entsprechend ihrer finanziellen Begrenzung sind sie immer „zu spät" und tragen, was eine Saison zuvor modisch war. Die oberen Mittelklassen, die sich die neueste Mode tatsächlich leisten können, repräsentieren noch nicht die oberste Ebene: über ihnen sind die Trend bestimmenden Reichen, die wieder (wie schon im Falle der untersten Ebene) gegenüber der Mode indifferent sind, aber aus sehr verschiedenen Gründen – sie haben keine äußere Norm zu befolgen, da sie selbst diese Norm setzen. Was sie tragen, *ist* Mode. Von spezieller Bedeutung für die Theorie des Signifikanten ist diese vierte und letzte Ebene, die die perfekte Befolgung der neuesten Mode mit einer Art von paradoxem Überschuß ergänzt. Diese Ebene bezieht eine Art von reflexiver Umkehrung der Vorhergehenden ein: dem Inhalt nach sind die letzten zwei Ebenen exakt dieselben, der Unterschied liegt in einer rein formalen Natur – die Trend bestimmenden Reichen sind genauso angezogen wie die oberen Mittelklassen, aber nicht aus dem selben Grund, also nicht weil sie der neuesten Mode folgen wollen, sondern einfach, was immer sie tragen, die neueste Mode ist. Wir begegnen den selben vier Ebenen auch hinsichtlich der gesetzlichen Macht: über denen, die gegenüber den Gesetzen indifferent sind, sind die, die das Gesetz brechen, obwohl sie in das System von Gesetz und Ordnung integriert bleiben, darüber sind die, die sich streng an den Buchstaben des Gesetzes halten und an der Spitze sind die, die immer in Übereinstimmung mit dem Gesetz handeln, nicht, weil sie gehorsam dem Gesetz folgen, sondern weil ihre Aktivität bestimmt, was Gesetz in einer performativen Art ist – was immer sie machen, ist einfach das Gesetz (der König in einer absoluten Monarchie, z. B.). Dieser Punkt der Inversion ist die Ausnahme, die das Allgemeine begründet.

Hegels These, daß jeder Genus nur eine Art hat, da seine andere Art der Genus selbst ist, zielt auf denselben paradoxen Punkt der Inversion. Wenn wir, zum Beispiel, sagen „reiche Leute sind arme Leute mit Geld", ist diese Definition nicht umkehrbar, das heißt, wir können nicht sagen „arme Leute sind reiche Leute ohne Geld". Wir haben keinen neutralen Genus „Leute", der in zwei verschiedene Arten geteilt ist, „arme Leute" und „reiche Leute": Der Genus ist „arme Leute", dem wir die Differentia specifica (Geld) hinzufügen müssen, um seine Art „reiche Leute" zu erhalten. Die Psychoanalyse denkt die sexuelle Differenz in einer homologen Weise: „Die Frau ist ein kastrierter Mann". Auch hier kann die Präposition nicht umgekehrt werden zu „der Mann ist eine Frau mit Phallus". Es wäre falsch, daraus zu schließen, daß der Mensch als Mann eine Art ontologische Priorität besitzt. Das eigentliche hegelsche Paradoxon besteht darin, daß der „Schnitt" der spezifischen Differenz für den Genus selbst konstitutiv ist. Mit anderen Worten, die Kastration bestimmt den Genus des Menschen; die neutrale, von der Kastration unberührte Allgemeinheit des Menschen ist schon ein Anzeichen für die Nichtanerkennung der Kastration.

Lacans Leistung besteht darin, die sexuelle Differenz auf die transzendentale Ebene in einem strikt kantschen Sinn des Wortes zu denken, das heißt, ohne Referenz auf einen „pathologischen", empirischen Inhalt. Gleichzeitig vermeidet seine Definition der sexuellen Differenz die Falle des „Essentialismus", indem sie das „Wesen" jeder der beiden geschlechtlichen Positionen als eine spezifische Form der Inkonsistenz, der eines Antagonismus, denkt. Das „Wesen" der Frau ist keine positive Entität, sondern eine Sackgasse, ein toter Punkt, der sie daran hindert, völlig „Frau zu werden". Daher ist die Parallele zwischen Lacans „Formeln der Sexualisierung" und Kants „Antinomien der reinen Vernunft" gerechtfertigt. Bei Lacan ist „männlich" oder „weiblich" kein Prädikat, das eine positive Information über das Subjekt liefert, also irgendwelche phänomenalen Eigenschaften bezeichnet; vielmehr liegt hier vor, was Kant als eine rein negative Bestimmung denkt, die nur eine bestimmte Grenze bezeichnet und registriert. Oder genauer gesagt, eine spezifische Modalität wie das Subjekt in seinem oder ihrem Bemühen um eine Identität scheitert, die ihn oder sie als ein Objekt innerhalb der phänomenalen Realität konstituieren würde. Lacan ist daher soweit als möglich von dem Begriff der sexuellen Differenz als einer Beziehung zwischen zwei gegensätzlichen Polen entfernt, die sich einander ergänzen und zusammen das Ganze des Menschen formen würden: „Männlich" und „weiblich" sind nicht zwei Arten des Genus Mensch, sondern eher zwei Modi des Scheiterns des Subjekts, die volle Identität des Menschen zu erreichen. „Der Mann" und „die Frau" formen zusammen kein Ganzes, da jeder von ihnen schon selbst ein gescheitertes Ganzes ist.

Es sollte jetzt auch klar sein, wie Lacans Konzeptualisierung der sexuellen Differenz die Falle der berühmten „binären Logik" vermeidet: darin sind „männlich" und „weiblich" nicht in Form einer Serie von konträren Prädikaten entgegengesetzt (aktiv-passiv, Ursache-Wirkung, Vernunft-Gefühl etc.); „männlich" und „weiblich" beziehen sich eher auf eine verschiedene Modalität dieser antagonistischen Beziehung zwischen diesen Gegensätzen. Der „Mann" ist keine Ursache der Frau-Wirkung, sondern eine spezifische Modalität zwischen Ursache und Wirkung (das lineare Fortschreiten von Ursachen und Wirkungen mit einem erwarteten einzigartigen Element, dem letzten Grund), im Gegensatz zur „Frau", die eine andere Modalität impliziert (eine Art zusammengerollter „Interaktion", wo der Grund als ein Effekt seiner eigenen Effekte funktioniert). Innerhalb des Bereiches des sexuellen Genießens selbst tendiert die männliche Ökonomie dazu, „teleologisch" zu sein, auf den phallischen Orgasmus als Vergnügen par exellence konzentriert, während die weibliche Ökonomie ein ausgebreitetes Netzwerk von verschiedenen Vergnügen involiert, die nicht um ein zentrales teleologisches Prinzip herum organisiert sind. Das Ergebnis ist, daß „männlich" und „weiblich" nicht zwei positive substantielle Entitäten sind, sondern zwei Modalitäten ein und derselben Entität: um einen männlichen Diskurs zu „verweiblichen", genügt es manchmal, in einer kaum wahrnehmbaren Weise seinen spezifischen „Ton" zu ändern.

Hier trennen sich die Wege der Foucault-Anhänger und Lacans: für erstere ist Sex nichts natürlich Gegebenes, sondern eine Bricolage, eine künstliche Vereinigung von heterogenen diskursiven Praktiken, während Lacan diese Ansicht zurückweist, ohne dadurch zu einem naiven Substantialismus zurückzukehren. Für ihn ist die sexuelle Differenz keine diskursive symbolische Konstruktion; stattdessen taucht sie genau an dem Punkt des Scheiterns der Symbolisierung auf: wir sind sexualisierte Wesen, weil die Symbolisierung immer gegen ihre eigene inhärente Unmöglichkeit anrennt. Es geht hier nicht darum, daß „wirkliche", „konkrete" sexuelle Wesen niemals in die symbolische Konstruktion von „Mann" oder „Frau" passen können: vielmehr geht es darum, daß diese symbolische Konstruktion selbst einen fundamentalen Totpunkt ausfüllt. Kurz gesagt, wenn es möglich wäre, die sexuelle Differenz zu symbolisieren, würden wir nicht zwei Geschlechter haben, sondern nur eines. „Männlich" und „weiblich" sind keine zwei komplementäre Teile des Ganzen, sie sind zwei (gescheiterte) Versuche, dieses Ganze zu symbolisieren.

5

Das verbreitetste Mißverständnis in bezug auf Lacans Formeln der Sexualisierung besteht für gewöhnlich darin, die Differenz zwischen „männlicher" und „weiblicher" Seite auf zwei Formeln zu reduzieren, durch die die männliche Position definiert wird, so als ob „männlich" die universale phallische Funktion wäre und „weiblich" die Ausnahme, der Exzeß, der sich dem Zugriff der phallischen Funktion entzieht. Eine solche Lektüre verfehlt gänzlich die lacansche Pointe: Die Position der Frau als Ausnahme (etwa die Hofdame in der höfischen Liebe) ist das männliche Phantasma par excellence – wieso? Der exemplarische Fall einer für die phallische Funktion konstitutiven Ausnahme ist die vorbenannte phantasmatische, obszöne Figur des Urvaters (des *jouisseur*), dem es, ungehindert von jedem Verbot, erlaubt war, alle Frauen zu genießen. Entspricht aber nicht die Figur der Hofdame in der höfischen Liebe genau dieser Bestimmung des Urvaters? Ist sie nicht ebenso, auf strikt homologe Weise, ein kapriziöser Herr, der „alles will", das heißt eine Figur, die selbst an keinerlei Gesetz gebunden, ihre Ritter-Knechte mit arbiträren und maßlosen Anweisungen überhäuft? Das entscheidende Detail, das dabei nicht übersehen werden darf, ist die Verwendung des Plural bei Lacan: die Frau ist nicht „Name-des-Vaters", sondern „einer der Namen des Vaters" – das heißt eine der Bezeichnungen für den („Urvater" genannten) Exzeß. Im Fall der Frau – etwa bei „*Sie*", der

Königin aus Rider Haggards gleichnamigem Roman – wie auch im Fall des Urvaters haben wir es mit einer präsymbolischen und vom Kastrationsgesetz noch nicht gezügelten Machtinstanz zu tun. In beiden Fällen besteht die Rolle dieser phantasmatischen Instanz darin, den *circulus vitiosus* der symbolischen Ordnung, die Leere ihrer „Ursprünge" aufzufüllen. Der Begriff der „Frau" (oder des Urvaters) verschafft uns den mythischen Ausgangspunkt einer ungezügelten Fülle, durch deren „Ur-Verdrängung" sich die symbolische Ordnung konstituiert.[15]

Eine zweite Fehlinterpretation versucht vor allem, den Formeln der Sexualisierung die Schärfe zu nehmen und ihren „Stachel" zu brechen, indem semantisch zwischen zwei Bedeutungen des Quantifikators „Alle" (*tout*) unterschieden wird. Laut dieser (Fehl-) Interpretation bezieht sich der Alloperator „Alle" (oder „Nicht-Alle") bei der Allaussage auf ein *einzelnes* Subjekt (x) und zeigt an, ob „alles aus x" durch die phallische Funktion erfaßt wird, während die besondere Ausnahme („es gibt ein...") sich auf eine *Gruppe* von Subjekten bezieht und anzeigt, ob es innerhalb dieser Gruppe „einen gibt", der von der phallischen Funktion zur Gänze ausgenommen (oder nicht ausgenommen) ist. Die weibliche Seite der Formeln der Sexualisierung zeugt daher angeblich von einem Schnitt, der jede Frau innerlich spaltet: Keine Frau ist zur Gänze von der phallischen Funktion ausgenommen, und genau aus diesem Grund ist ihr keine Frau gänzlich unterworfen, das heißt, es gibt in jeder Frau etwas, das sich der phallischen Funktion entzieht. Symmetrisch dazu bezieht sich auf der männlichen Seite die behauptete Universalität auf ein einzelnes Subjekt (jedes männliche Subjekt ist zur Gänze der phallischen Funktion unterworfen), während sich die Ausnahme auf die Reihe der männlichen Subjekte bezieht („es gibt einen", der aus der phallischen Funktion zur Gänze ausgenommen ist). Kurz und gut, da *ein* Mann aus der phallischen Funktion zur Gänze ausgenommen ist, sind alle anderen ihr zur Gänze unterworfen, und da keine Frau zur Gänze von der phallischen Funktion ausgenommen ist, ist keine ihr zur Gänze unterworfen. In dem einen Fall ist die Spaltung „externalisiert" (sie steht für die Trennungslinie, die innerhalb der Menge „alle Männer" diejenigen, die durch die phallische Funktion erfaßt werden, von dem „einen" trennt, der von ihr ausgenommen ist), im anderen Fall ist sie „internalisiert" (jede einzelne Frau ist innerlich gespalten, ein Teil von ihr ist der phallischen Funktion unterworfen, ein Teil von ihr ausgenommen).

Will man aber dem wahren Paradox der Lacanschen Formeln der Sexualisierung wirklich gerecht werden, müssen diese weit „buchstäblicher" gelesen werden: die Frau unterminiert die Universalität der phallischen Funktion gerade durch die Tatsache, daß es keine Ausnahme in ihr gibt, daß nichts in ihr sich dieser widersetzt. Anders gesagt, das Paradox der phallischen Funktion besteht in einer Art Kurzschluß zwischen der Funktion und deren Meta-Funktion: Die phallische Funktion fällt mit ihrer eigenen Selbstbegrenzung, mit der Setzung einer nicht-phallischen Ausnahme zusammen. Eine solche Leseweise wird bereits durch die ziemlich rätselhaften Matheme angekündigt, die Lacan unter die Formeln der Sexualisierung schrieb, bei denen die Frau (festgelegt als durchgestrichenes „La") zwischen groß Phi (für Phallus) und S($\cancel{A}$), dem Signifikanten des durchgestrichenen großen Anderen, der für die Nichtexistenz/Inkonsistenz des Anderen, der symbolischen Ordnung steht, aufgespalten ist. Versäumen wir nicht, an dieser Stelle die tiefe Affinität zwischen Phi und S($\cancel{A}$), dem Signifikanten des Mangels im Anderen, zu erwähnen, das heißt die entscheidende Tatsache, daß der Signifikant der phallischen Macht, der Phallus in seiner faszinierenden *Präsenz*, der Impotenz/Inkonsistenz des großen Anderen nur „einen Körper verleiht". Nehmen wir einen politischen Führer, und fragen wir uns, was die entscheidende Stütze seines Charismas ist? Die Domäne der Politik ist *per definitionem* unkalkulierbar, unvorhersehbar: Eine Person entfacht leidenschaftliche Reaktionen, ohne zu wissen warum, die Logik der Übertragung kann nicht gemeistert werden; aus diesem Grund beruft man sich üblicherweise auf den „*magic touch*", auf ein unergründliches *je ne sais quoi*, das nicht auf einen der wirklichen Charakterzüge des Führers zurückgeführt werden kann – es scheint, als ob der charismatische Führer dieses „x" dominieren würde und dort die Fäden ziehen könnte, wo der große Andere scheitert. Wir stehen hier vor einer ähnlichen Situation wie jene, auf die Spinoza bei seiner Kritik des trivialen Gottesbegriffes stieß: In ihrem Bestreben, die Welt rund um sie mit Hilfe eines Netzwerkes kausaler Verknüpfungen zwischen Ereignissen und Objekten zu verstehen, gelangen die Menschen früher oder später an einen Punkt, wo ihr Verstehen scheitert und an eine Grenze stößt, die durch „Gott" (vorgestellt als weiser, alter, bärtiger Mann) „verkörpert" wird. Wir projizieren die verborgene, unergründbare Ursache aller Dinge, die wir nicht verstehen oder durch eine klare Kausalverkettung erklären können, in den personalisierten Gottesbegriff. Die erste Operation der Ideologiekritik erkennt daher in der faszinierenden Präsenz Gottes einen „Lückenfüller" für die Löcher in der Struktur unseres Wissens, das heißt ein Element, in dessen Gestalt der Mangel unseres positiven Wissens eine positive Präsenz annimmt. Der springende Punkt, um den es uns hier geht, ist die auffallende Homologie mit dem weiblichen „nicht-alles". Dieses „nicht-alles" bedeutet nicht, daß die Frau dem Phallus nicht zur Gänze unterworfen wäre, es signalisiert eher, daß sie die faszinierende Präsenz des Phallus „durchschaut", daß sie fähig ist, in ihm den „Lückenfüller" der Inkonsistenz des großen Anderen zu erkennen. Eine andere Möglichkeit, dies sichtbar zu machen, ist die Darstellung dieses Problems als Identität zweier Übergänge, des Übergangs von S($\cancel{A}$) zu groß Phi und des Übergangs von der Unmöglichkeit zum Verbot: S($\cancel{A}$) steht für die Unmöglichkeit des Signifikanten des großen Anderen, für die Tatsache, daß es keinen „Anderen des Anderen" gibt und das Feld des Anderen von Natur aus inkonsistent ist; groß Phi „vergegenständlicht" diese Unmöglichkeit zu einer Ausnahme, zu einem „heiligen", verbotenen/unerreichbaren Agenten (dem Urvater oder der Hofdame der höfischen Liebe), der der Kastration entgeht und daher fähig ist, „wirklich zu genießen".

Man kann nun sehen, wie die Logik der Formeln der Geschlechtwerdung letztlich mit jener der öffentlichen Macht und der ihr inhärenten Transgression zusammenfällt. In beiden Fällen ist das entscheidende Merkmal, daß *das Subjekt nur und gerade insofern „drinnen", in der phallischen Funktion oder den Fängen der Macht gefangen ist, als es sich nicht restlos mit dieser identifiziert und eine bestimmte Distanz wahrt* (indem es eine Ausnahme zur universalen phallischen Funktion setzt oder der dem öffentlichen Gesetz inhärenten Transgression nachgibt). Das System (das öffentliche Gesetz oder die phallische Ökonomie) wird in Wahrheit durch die bedingungslose Identifizierung mit ihm unterminiert.[16] Dieses Problem hat, mit aller gebotenen Strenge, Stephen King in seiner Geschichte *Rita Hayworth and the Shawshank Redemption* in Zusammenhang mit den Paradoxien des Gefängnislebens behandelt. Einem verbreiteten Gemeinplatz über das Gefängnisleben zufolge, bin ich erst dann wirklich in das Gefängnis integriert und besiegle erst in dem Augenblick meinen Ruin, wenn meine Anpassung so vollkommen wird, daß ich die Freiheit und das Leben außerhalb der Gefängnismauern weder ertragen noch mir vorstellen könnte. Dies wird zur Folge haben, daß ich bei meiner Entlassung einen totalen psychischen Zusammenbruch erleide oder daß sich zumindest eine Sehnsucht nach der verlorenen Sicherheit des Gefängnisses einstellt. Die tatsächliche Dialektik des Gefängnislebens ist allerdings etwas raffinierter. Das Gefängnis zerstört mich erst dann wirklich und erlangt erst dann völlige Herrschaft über mich, wenn ich der Wirklichkeit des Gefangenseins *nicht* ganz zustimme und eine Art innerer Distanz aufrechterhalte, wenn ich also der Illusion verhaftet bleibe, daß „das wahre Leben woanders ist" und ich tagaus, tagein in Tagträumen über das Leben draußen, die wunderbaren Dinge, die nach meiner Entlassung oder Flucht auf mich warten, schwelge. Zum Opfer des *circulus vitiosus* des Phantasmas geworden, werde ich, sollte ich eines Tages tatsächlich entlassen werden, unter dem Druck der grotesken Diskrepanz zwischen Vorstellung und Wirklichkeit zusammenbrechen. Die einzige Lösung ist die bedingungslose Anerkennung der Gefängnisregeln, wobei ich allmählich die Fähigkeit erwerbe, innerhalb des durch diese Regeln regierten Universums gegen diese zu verstoßen. Kurzum, die innere Distanz und das Tagträumen über das andere Leben ketten mich in Wahrheit an das Gefängnis, während mir die bedingungslose Anerkennung der Tatsache, daß ich wirklich hier bin, gebunden an die Regeln des Gefängnisses, den Raum für echte Hoffnung eröffnet.

Das Paradox der phallischen Funktion, das das Paradox des weiblichen „nicht-alles" auf symmetrische Weise umkehrt, lautet daher, daß die phallische Funktion als ihre eigene Selbstbegrenzung fungiert, ihre eigene Ausnahme selbst setzt.[17] Und insofern die phallische Funktion (das heißt der Signifikant des Phallus) der quasi-transzendentale Signifikant ist, der Signifikant der symbolischen Ordnung, kann man sagen, daß dieses Paradox der phallischen Funktion nichts anderes in reinster Form offenbart, als das fundamentale Merkmal der symbolischen Ordnung selbst, eine Art Kurzschluß verschiedener Niveaus, die zum Bereich der Modallogik gehören. Um diese Logik eines Kurzschlusses verschiedener Niveaus, die der symbolischen Ordnung als Ordnung symbolischer Mandate/Titel angehören, zu illustrieren, sei an die Opposition von Vater/Onkel erinnert: „Vater" als strenge Autorität versus „Onkel" als *good fellow*, der uns verwöhnt. Der scheinbar bedeutungslose, widersprüchliche Titel „Vater-Onkel" kann nichtsdestoweniger als Bezeichnung für einen Vater gelten, der seine väterliche Autorität nicht ganz ausschöpft und seinen Sprößling stattdessen verwöhnt. Wir haben es hier mit demselben Kurzschluß zu tun, den man in der *Geschichte der KPdSU (B)*, dem heiligen Text des Stalinismus, finden kann, wo – neben zahlreichen anderen die Logik des Signifikanten erhellenden Blitzlichtern – zu lesen ist, daß während eines Parteikongresses „der Beschluß *einstimmig von einer großen Mehrheit* angenommen wurde ..." – wenn der Beschluß einstimmig angenommen wurde, wo ist dann die (und sei es, noch so kleine) der „großen Mehrheit" opponierende Minderheit? Eine Möglichkeit, dieses Rätsel eines „etwas, das als nichts zählt" zu lösen, ist vielleicht, das zitierte Statement als Verdichtung zweier Ebenen zu lesen: Die Delegierten beschlossen mit großer Mehrheit, daß ihr Beschluß als einstimmig aufzufassen sei ... Die weibliche Position definiert sich umgekehrt durch eine *Zurückweisung* dieses Kurzschlusses. Wie? Nehmen wir als Ausgangspunkt das zutiefst hegelsche Paradox der *coincidentia oppositorum*, das den gängigen Begriff der Frau charakterisiert. Die Frau ist zugleich Repräsentation, das Schauspiel par excellence, ein auf Faszination ausgerichtetes Bild, das den Blick auf sich zieht, *und* ein Rätsel, das Unvorstellbare, das sich a priori dem Blick entzieht.[18] Sie ist reine Oberfläche, der jede Tiefe fehlt, *und* ein ergründlicher Abgrund.

6

Um dieses Paradox zu erhellen, mag es genügen, ein Licht auf die Folgerungen zu werfen, die sich aus bestimmten feministischen Kritiken ergeben, welche unentwegt jegliche Beschreibung der „Weiblichkeit" als männliches Klischee, als etwas, das den Frauen gewaltsam auferlegt wird, denunzieren. Das Problem, das dabei sofort ins Auge springt, ist folgendes: Was ist dann das durch männliche Klischees verdunkelte Weibliche „an sich"? Alle Antworten (von den traditionellen der „ewigen Weiblichkeit" bis zu Kristeva und Irigaray) können wiederum als männliche Klischees beschrieben werden. Carol Gilligan zum Beispiel setzt den männlichen Werten der Autonomie, des Konkurrenzdenkens usw., die weiblichen Werte der Intimität, der Zuneigung, der Abhängigkeit, der Fürsorge und des Beistandes, der Verantwortlichkeit und der Selbst-Aufopferung entgegen.[19] Sind nun letztere „authentische" weibliche Attribute oder männliche „Klischees" über Frauen, Attribute, die Frauen in einer patriarchalen Gesellschaft auferlegt werden? Dieser Punkt ist unentscheidbar, so daß die einzig mögliche Antwort lautet: „beides zugleich".[20] Die Frage muß somit in rein topologischen Begriffen reformuliert werden: In Hinblick auf den positiven Inhalt ist die männliche Vorstellung der Frau *dasselbe* wie die Frau selbst, die Differenz betrifft nur den Ort bzw. die rein formale Modalität des Verständnisses desselben Inhaltes (im ersten Fall wird dieser Inhalt so, wie er „für den anderen" ist, verstanden, im zweiten Fall so, wie er „an sich" ist). Diese rein formale Veränderung der Modalität ist jedoch entscheidend. Mit anderen Worten: die Tatsache, daß jede positive Bestimmung dessen, was die Frau „an sich" ist, zurückführt auf das, was sie „für den anderen" (den Mann) ist, zwingt uns keineswegs zu dem „männlich-chauvinistischen" Schluß, daß die Frau nur für den anderen, den Mann ist, was sie ist. Was bleibt, ist der topologische Schnitt, die rein formale Differenz zwischen dem „für den anderen" und dem „für sich selbst".

Hier sollte man an den Übergang vom Bewußtsein zum Selbstbewußtsein in Hegels *Phänomenologie des Geistes* erinnern: Worauf man im übersinnlichen Jenseits stößt, ist, in bezug auf den positiven Inhalt, dasselbe wie unsere irdische alltägliche Welt; dieser selbe Inhalt wird nur in eine unterschiedliche Modalität transponiert. Hegels Pointe lautet aber, daß es falsch wäre, von dieser Identität des Inhalts darauf zu schließen, daß es keine Differenz zwischen der irdischen und der jenseitigen Welt gibt. In seiner ursprünglichen Dimension stellt das „Jenseits" nicht denselben positiven Inhalt dar, sondern eine Leerstelle, eine Art von Schirm, auf den man welchen positiven Inhalt auch immer projizieren kann – und diese Leerstelle „ist" das Subjekt. Sind wir uns dessen einmal bewußt geworden, treten wir von der Substanz zum Subjekt über, das heißt vom Bewußtsein zum Selbstbewußtsein. Genau in diesem Sinn ist die Frau das Subjekt *par excellence*. – Dieselbe Problematik läßt sich auch in Begriffen Schellings ausdrücken, das heißt in Begriffen der Differenz zwischen dem Subjekt als ursprüngliche Leere, von jeder weiteren positiven Qualifikation entleert (= das $ bei Lacan), und den Attributen, die dieses Subjekt annimmt, „sich anzieht", Merkmale, die stets künstlich und kontingent sind. Hier kündigt Schelling bereits das Paradox der lacanschen Problematik des *vel* an, der erzwungenen, für das Auftauchen des Subjekts konstitutiven Wahl: das Subjekt verharrt entweder bei sich, in seiner Reinheit und verliert sich dadurch in leerer Expansion, oder es geht aus sich heraus, externalisiert sich, indem es sich auf ein signifikantes, es repräsentierendes Merkmal „zusammenzieht" oder dieses „anzieht" und sich dadurch selbst entfremdet, das heißt nicht länger das ist, was es ist, die Leere des reinen $:

... als das, was es ist, kann sich das Subjekt nie habhaft werden, denn eben im Sich-Anziehen wird es ein anderes, dies ist der Grund-Widerspruch, wir können sagen, das

Unglück in allem Sein – denn entweder läßt es sich, so ist es als nichts, oder es zieht sich selbst an, so ist es anderes und sich selbst Ungleiches – nicht mehr das mit dem Sein wie zuvor Unbefangene, sondern das sich mit dem Sein befangen hat – es selbst empfindet dieses Sein als ein zugezogenes und demnach zufälliges.[21]

So lautet also Schellings Reformulierung der klassischen Frage „Warum gibt es überhaupt etwas und nicht vielmehr nichts?": Im ursprünglichen *vel* muß das Subjekt zwischen „nichts" (dem Ungrund/Abgrund der Freiheit, der jedem positiv-Seienden fehlt, dem reinen $ in lacanschen Termini) und „etwas", jedoch immer im Sinne von „einem Akzessorischen, Hinzugekommenen, Zugezogenem, in gewissem Betracht Zufälligem", wählen.[22] Das Dilemma ist daher folgendes:

... entweder bleibt es stehen (bleibt, wie es ist, also reines Subjekt), so ist kein Leben, und es selbst ist als nichts, oder es will sich selbst, so wird es ein anderes, sich selbst Ungleiches, sui dissimile. Es will sich zwar als solches, aber dies eben ist unmittelbar unmöglich, im Wollen selbst schon wird es ein anderes und entstellt sich.[23]

Alles dreht sich also um den ursprünglichen Akt, durch den „nichts" zu „etwas" wird, und Schellings gesamte philosophische Revolution ist in der Behauptung enthalten und verdichtet, daß dieser Akt, der jeder Notwendigkeit vorausgeht und diese begründet, in sich selbst *radikal kontingent* ist. Aus genau diesem Grund kann er nicht deduziert oder erschlossen, sondern nur retroaktiv vorausgesetzt werden. Dieser Akt bringt eine ursprüngliche, radikale und irreduzible *Entfremdung* mit sich, eine Verzerrung der ursprünglichen Balance, eine Art konstitutives „Aus-den-Fugen-Geraten": „Diese ganze Konstruktion fängt also mit der Entstehung des ersten Zufälligen – sich selbst Ungleichen –, sie fängt mit einer Dissonanz an und muß wohl so anfangen."[24] Um den nicht-spontanen, „künstlichen", „korrupten" Charakter dieses Aktes zu betonen, spielt Schelling mit der mehrfachen Bedeutung des Verbes *anziehen*: zu etwas hingezogen sein, von etwas angezogen werden; erkranken; sich etwas anziehen; auf falsche, prätentiöse Art handeln. In Zusammenhang mit letzterem Bedeutungsmerkmal beschwört Schelling auf direkte Weise das hervor, was später (durch Jon Elster) als „Staaten, die ihrem Wesen nach Nebenprodukte sind", konzeptualisiert wurde:

Es gibt gewisse moralische und andere Eigenschaften, die man gerade nur hat, inwiefern man sie nicht hat, oder wie die deutsche Sprache trefflich dies ausdrückt, inwiefern man sich dieselben nicht anzieht. Z. B. wahre Anmut ist gerade nur möglich im Nichtwissen ihrer selbst, dagegen eine Person, die um ihre Anmut weiß, sie sich anzieht, sogleich aufhört, anmutig zu sein, und wenn sie als anmutig sich gebärdet, vielmehr das Gegenteil wird.[25]

Die darin enthaltenen Implikationen sind äußerst weitreichend und radikal: Die Fälschung ist ursprünglich, das heißt, jedes positive Merkmal, jedes „etwas", das wir sind, ist „ein zugezogenes". – Und gerade insofern, als die Frau durch eine ursprüngliche „Maskerade" charakterisiert ist, insofern all ihre Merkmale künstlich „zugelegt", „ein zugezogenes" sind, ist sie mehr Subjekt als der Mann, da, Schelling zufolge, das, was das Subjekt letztlich charakterisiert, diese radikale Kontingenz und Künstlichkeit jedes seiner positiven Merkmale ist, das heißt die Tatsache, daß es in sich selbst reine Leere ist, die mit keinem dieser Merkmale identifiziert werden kann.

Wir haben es also mit einer Art verschlungenem, gekrümmtem Raum zu tun, wie er auch in der Geschichte von Achilles und der Schildkröte gefunden werden kann. Die männliche Vorstellung (jene, die artikuliert, was die Frau für „den anderen ist") nähert sich unendlich der Frau bzw. der Schildkröte an, in dem Moment aber, wo der Mann die Frau-Schildkröte überholt, findet er sich dort, wo er bereits war, das heißt innerhalb der männlichen Vorstellung darüber, was die Frau „an sich" ist – die Frau „an sich" ist immer schon „für den anderen". Die Frau kann nie erfaßt werden, man kann ihr nie näher kommen, man kann sich ihr nur entweder endlos nähern oder sie überholen, aus dem einfachen Grund, daß „die Frau an sich" keinen substantiellen Inhalt bezeichnet, sondern nur einen reinen formalen Schnitt, eine Grenze, die stets verfehlt wird. Und dieser rein formale Schnitt „ist" das Subjekt als $. An dieser Stelle ist man versucht, abermals Hegel zu paraphrasieren. Alles hängt von unserer Bewertung ab, die die Frau nicht nur als Substanz, sondern auch als Subjekt konzipiert. Man vollzieht einen Positionswechsel vom Begriff der Frau als substantieller Inhalt jenseits der männlichen Vorstellung zum Begriff der Frau als reiner topologischer Schnitt, der das „für den anderen" vom „an sich" für immer trennt.

Die Asymmetrie der sexuellen Differenz beruht auf der Tatsache, daß wir es im Falle des Mannes nicht mit demselben Schnitt zu tun haben, wir unterscheiden nicht in derselben Art zwischen dem, was er „an sich" und dem was er, als Maskerade, „für die anderen" ist. Zwar lebt auch der sogenannte „moderne Mann" in der Spaltung zwischen dem, was die anderen (die Frau oder allgemeiner die soziale Umgebung) von ihm erwarten (oder was er glaubt, daß sie von ihm erwarten) – ein starker Macho-Typ zu sein usw.–, und dem, was er tatsächlich ist (schwach, sich seiner selbst unsicher usw.). Diese Spaltung ist aber von grundsätzlich anderer Natur: Das Macho-Image wird nicht als eine täuschende Maskerade erfahren, sondern als das Ideal-Ich, das er werden möchte. Hinter diesem Macho-Image eines Mannes gibt es kein „Geheimnis", sondern nur eine normale schwache Person, die ihrem Ideal nie gerecht wird, während der „Trick" der weiblichen Maskerade darin besteht, sich als Maske zu präsentieren, hinter der sich das „Geheimnis der Weiblichkeit" verbirgt. Anders gesagt, im Gegensatz zum Mann, der versucht, seinem Bild gerecht zu werden, das heißt den Eindruck zu erwecken, daß er das wirklich ist, was er vorgibt zu sein, täuscht die Frau durch die Täuschung selbst, sie bietet die Maske *als Maske* an, als falsche Vorgabe, um die Suche nach dem Geheimnis hinter der Maske zu provozieren.

Diese Problematik der Weiblichkeit als Maskerade erlaubt es uns auch, einen anderen Zugang zu Lacans frühen Anstrengungen (vor allem in „Die Bedeutung des Phallus", Ende der 50er Jahre), die sexuelle Differenz innerhalb der phallischen Ökonomie und als Differenz zwischen „Haben" und „Sein" zu konzeptualisieren (der Mann *hat* den Phallus, die Frau *ist* der Phallus), zu finden. Der Vorwurf, der hier als erstes erhoben wird, richtet sich gegen das Vertrauen auf Freuds naiven anthropologischen Evolutionismus, dessen Prämisse annimmt, daß der primitive „Wilde" kein Unbewußtes *hat*, da er das Unbewußte (unser Unbewußtes oder das des zivilisierten Menschen) *ist*: Impliziert nicht dieser Versuch, die sexuelle Differenz durch die Opposition von „Haben" und „Sein" zu konzeptualisieren, die Unterordnung der Frau unter den Mann, das heißt den Begriff der Frau als niedere, weniger „reflektierte" und „unmittelbarere" Stufe, etwa im Sinne von Schellings Fortschrittsbegriff als Übergang vom „Sein" zum „Haben"? In Schellings Philosophie wird das, was zuvor ein Sein war, zum Prädikat eines höheren Seins, und das, was zuvor Subjekt war, zum Objekt eines höheren Subjekts. Ein Tier, zum Beispiel, ist unmittelbar sein eigenes Subjekt, es „ist" sein lebender Körper, während vom Menschen nicht gesagt werden kann, er „ist" sein Körper, sondern nur, daß er einen Körper „hat", wodurch dieser folglich zu seinem Prädikat degradiert wird. Bei näherem Hinsehen zeigt sich jedoch sofort, daß die Opposition, mit der wir es im Lacanschen Text zu tun haben, nicht die zwischen „Haben" und

„Sein" ist, sondern die zwischen *Haben* und *Schein*: Die Frau „ist" nicht der Phallus, sie „scheint" der Phallus zu sein, und dieser Schein (der natürlich identisch ist mit der Weiblichkeit als Maskerade) verweist auf eine Logik der Köderung und der Täuschung. Der Phallus kann seine Funktion nur als verschleierter Phallus erfüllen – wird er entschleiert, ist er nicht mehr Phallus; was die Maske der Weiblichkeit verbirgt, ist daher nicht eigentlich der Phallus, sondern die Tatsache, daß es hinter der Maske nichts gibt. Kurzum, der Phallus ist ein reiner Schein, ein Mysterium, das in der Maske als solcher liegt. In dieser Hinsicht konnte Lacan behaupten, daß die Frau für das geliebt werden will, *was sie nicht ist*, und nicht für das, was sie „wirklich ist": sie zeigt sich dem Mann nicht als solche, sondern in Gestalt einer Maske.[26] Oder, um es in hegelschen Termini zu sagen, der Phallus steht nicht für ein unmittelbares Sein, sondern für ein Sein, insofern es Sein-für-anderes, das heißt reiner Schein ist. In dieser Hinsicht „ist" der Freudsche Primitive nicht unmittelbar das Unbewußte, er ist nur *für uns*, für unseren äußeren Blick unbewußt. Das Schauspiel seines Unbewußten (die primitiven Leidenschaften und exotischen Rituale) ist die Maskerade, durch die er, analog zur weiblichen Maskerade, das Begehren des anderen (unser Begehren) fasziniert.

Die Klage des unglücklichen Millionärs aus einem Film von Chabrol („Ach, könnte ich doch eine Frau finden, die mich nur meiner Millionen wegen liebt und nicht wegen mir selbst!") ist daher deswegen so beunruhigend, weil sie von einem Mann geäußert wird, wo sie doch von einer Frau stammen sollte. Der Mann will für das geliebt werden, was er wirklich ist, weshalb das archetypische Szenario einer Probe der Liebe einer Frau im Märchenprinzen gefunden werden kann, der sich seiner Geliebten zunächst in Gestalt eines Knechts nähert, um sicherzugehen, daß die Frau sich wegen ihm selbst und nicht wegen seines Adelstitels verlieben wird. Dies ist aber genau das, was die Frau nicht will. Ist dies nicht eine Bestätigung, daß die Frau mehr Subjekt ist als der Mann? Ein Mann glaubt starrsinnig daran, daß es tief in seinem Inneren, jenseits seines symbolischen Titels, irgendeinen substantiellen Inhalt gibt, irgendeinen versteckten Schatz, dessen er wert ist, geliebt zu werden, während die Frau weiß, daß nichts jenseits der Maske ist – ihre Strategie ist es gerade, dieses „nichts" ihrer Freiheit vor dem Zugriff der besitzergreifenden Liebe des Mannes zu bewahren.

7

Das letztendliche Ergebnis unserer Lektüre Weiningers ist daher eine paradoxe, jedoch unvermeidliche Umkehrung des antifeministischen ideologischen Dispositivs, der von Weiniger selbst vertreten wird, und demzufolge die Frau völlig dem phallischen Genießen unterworfen ist, während der Mann Zugang zum desexualisierten Bereich der ethischen Ziele jenseits des Phallus hat: es ist der Mann, der völlig dem Phallus unterworfen ist (weil die Behauptung einer Ausnahme der Weg ist, die allgemeine Herrschaft des Phallus aufrechtzuerhalten), während die Frau durch die Inkonsistenz ihres Begehrens Zugang zum Bereich „jenseits des Phallus" hat. Nur die Frau hat Zugang zum anderen (nichtphallischen) Genießen.

Das traumatische Element, das anzuerkennen Weininger sich absolut weigerte, obwohl es aus seiner Arbeit folgte, war diese inhärente Umkehrung seiner „offiziellen" Position: die Frau, nicht der Mann, kann „jenseits des Phallus" gelangen. Weininger entschied sich eher für den Selbstmord, für dieses einzige Beispiel einer erfolgreichen Verdrängung, einer Verdrängung ohne Rückkehr des Verdrängten. Durch seinen Selbstmord bestätigte Weininger zwei Dinge: daß er es irgendwo „tief in ihm selbst", in seinem Unbewußten, wußte und gleichzeitig dieses Wissen für ihn unerträglich war. Die Wahl war für ihn weder „Leben oder Tod" noch „Geld oder Tod", sondern eher „Wissen oder Tod". Daß der Tod der einzig mögliche Ausweg war, um vor diesem Wissen zu fliehen, zeugt von der unzweifelhaften Authentizität seiner subjektiven Position. Aus diesem Grund ist Weininger noch immer lesenswert.

Zusatz: David Lynch oder die weibliche Depression

1

Die Vor-Raphaeliten gelten in der Kunstgeschichte als der paradoxe Grenzfall, in dem sich die Avantgarde mit dem *Kitsch* überlappt: So wurden sie zunächst als die Träger einer antitraditionalistischen Revolution des Malens wahrgenommen, die mit der gesamten Tradition von der Renaissance an brachen, nur um kurz darauf – mit dem Aufkommen des Impressionismus in Frankreich – als bloßer Inbegriff eines schwülen viktorianischen, pseudoromantischen *Kitschs* abgewertet zu werden. Diese Geringschätzung währte bis in die sechziger Jahren unseres Jahrhunderts, das heißt bis zur Heraufkunft der Postmoderne. Wie kam es, daß sie erst nachträglich, von einem postmodernen Paradigma aus, „lesbar" wurden? Der in dieser Hinsicht entscheidende Maler ist William Holman Hunt, der üblicherweise als derjenige unter den vor-raphaelitischen Autoren abgetan wurde, der sich als erster dem Establishment verkaufte und sich zum gut bezahlten Maler süßlicher religiöser Gemälde wandelte (*The Triumph of the Innocents* usw.). Ein genauerer Blick jedoch konfrontiert uns zweifellos mit einer unheimlichen, zutiefst irritierenden Dimension seines Werks – seine Bilder rufen zwangsläufig eine Art Beklommenheit hervor, ein unbestimmtes Gefühl, daß mit ihnen, trotz ihres idyllischen und höheren „offiziellen" Inhalts, irgend etwas nicht stimme. Nehmen wir zum Beispiel *The Hireling Shepherd*, eine scheinbar einfache ländliche Idylle, die einen Hirten zeigt, der gerade ein Mädchen vom Lande verführt und dabei seine Arbeit, die Betreuung seiner Herde, vernachlässigt (offenbar eine Allegorie für die Kirche, die sich nicht um ihre Schäflein kümmert). Je länger wir das Bild beobachten, desto mehr werden wir einer großen Anzahl von Details gewahr, die von Hunts intensiver Beziehung zum Genießen, zur Lebenssubstanz, das heißt von seiner Abscheu gegenüber der Sexualität, zeugen. Der Hirte ist muskulös, schwerfällig, ungehobelt und auf unverschämte Weise lüstern; der listige Blick des Mädchen deutet eine gerissene, vulgär manipulative Ausbeutung der eigenen sexuellen Anziehungskraft an; die allzu lebhaften roten und grünen Farben geben dem ganzen Gemälde einen abstoßenden Ton, als hätten wir es mit einer schwülstigen, überreifen und fauligen Natur zu tun. Dies ist ähnlich bei dem Bild *Isabella and the Pot of Basil*, auf dem eine Vielzahl von Details den „offiziellen" tragisch-religiösen Inhalt Lügen strafen (die schlangenförmigen Haare; die Totenschädel auf dem Rand der Vase usw.); die Sexualität, die das Bild ausstrahlt, ist schmierig, „schmutzig", durchzogen von der Verwesung des Todes ... und damit sind wir schon mitten im Universum Lynchs.

Das bedeutet, die gesamte „Ontologie" Lynchs beruht auf dem Auseinanderklaffen, auf dem Kontrast zwischen der aus sicherer Distanz beobachteten Realität und der absoluten Nähe des Realen. Seine elementare Vorgehensweise besteht in der Bewegung von der eröffnenden Totalen der Realität hin zu der irritierenden Nähe, die die abstoßende Substanz des Genießens, die wimmelnde und flimmernde Substanz des unzerstörbaren Lebens sichtbar werden läßt. Es mag genügen, an die eröffnende Sequenz von *Blue Velvet* zu erinnern: Nach den Einstellungen, die die idyllische amerikanische Kleinstadt und den Herzanfall des Vaters des Helden zeigen, der gerade dabei ist, den Rasen zu wässern (bei seinem Zusammenbruch erinnert der Wasserstahl auf unheimliche Weise an ein surrealistisches gewaltiges Urinieren), nähert sich die Kamera der Oberfläche des Grases und zeigt das ausbrechende Leben, das Krabbeln der Insekten und Käfer, ihr Zerren und Fressen am Gras ... Ganz am Anfang von *Twin Peaks: Fire Walk With Me* begegnen wir dem entgegengesetzten Vorgehen, das aber dieselbe Wirkung zeigt: Zunächst sehen wir abstrakte weiße protoplasmische Formen, die vor einem blauen Hintergrund schweben, eine Art elementarer Lebensform in ihrem ursprünglichen Flimmern; danach zieht sich die Kamera langsam zurück, und wir werden uns allmählich der Tatsache bewußt, daß das, was wir gesehen haben, eine extreme Nahaufnahme eines Fernsehbildschirms gewesen ist. – Dasselbe Verfahren hat Tim Burton im hervorragenden Vorspann von *Batman* eingesetzt: Die Kamera irrt an unbestimmbaren, sich windenden und unebenen metallischen Rillen entlang; nachdem sie sich allmählich zurückgezogen hat und eine „normale" Distanz zu ihrem Objekt gewinnt, wird deutlich, was dieses eigentlich ist: die winzige Plakette Batmans ... Hierin besteht das wesentliche Kennzeichen des postmodernen „Hyperrealismus": Gerade die übergroße Nähe zur Realität führt zum „Verlust der Realität"; unheimliche Details stechen hervor und zerstören den befriedenden Effekt des Gesamtbildes.

Das zweite Merkmal, das mit dem ersten eng verbunden ist, verrät sich bereits in der Bezeichnung „Vor-Raphaeliten": die wiederentstehende Bereitschaft, die Dinge so wiederzugeben, wie sie „wirklich sind", noch nicht von den Regeln des akademischen Malens verzerrt, wie es von Raphael zuerst eingeführt wurde. Doch die eigene Praxis der Vor-Raphaeliten straft diese naive Ideologie von der Rückkehr zur „naturalistischen" Art des Malens Lügen: Das erste, was bei ihren Gemälden ins Auge sticht, ist ein Charakteristikum, das uns, die den modernen perspektivischen Realismus gewohnt sind, notwendig als Zeichen der Unbeholfenheit erscheint: Die vor-raphaelitischen Gemälde sind auf irgendeine Weise flach, es fehlt ihnen an der „Tiefe", die von dem Raum herrührt, der sich an perspektivischen Linien entlang organisiert, die sich in einem unendlichen Punkt schneiden – es scheint, als sei gerade die „Realität", die sie abbilden, keine „wahre" Realität sondern vielmehr strukturiert wie ein Relief. (Ein weiterer Aspekt desselben Charakteristikums ist die „puppenhafte", mechanisch komponierte, Künstlichkeit, die den dargestellten Individuen anhaftet: Es mangelt ihnen auf irgendeine Weise an der abgründigen Tiefe der Persönlichkeit, die wir normalerweise mit dem Begriff des „Subjekts" verbinden.) Demnach muß man die Bezeichnung „Vor-Raphaelismus" buchstäblich nehmen: als ein Anzeichen der Verschiebung weg vom Perspektivismus der Renaissance hin zu einem „geschlossenen" mittelalterlichen Universum. In Lynchs Filmen findet diese „Flachheit" der abgebildeteten Realität, die für die Aufhebung der unendlichen perspektivischen Offenheit verantwortlich ist, ihre genaue Entsprechung bzw. ihr Gegenstück auf der Ebene des Tons. Kehren wir zur Eröffnungssequenz von *Blue Velvet* zurück: Ihr wesentliches Merkmal ist das unheimliche Geräusch, das entsteht, wenn wir uns dem Realen nähern. Der ontologische Status dieses Rauschens ist weit interessanter, als er erscheinen mag: es ist *konstitutiv für den Raum selbst*, das heißt es ist kein Geräusch „im" Raum, sondern eines, das den Raum als solchen offen hält. Deshalb erhielten wir, wären wir in der Lage, dieses Geräusch auszulöschen, nicht den „leeren Raum", der von ihm ausgefüllt gewesen wäre: Der Raum selbst, der Behälter für jede „innerweltliche" Wesenheit, würde verschwinden. Dieses Geräusch ist deshalb in einem gewissen Sinne der „Sound of Silence" (*Heidegger:* „Ge-Läut der Stille"). Wir begegnen demselben Rauschen in der Alptraum-Einstellung von *The*

Elephant Man: Es überschreitet die Grenze, die das Innen vom Außen trennt, das heißt die extreme Äußerlichkeit einer Maschine fällt hierbei zusammen mit der größten Intimität des Körperinneren, dem Rhythmus des Herzschlags. Ein weiteres Charakteristikum dieser Einstellung, das nicht übersehen werden sollte, ist, daß das Geräusch auftritt, nachdem die Kamera in das Loch in der Haube des Elefantenmannes, das den Blick repräsentiert, eingedrungen ist: Der Verkehrung der Realität zum Realen entspricht die Verwandlung des Sehens (des die Realität sehenden Subjekts) in den Blick, das heißt es erscheint, sobald wir in das „Schwarze Loch", den Riß im Gewebe der Realität, eindringen.

2

In diesem „Schwarzen Loch" begegnen wir nichts anderem als dem Körper, dem die Haut abgezogen wurde. Das heißt, Lynch verunsichert unser wesentlichstes phänomenologisches Verhältnis zum lebenden Körper, das auf der radikalen Trennung zwischen der Oberfläche der Haut und dem, was sich darunter befindet, beruht. Wir möchten an die Unheimlichkeit, ja an den Ekel erinnern, der uns befällt, wenn wir versuchen uns vorzustellen, was unter der Oberfläche eines wunderschönen nackten Körpers vor sich geht – Muskeln, Lymphdrüsen, Venen ... Kurzgefaßt: Unser Verhältnis zum Körper setzt den Ausschluß dessen, was sich unter der Oberfläche befindet, voraus; und dieser Ausschluß ist ein Effekt der symbolischen Ordnung, er kann nur erscheinen, sofern die körperliche Realität von der Sprache strukturiert wird. In der symbolischen Ordnung sind wir nicht wirklich nackt, auch wenn wir keine Kleider tragen, da die Haut selbst als „Kleid des Fleisches" dient. Eine Ausnahme stellt hier der nackte Körper von Isabella Rossellini gegen Ende von *Blue Velvet* dar: als sie nach dem erlittenen Alptraum das Haus verläßt und auf Jeffrey trifft, scheint es, als ob ein Körper, der einem anderen dunklen, nächtlichen, infernalen Reich angehört, sich urplötzlich in unserem „normalen", alltäglichen Universum wiederfindet, außerhalb seines eigenen Elements, wie eine gestrandete Krake oder irgendeine andere Kreatur aus der Tiefsee – ein verwundeter, entblößter Körper, dessen materielle Anwesenheit einen beinahe unerträglichen Druck auf uns ausübt. Die Oberfläche der Haut schließt also das Reale der Lebenssubstanz, ihr Pulsieren, aus: Eine der Definitionen für das lacansche Reale ist, daß es der gehäutete Körper, das Pulsieren des rohen roten Fleisches sei.

Wie aber irritiert Lynch unser elementarstes phänomenologisches Verhältnis zur Körperoberfläche? Mit Hilfe der *Stimme*, eines Wortes, das „tötet", das ätzt und das durch die Hautoberfläche hindurchbricht und direkt ins rohe Fleisch schneidet – kurzgefaßt: mit Hilfe eines Wortes, dessen Status der des *Realen* ist. Am ausdrücklichsten zeigt sich dieser Zug in Lynchs Version von Herberts *Dune*. Es mag genügen, an die Mitglieder der Raumgilde zu erinnern, die sich aufgrund ihres übermäßigen Genusses von „Spice", einer geheimnisvollen Droge, um die sich die Geschichte dreht, in entstellte Wesen mit riesigen Köpfen, in wurmartige Geschöpfe aus hautlosem rohen Fleisch, verwandelt haben, in die unzerstörbare Substanz des Lebens, die reine Verkörperung des Genießens. Ein weiteres Beispiel für eine ähnliche Entstellung ist das korrupte Königreich des bösartigen Barons Harkonnen: eine Vielzahl von Gesichtern, deren Oberfläche auf unheimliche Weise entstellt ist – zugenähte Augen und Ohren usw. –; das Gesicht des Barons selbst, übersät mit abstoßenden Auswüchsen, „Sprossen des Genießens", durch die das Innere des Körpers an die Oberfläche hindurchbricht. Auch die einzigartige Szene, in der der Baron einen jungen Knaben in doppeldeutig oral-homoerotischer Weise angreift, spielt auf die Zweideutigkeit des Verhältnisses von Innen und Oberfläche an – der Baron greift ihn an, indem er ihm den Herzkorken herauszieht, so daß das Blut herauszuspritzen beginnt. Wir begegnen hier einer für Lynch typischen Vorstellung aus dem Kinder-Phantasma vom menschlichen Körper als einem Ballon, einer Form aus aufgeblasener Haut ohne eine Substanz dahinter...

Die Schädel der Diener der Raumgilde beginnen zu zerspringen, wenn ihnen das Spice knapp wird – ein weiteres Beispiel für eine entstellte, brüchige Oberfläche. Entscheidend ist hierbei die Wechselbeziehung zwischen den Rissen im Schädel und der verzerrten *Stimme*: Der Gilde-Diener gibt eigentlich nur unverständliches Geflüster von sich, das sich erst dann in artikulierte Rede verwandelt, wenn es durch das Mikrophon – oder, mit Lacan gesprochen, durch das Medium des Großen Anderen – hindurchgegangen ist. Dieser Aufschub, das heißt die Tatsache, daß die Geräusche, die wir hervorbringen, nicht unmittelbar, sondern erst durch die Intervention der äußerlichen, maschinenhaften symbolischen Ordnung, Sprache sind, liegt normalerweise im Verborgenen – er wird erst sichtbar, wenn das

Verhältnis zwischen Oberfläche und dem, was sich dahinter befindet, unterbrochen wird. Auch in *Twin Peaks* spricht der Zwerg in der Roten Loge ein unverständliches, verzerrtes Englisch, das nur mit Hilfe der Untertitel verstehbar wird, die hierbei die Rolle des Mikrophons, das heißt des Mediums des Großen Anderen spielen. Wir treffen hier auf die verborgene Verkehrung von Derridas Kritik am Logozentrismus, bei dem die Stimme als das Medium illusionärer Selbst-Transparenz und Selbstgegenwart fungiert: die obszöne, grausame, über-ich-artige, unverständliche, undurchdringliche und traumatische Dimension der Stimme, die ein Art fremder Körper ist, der unser Leben aus dem Gleichgewicht bringt. (Bereits Chaplins *Great Dictator* [*Der große Diktator*] zeugte von einer gleichartigen Störung des Verhältnisses von Stimme und geschriebenem Wort: Das gesprochene Wort [die Reden des Diktators Hynkel] ist obszön, unverständlich und mit dem geschriebenen absolut nicht zu vergleichen.)

Das Verhältnis zur Oberfläche ist auch im Falle von Pauls – des Helden – mystischer Erfahrung beim Trinken vom „Wasser des Lebens" gestört (Mystik bedeutet natürlich die Begegnung mit dem Realen). Auch hier versucht das Innere durch die Oberfläche auszutreten – Blut tropft nicht nur aus Pauls Augen, sondern auch aus dem Mund seiner Mutter und seiner Schwester, die seiner Qualen durch unmittelbare, nicht-symbolische Einfühlung gewahr werden. Schließlich gibt es da noch die Stimme von Paul Artreid selbst mit einer unmittelbar physikalischen Wirkmächtigkeit (indem er die Stimme erhebt, versetzt er sich in die Lage, nicht nur seinen Widersacher kampfunfähig zu machen, sondern auch den härtesten Fels aufzublähen). Am Ende des Films erhebt Paul die Stimme und schreit die alte Priesterin an, die versucht hatte, direkt in seinen Geist einzudringen – wie Paul selbst sagt, kann sein Wort töten, das heißt sein Sprechen ist nicht nur ein symbolischer Akt, sondern fähig, direkt in das Reale zu schneiden. Das Auseinanderfallen des „normalen" Verhältnisses zwischen Körperoberfläche und dem, was dahinter liegt, entspricht exakt dieser Veränderung im Status des Sprechens, dem Erscheinen eines Wortes, das unmittelbar auf der Ebene des Realen wirkt.

3

In dieser letzten Szene gibt es noch eine weitere entscheidende Eigenart: nämlich wie die Priesterin auf Pauls Wort reagiert: auf übertriebene, beinahe theatralische Weise, so daß nicht klar ist, ob sie auf sein eigentliches Wort reagiert oder auf die verzerrte, überzogene Art, wie sie es wahrgenommen hat. Kurzgefaßt: Das „normale" Verhältnis zwischen Ursache (Pauls Wort) und Wirkung (die Reaktion der Frau darauf) ist gestört, es scheint, als gebe es eine Kluft, die sie voneinander trennt, als passe oder entspreche die Wirkung niemals (zu) ihrer angeblichen Ursache. Die übliche Weise, diese Kluft zu interpretieren, wäre, sie als Anzeichen einer Hysterie der Frau zu begreifen: Frauen sind nicht in der Lage, äußere Ursachen klar wahrzunehmen, sondern sie projizieren immer ihre verzerrten Sichtweisen in sie hinein... Doch Michael Chion macht in seinem Buch über David Lynch[1] einen genialen Schachzug, indem er eine eine völlig andere Lesart dieser Störung vorschlägt. Man ist versucht, seine eher unsystematische Vorgehensweise, die überall in seinem Buch über Lynch verstreut ist, „in Ordnung zu bringen", indem man sie in drei aufeinanderfolgende Schritte aufteilt:

– Chions Ausgangspunkt ist die Kluft, die Diskrepanz, *decalage*, zwischen Aktion und Reaktion, die bei Lynch immer zu finden ist: Wenn ein Subjekt – in der Regel ein Mann – eine Frau anspricht oder auf eine andere Weise „elektro-schockiert", ist ihre Reaktion immer irgendwie unvereinbar mit dem „Anstoß", den sie empfangen hat. Was bei dieser Unvereinbarkeit auf dem Spiel steht, ist eine Art Kurzschluß zwischen Ursache und Wirkung: Ihr Verhältnis ist niemals „rein" oder linear, wir können niemals sicher sein, bis zu welchem Ausmaß sich die Wirkung ihre Ursache nicht selbst nachträglich „eingefärbt" hat. Die Unvereinbarkeit zwischen Ursache und Wirkung ergibt sich somit aus der anamorphotischen Perspektive des Subjekts, das die „reale" Wirkursache entstellt, so daß seine Handlung (seine Reaktion auf diese Ursache) niemals eine unmittelbare Wirkung der Ursache, sondern vielmehr die Folge seiner verzerrten Wahrnehmung dieser Ursache ist.

– Chions nächster Schritt besteht aus einer „verrückten" Geste, die der kühnsten Freudschen Interpretation würdig ist: Er wagt die Hypothese, daß die fundamentale Matrix, der beispielhafte Fall für diese Diskrepanz von Aktion und Reaktion, das sexuelle (Nicht-)Verhältnis zwischen Mann und Frau ist. Im sexuellen Akt tun Männer „den Frauen einiges an", und die Frage, die hierbei gestellt werden muß, ist: *Ist das Genießen der Frau auf eine Wirkung reduzierbar, ist sie eine einfache Folge dessen, was die Männer ihr antun?* Aus den guten alten Zeiten Marxscher Hegemonie mag sich manch einer vielleicht noch an die vulgär-materialistischen, „reduktionistischen" Versuche erinnern, die Entstehung des Begriffs der Kausalität aus der menschlichen Praxis, aus dem aktiven Verhältnis des Menschen zu seiner Umgebung zu erklären: Wir gelangen zum Begriff der Kausalität, indem wir die Erfahrung verallgemeinern, daß sich immer, wenn wir eine bestimmte Geste vollziehen, in der Realität dieselbe Wirkung zeigt... Chion schlägt einen noch radikaleren „Reduktionismus" vor: Die elementare Matrix des Verhältnisses von Ursache und Wirkung wird vom sexuellen Verhältnis bereitgestellt: Die irreduzible Kluft, die die Wirkung von ihrer Ursache trennt, läuft letzten Endes darauf hinaus, daß *„nicht alles* des weiblichen Genießens eine Wirkung der männlichen Ursache ist". Dieses „nicht-alles" muß exakt im Sinne der Lacanschen Logik des „nicht-alles /*pas-tout*/" begriffen werden: Es bedeutet keinesfalls, daß ein Teil des weiblichen Genießens *nicht* die Wirkung dessen ist, was die Männer ihr antun. „Nicht-alles" bezeichnet mit anderen Worten Inkonsequenz und nicht Unvollständigkeit: In der Reaktion der Frau gibt es immer etwas Unvorhergesehenes; die Frau reagiert niemals auf die erwartete Weise – urplötzlich reagiert sie auf etwas, das sie bis dahin unfehlbar erregt hat, nicht mehr, sie wird aber von etwas erregt, das der Mann flüchtig und unabsichtlich getan hat... Die Frau ist der kausalen Verbindung nicht vollkommen unterworfen, mit ihr bricht die lineare Ordnung der Kausalität zusammen – oder, um Nicolas Cage zu zitieren, der, als er in Lynchs *Wild at Heart* von einer unerwarteten Reaktion Laura Derns überrascht wird, sagt: „Wie Dein Gehirn funktioniert, ist Gottes Privatgeheimnis."

Da diese Kluft, die die Wirkung von ihrer Ursache trennt, keine positive Eigenschaft einer Frau ist, überrascht sie nicht nur Männer. Sie verblüfft auch die Frau selbst *als* psychologische „Person", wie in einer Szene von *Blue Velvet*, die sich unmittelbar vor der infamen sadomasochistischen Begegnung ereignet: Isabella Rossellini bedroht Kyle MacLachlan zuerst mit einem großen Küchenmesser und fordert ihn auf, sich auszuziehen – und wundert sich dann über seine seltsame Reaktion. Die Wirkung wird hierbei in ihre Ursache zurückgespiegelt, so daß auf eine gewisse Weise *die Ursache selbst von ihrer eigenen Wirkung durcheinandergebracht wird*. Das bedeutet natürlich, daß diese Ursache (die Frau) in sich selbst dezentriert sein muß – die wahre Ursache ist „etwas in der Ursache, das mehr ist als die Ursache selbst". Und zeigt diese Umdrehung nicht, daß auf fundamentalerer Ebene die Frau die reale Ursache ist, die auf der Ebene der symbolischen Verkettung von Ursachen und Wirkungen als passives Objekt der Aktivität des Mannes erscheint? Vielleicht stellt diese Verwirrung der Ursache mit ihrer eigenen Wirkung den Schlüssel für die hegelsche Kategorie der „*Wechselwirkung*" dar: Weit entfernt davon, ein symmetrisches Zusammenspiel von Ursache und Wirkung zu umschließen, deutet die Rückwirkung der Wirkung auf die Ursache auf die innere Dezentrierung der Ursache selbst.

– Der letzte Schritt ist in sich ein doppelter: eine weitere Spezifizierung, Verengung, gefolgt von einer Verallgemeinerung. *Warum* ist es gerade die Frau, die mit Hilfe ihrer unvereinbaren Reaktion auf den Anstoß des Mannes die kausale Kette auseinandersprengt? Das besondere Merkmal, das auf ein Glied der kausalen Kette rückführbar zu sein scheint, diese aber eigentlich unterbricht und die kausale Verbindung umdreht, ist die *weibliche Depression*, die selbstmörderische Neigung der Frau, in eine permanente Lethargie abzugleiten: Der Mann „bombardiert" die Frau mit „Schocks", um sie aus dieser Depression zu befreien. Im Zentrum von *Blue Velvet* (und von Lynchs gesamtem Werk) steht das Geheimnis der Depression der Frau. Daß die schicksalhafte Dorothy (Isabella Rossellini) deprimiert ist, braucht nicht eigens betont zu werden, da die Gründe hierfür offensichtlich scheinen: Ihr Kind und ihr Mann wurden vom grausamen Frank (Dennis Hopper) gekidnappt, der ihrem Ehemann sogar das Ohr abgeschnitten hat. Er erpreßt nun Dorothy, indem er sexuelle Dienste von ihr als Preis dafür fordert, daß er Mann und Kind am Leben läßt. Die kausale Verbindung erscheint somit klar und unzweideutig: Frank ist die Ursache aller Probleme, er brach in die glückliche Familie ein und rief das Trauma hervor; das masochistische Genießen von Dorothy ist eine einfache Nachwirkung dieses ursprünglichen Schocks – das Opfer ist von der sadistischen Gewalt, der es unterworfen ist, so verwirrt und aus der Bahn geworfen worden, daß es sich „mit dem Aggressor identifiziert" und beginnt, sein Spiel nachzuahmen... Die detaillierte Analyse der berühmtesten

Szene aus *Blue Velvet* – des sadomasochistischen sexuellen Spiels zwischen Dorothy und Frank, das von dem im Wandschrank versteckten Jeffrey (Kyle MacLachlan) beobachtet wird –, zwingt uns jedoch, die gesamte Perspektive umzukehren. Die entscheidende Frage, die es hier zu stellen gilt, ist: *Für wen* wird diese Szene gespielt?

4

Die erste Antwort scheint offensichtlich: für Jeffrey. Ist gerade diese Szene nicht ein exemplarischer Fall für die Beobachtung des elterlichen Koitus durch das Kind? Wird Jeffrey nicht auf den reinen Blick reduziert, der anwesend ist beim Akt seiner eigenen Zeugung (die elementare Matrix des Phantasmas)? Diese Deutung kann von zwei seltsamen Eigenheiten dessen, was Jeffrey sieht, gestützt werden: Dorothy stopft blauen Samt in Franks Mund; Frank zieht sich eine Sauerstoffmaske auf den Mund und atmet schwer. Sind nicht beides visuelle Halluzinationen, die auf dem beruhen, was das Kind hört? Beim Belauschen des elterlichen Koitus hört das Kind dumpfes Reden und schweres, keuchendes Atmen, so daß es sich vorstellt, der Vater müsse etwas im Mund haben (vielleicht ein Stück vom Laken, da er im Bett liegt) oder unter einer Maske atmen...

Was diese Interpretation jedoch außer Betracht läßt, ist die wesentliche Tatsache, daß das sadomasochistische Spiel von Dorothy und Frank total in Szene gesetzt, theatralisch ist: Beide, nicht nur Dorothy, die weiß, daß Jeffrey sie beobachtet, da sie ihn in den Wandschrank gesperrt hat, treiben – ja übertreiben – es, als wüßten sie, daß sie beobachtet werden. Jeffrey ist kein unbeobachteter zufälliger Zeuge eines geheimen Rituals: Von Anfang an wird dieses Ritual für seinen Blick inszeniert. So gesehen scheint der eigentliche Organisator des Spiel eher Frank zu sein. Seine lauten, theatralischen Manieren, die ans Komische grenzen und an das Film-Image eines Dörflers erinnern, zeugen sie nicht von der Tatsache, daß er verzweifelt versucht, den dritten Blick zu faszinieren und zu beeindrucken? Um was zu beweisen? Den Schlüssel liefert vielleicht Franks besessenes Wiederholen der Aufforderung an Dorothy: „Schau mich nicht an!" – Warum nicht? Es gibt nur eine mögliche Antwort: *Weil es nichts zu sehen gibt*, das heißt weil es keine Erektion gibt, da Frank impotent ist. So gesehen bekommt die Szene eine vollkommen andere Bedeutung: Frank und Dorothy täuschen einen wilden sexuellen Akt vor, um seine – des Vaters – Impotenz vor dem Kind zu verbergen; alles Schreien und Fluchen von Frank, seine komisch-spektakuläre Nachahmung koitaler Gesten, dienen der Maskierung des Gegenteils. In traditionellen Begriffen ausgedrückt, verschiebt sich der Akzent vom Voyeurismus zum Exhibitionismus: Jeffrey, sein Blick, ist nichts als ein Element im exhibitionistischen Szenario, das heißt statt eines Sohnes, der Zeuge des elterlichen Koitus wird, haben wir hier den verzweifelten Versuch des Vaters, den Sohn von seiner Potenz zu überzeugen.

Es gibt jedoch noch eine dritte mögliche Lesart, die sich auf Dorothy konzentriert. Was wir hiermit meinen, sind natürlich nicht die antifeministischen Gemeinplätze vom weiblichen Masochismus – Frauen, die es heimlich genießen, wenn sie brutal mißhandelt werden usw. Unsere Pointe ist vielmehr folgende: Was wäre, wenn – dabei bedenkend, daß mit der Frau die lineare kausale Verbindung ausgesetzt, ja umgedreht wird – *die Depression die ursprüngliche Tatsache wäre* und alle folgenden Aktivitäten – z. B. der Terror Franks gegen Dorothy –, weit entfernt davon, ihre Ursache zu sein, vielmehr der verzweifelte „therapeutische" Versuch sind, die Frau vor dem Abgleiten in den Abgrund der absoluten Depression zu bewahren, eine Art „Elektroschock"-Therapie, die sich bemüht, ihre Aufmerksamkeit zu erregen? – Eine der schmerzhaftesten und beunruhigendsten Szenen aus David Lynchs *Wild at Heart* zeigt auch eine solche grausame Therapie. In einem einsamen Motelzimmer übt Willem Dafoe gewaltigen Druck auf Laura Dern aus: Er faßt sie an und drückt sie, dringt in den Bereich ihrer Intimität ein und wiederholt drohend die Worte: „Sag: Fick mich!", das heißt er presst ein Wort von ihr ab, das ihre Zustimmung zu einem sexuellen Akt signalisieren würde. Die häßliche und unerfreuliche Szene zieht sich hin, und als die erschöpfte Laura endlich ein kaum hörbares „Fick mich!" hervorbringt, geht Dafoe abrupt einen Schritt zurück, setzt ein nettes und freundliches Lächeln auf und antwortet vergnügt: „Nein Danke, ich habe heute keine Zeit, aber zu einer anderen Gelegenheit würde ich es gerne tun . . ." – Er hat erreicht, was er eigentlich wollte: Nicht den Akt selbst, sondern nur, daß sie ihm zustimmt, ihre symbolische Erniedrigung, ihre Wiedereinfügung in die kausale Verbindung.

Die Rohheit von Franks „Behandlung" (das Kidnappen von Mann und Sohn, das Abschneiden des Ohrs des Ehemannes, die geforderte Teilnahme am sadistischen sexuellen Spiel) entspricht einfach der Tiefe ihrer Depression: nur solche rohen Schocks können sie aktiv halten. In diesem Sinne kann man behaupten, Lynch sei ein wahrer Anti-Weininger: Wenn in Otto Weiningers *Geschlecht und Charakter*, dem Paradigma des modernen Antifeminismus, die Frau sich selbst dem Mann aufdrängt, versucht, seinen Blick anzuziehen, zu faszinieren, und ihn somit nach unten, aus geistigen Höhen in die Niederungen der sexuellen Ausschweifung zu ziehen – wenn für Weiniger die „ursprüngliche Tatsache" also die Spiritualität des Mannes ist, während seine Faszination für eine Frau aus dem Fall resultiert –, so ist mit Lynch die „ursprüngliche Tatsache" die Depression der Frau, ihr Abgleiten in den Abgrund der Selbstvernichtung, absoluter Lethargie, während es im Gegenteil der Mann ist, der sich der Frau als Objekt ihres Blickes aufdrängt. Der Mann „bombardiert" sie mit Schocks, um ihre Aufmerksamkeit zu erregen und sie dabei aus ihrer Betäubung zu holen – kurzgefaßt: um sie wieder einzuschließen, wieder einzubinden in die „eigentliche" Kausalitäts-Ordnung. Die Tradition einer solchen starren, lethargischen Frau, die vom Rufen eines Mannes aus ihrer Betäubung erweckt wurde, war im 19. Jahrhundert sehr lebendig: Es mag genügen, an Kundry aus Wagners *Parsifal* zu erinnern, die zu Beginn des zweiten und des dritten Aktes aus einem katatonischen Schlaf geweckt wird (erst durch Klingsors unhöfliche Aufforderung, dann durch Gurnemanz' freundliche Fürsorge), oder – aus dem „realen" Leben – an die einzigartige Figur der Jane Morris, Frau von William Morris und Mätresse von Dante Gabriel Rosetti. Das berühmte Foto von Jane von 1865 zeigt eine depressive Frau, tief in Gedanken versunken, die den Anstoß durch einen Mann zu erwarten scheint, der sie aus ihrer Lethargie befreit: Dieses Foto bietet vielleicht die größte Annäherung an das, was Wagner vorschwebte, als er die Figur der Kundry schuf.

Was von entscheidender Bedeutung ist, ist die universale formale Struktur, die hier wirkt: Das „normale" Verhältnis von Ursache und Wirkung wird umgedreht, die „Wirkung" ist die ursprüngliche Tatsache; sie kommt zuerst, und was als ihre Ursache erscheint – die Schocks, die angeblich die Depression in Gang gesetzt haben – ist eigentlich eine Reaktion auf diese Wirkung, ein Kampf gegen die Depression. Die Logik ist hierbei wieder eine des „nicht-alles": „Nicht-alles" der Depression resultiert aus den Ursachen, die sie auslösen, doch es gibt zugleich nichts, kein Element der Depression, das nicht von irgend einem äußeren Grund ausgelöst wurde. Mit anderen Worten: Alles an der Depression ist Wirkung – alles außer der Depression als solcher, außer der *Form* der Depression. Der Status der

Depression ist somit streng „transzendental": Sie bildet den Rahmen *a priori*, in dem die Ursachen so wirken können, wie sie es tun.

Es mag so erscheinen, als hätten wir hiermit einfach das allgemeinste Vorurteil über die weibliche Depression wiedergegeben, das heißt die Vorstellung von einer Frau, die nur von den Reizen des Mannes erweckt werden kann. Doch es gibt noch eine andere Art, dies zu betrachten: Besteht die elementare Struktur der Subjektivität nicht darin, daß nicht-alles des Subjekts von der kausalen Kette bestimmt wird, das heißt „ist" das Subjekt nicht gerade die Kluft, die die Ursache von der Wirkung trennt, entsteht es nicht gerade, wo das Verhältnis von Ursache und Wirkung „unerklärlich" wird. Mit anderen Worten: Was wäre die weibliche Depression, die die kausale Verbindung, die kausale Verkettung unserer Handlungen mit äußeren Reizen, aussetzt, wenn nicht die begründende Geste der Subjektivität, der ursprüngliche Akt der Freiheit, das Aufbrechen unseres Eingefügtseins in die Verbindung von Ursachen und Wirkungen? Der philosophische Name für diese „Depression" ist absolute Negativität, das heißt was Hegel „die Nacht der Welt" nannte, der Rückzug des Subjekts in sich selbst. Kurzgefaßt: Die Frau, nicht der Mann, ist das Subjekt *per excellence*. Und die Verbindung zwischen dieser Depression und dem Aufbrechen der unzerstörbaren Lebenssubstanz ist ebenso deutlich: Die Depression, der Rückzug-in-sich-selbst ist der ursprüngliche Akt des Zurückweichens, der Gewinnung von Distanz gegenüber der unzerstörbaren Lebenssubstanz, der sie als eine repulsive Szintillation erscheinen läßt.

Die Stimme in der Geschlechterdifferenz

1

Wie kann man mit den Augen hören und mit den Ohren sehen? Die erste Assoziation, die dieses Paradoxon hervorruft, ist freilich der *Tonfilm*: das, was wir hören und das, was wir auf Leinwand und Bildschirm sehen, ist keineswegs in einer prästabilierten Harmonie synchronisiert – ihr Verhältnis ist mittels eines spezifischen, historisch variablen „audiovisuellen Vertrags" ausgehandelt. Dieser Vertrag regelt die Modalitäten und das Ausmaß, in dem unsere visuelle Wahrnehmung von der Tonspur (über)determiniert ist und, umgekehrt, in dem das, was wir hören, von unserer visuellen Wahrnehmung (über)determiniert ist. Der elementarste Fall davon sind Karatefilme: der begleitende Ton läßt uns die eher stilisierten körperlichen Gesten als brutale Schläge wahrnehmen, und umgekehrt läßt uns das Bild das andernfalls nicht erkennbare Schreien und Krachen als die stimmliche Wucht eines Schlags ausmachen. Dasselbe gilt für die Musik, die unsere Wahrnehmung strukturiert, besonders, wenn sie in völlig überflüssiger Weise lediglich den Körperbewegungen zu folgen und sie zu imitieren scheint (das sogenannte *Mickeymousing*, da dieses Verfahren am häufigsten in Zeichentrickfilmen verwendet wird).

Die Theoretiker der kontrapunktischen Beziehung zwischen Bild und Musik (Eisenstein usw.) haben etwas in Betracht zu ziehen versäumt: die hegelsche Lektion über die Tautologie als dem höchsten Widerspruch – das Original wird, was es ist, durch rein tautologische Wiederholung. Diese Tautologie jedoch verbirgt, wie jede Tautologie, eine radikale Spaltung: die Notwendigkeit des audiovisuellen Vertrags zeugt von der Tatsache, daß ein Körper nicht im Besitz seines „natürlichen" Klangs oder seiner „natürlichen" Stimme ist, daß eine ursprüngliche Kluft den Körper von „seiner" Stimme trennt. Diese Kluft wurde in dem Moment spürbar, in dem das Kino „zu sprechen" begann. Das heißt: Was hat das Hinzufügen der Tonspur zum Stummfilm bewirkt? Das genaue Gegenteil der erwarteten „Naturalisierung", das heißt einer „realistischeren" Nachahmung des Lebens. Von Anfang an griff eine unheimliche „Autonomisierung" der Stimme um sich, die Michel Chion *acousmatisation*[1] getauft hat: das Auftauchen einer Stimme, die weder an ein Objekt (eine Person) in einer diegetischen Realität gebunden, noch einfach die Stimme eines externen Kommentators ist, sondern eine gespenstische Stimme ist, die in einem mysteriösen Zwischenbereich frei flottiert und dabei die erschreckende Dimension der Allgegenwart und Allmacht annimmt, der Stimme eines unsichtbaren Herren – von Fritz Langs *Testament des Dr. Mabuse* hin zur „Stimme der Mutter" in Hitchcocks *Psycho*. Diese „Stimme der Mutter" schneidet buchstäblich ein Loch in die visuelle Realität: das Leinwand-Bild wird zu einer trügerischen Oberfläche, zu einem insgeheim von der körperlosen Stimme eines unsichtbaren/abwesenden Herren dominierten Köder. Diese Stimme kann an keinerlei Objekt der diegetischen Realität festgemacht werden – als ob das wahre Subjekt des Aussagens der Stimme von Normans Mutter der Tod selbst wäre, das heißt der Schädel, den wir für einen kurzen Moment beim Abbinden von Normans Gesicht sehen... Wir haben deshalb auf die verbreitete Vorstellung von einer ursprünglich voll konstituierten Realität, in der Anblick und Ton sich einander harmonisch ergänzen, zu verzichten: sobald wir in die symbolische Ordnung eintreten, trennt ein unüberbrückbarer Spalt den Körper des Menschen auf immer von „seiner" Stimme. Die Stimme erwirbt eine gespenstische Autonomie, sie gehört nie richtig zu dem Körper, den wir sehen, sodaß selbst wenn wir eine lebende Person reden sehen, immer ein Mindestmaß von Bauchrednerei am Werk ist. Wir sind so hinsichtlich der Beziehung von Stimme und Bild zu folgender Formel gelangt: die Stimme bleibt nicht einfach auf einer anderen Ebene in Bezug auf das, was wir sehen; vielmehr weist sie auf eine Kluft im Feld des Sichtbaren hin, auf die Dimension dessen, was unserem Blick entgeht. Anders gesagt: Ihre Beziehung ist durch eine Unmöglichkeit vermittelt. Letztlich *hören wir Dinge, weil wir nicht alles sehen können*. Man denke bloß an einen Horror-Film wie *Alien*, wo wir (das Monster) „mit unseren *Ohren* sehen" – unser Sehen ist unaufhebbar durch Klangeffekte vermittelt.

2

Wie sollen wir uns den Status dieser unheimlichen Stimme fassen, die sich von ihrem Körper zu lösen und seine Kluft auszufüllen vermag? In seiner „Dekonstruktion" des westlichen Logo-Phono-Zentrismus brachte Jacques Derrida die Ansicht vor, daß die „Metaphysik der Präsenz" letztlich auf der Illusion des „Sich-Sprechen-Hörens /s'entendre-parler/" gründet, auf der illusionären Erfahrung der Stimme als dem transparenten Medium, das die unmittelbare Selbstvergegenwärtigung des Sprechers ermöglicht und garantiert. In seiner psychoanalytischen Theorie von der Stimme als Partialobjekt (vergleichbar mit anderen solchen Objekten: Brüsten, Kothaufen...) ergänzt Lacan Derrida mit der entgegengesetzten Operation: Ist Stimme nicht gleichzeitig das, was die Selbstvergegenwärtigung und Selbst-Transparenz des Subjekts am radikalsten untergräbt? Ich höre mich sprechen, doch ist das, was ich höre, nie völlig ich selbst, sondern ein Parasit, ein Fremdkörper inmitten meiner selbst. Dieser Fremde nimmt positive Existenz in verschiedenen Gestalten an: von der Stimme des Gewissens und der undurchdringlichen Stimme des Hypnotiseurs bis hin zum Verfolger in der Paranoia.[2]

Will man diesen unheimlichen Status der Stimme manifest werden lassen, genügt ein kursorischer Blick auf die Musikgeschichte – sie liest sich wie eine Art Gegengeschichte zur Derridaschen Geschichte der westlichen Metaphysik als Herrschaft der Stimme über die Schrift/das Schreiben/. Wir begegnen dabei immer wieder einer Stimme, die die etablierte Ordnung bedroht und die deswegen unter Kontrolle gebracht, der rationalen Artikulation des gesprochenen Wortes untergeordnet, in Schrift fixiert werden muß. Um die hier lauernde Gefahr zu benennen, prägte Lacan den Neologismus *jouis-sense*, Sinn-Genießen – der Moment, in dem die singende Stimme „Amok läuft", sich von ihrer Verankerung im Sinn löst und in ein verzehrendes Genießen ihrer selbst mündet. Die zwei exemplarischen Fälle dieses Verschwindens des Sinns im verzehrenden Genießen ihrer selbst sind natürlich der Höhepunkt der (weiblichen) Opernarie und die mystische Erfahrung. Die Bemühungen, diesen Exzeß zu beherrschen und zu regulieren, reichen vom alten China, wo der Kaiser selbst die Musik durch Gesetze regelte, bis hin zur Furcht vor Elvis Presley, die die konservative moralische Mehrheit in den USA mit den kommunistischen Hard-Linern in der Sowjetunion vereinte. In seinem *Staat* toleriert Plato Musik nur insofern, als sie streng der Ordnung des Wortes untergeordnet ist. Musik siedelt genau an der Kreuzung von Natur und Kultur, sie ergreift uns gleichsam „im Realen", viel direkter als der Sinn von Worten; deshalb kann sie als mächtigste Waffe von Erziehung und Disziplin dienen, doch kann sie, sobald sie ihren Halt verliert, in die Fänge des selbstangetriebenen *circulus vitiosus* des Genießens geraten und die Grundlagen nicht nur des Staats, sondern der gesellschaftlichen Ordnung als solche untergraben. Im Mittelalter sah sich die kirchliche Macht demselben Dilemma gegenüber: es ist erstaunlich zu beobachten, wieviel Energie und Sorge die höchste kirchliche Autorität (Päpste) auf die scheinbar unbedeutende Frage der Reglementierung der Musik verwendete (das Problem der Polyphonie, das „Tritonshorn des Teufels" usw.). Die Gestalt, die die zwiespältige Einstellung der Macht gegen den Exzeß der Stimme personifiziert, ist natürlich Hildegard von Bingen, die das mystische Genießen in die Musik brachte und die aus diesem Grunde stets kurz vor der Exkommunikation stand, obwohl sie auf höchster Ebene in die Machthierarchie eingebunden war, den Kaiser beriet usw. Dieselbe Matrix ist in der Französischen Revolution am Werke, deren Ideologie bestrebt war, die „normale" Geschlechterdifferenz unter die Herrschaft des männlichen gesprochenen Worts zu stellen – im Gegensatz zum dekadenten aristokratischen Vergnügen, Kastratenstimmen zu lauschen. Eine der letzten Episoden dieses immerwährenden Kampfes ist die berüchtigte sowjetische, von Stalin selbst angezettelte Kampagne gegen Schostakowitschs *Katerina Ismajlowa*: eigenartigerweise lautete einer der Hauptvorwürfe, die Oper sei eine Menge unartikulierter Schreie... Das Problem ist also immer dasselbe: wie halten wir die Stimme davon ab, in ein verzehrendes Genießen ihrer selbst zu gleiten, das das verläßliche männliche Wort „verweiblicht".[3] Die Stimme fungiert hier als „Supplement" im Derridaschen Sinn: man ist bestrebt, sie einzuschränken, zu regulieren, sie dem artikulierten Wort unterzuordnen, doch kann man nicht insgesamt darauf verzichten, da eine gewisse Dosis davon für die Machtausübung lebenswichtig ist (es genügt, an die Rolle der patriotischen Militärlieder für die totalitäre Hegemonie zu erinnern).

Der sexuelle Status dieser sich selbst genießenden Stimme ist hochinteressant: es ist, als ob in ihr die Gegensätze zusammenfielen. Einerseits wird der Exzeß, die „Mehr-Lust", die zu dieser Stimme gehört, als entschieden weiblich erfahren – es ist eine Stimme, die par excellence *verführt* (in einer verzehrenden Koloratur beispielsweise); als solche steht sie für die Vergöttlichung der Frau (Diva); andererseits ist sie asexuell, die Stimme eines Engels, der in der Gestalt des singenden Kastraten personifiziert ist. Sie kennzeichnet somit das paradoxe Sich-Überlappen von höchst leidenschaftlicher Sinnlichkeit und asexueller Reinheit.

Diese kurze Beschreibung kann jedoch zu dem falschen Eindruck verleiten, wir hätten es mit dem einfachen Gegensatz zwischen dem „repressiven" artikulierten Wort und der „transgressiven" verzehrenden Stimme zu tun: diszipliniert und reguliert nicht das artikulierte Wort – als Mittel der Aufrechterhaltung gesellschaftlicher Disziplin und Autorität – die Stimme, während die sich selbst genießende Stimme als Medium der Befreiung, des Zerreißens der disziplinierenden Ketten von Recht und Ordnung wirkt? Was hat es dann aber mit einer Gestalt wie Hitler auf sich? Jene, die Beute seiner Anziehungskraft wurden (exemplarisch ist hierfür der Fall des jungen Goebbels), betonen, daß sie sich an den gesamten Inhalt von Hitlers Worten weitgehend überhaupt nicht erinnern – was sie so in seinen Bann zog, war Hitler als die Agentur reinen, sinnleeren Aussagens, der in seiner hypnotischen Stimme wahrnehmbare bedingungslose Wille. Nicht *was* Hitler meinte, war entscheidend, sondern vielmehr: was immer dies war, „er meinte es wirklich". Die libidinöse Stütze der faschistischen Herrschaft ist deshalb die Stimme als das Überbleibsel, das das Verschwinden des Sinns überlebt, das verzehrende Sich-Genießen dieser reinen Stimme. Aus diesem Grund kann die berüchtigte Parallele zwischen Hitler und einem Rockstar nicht als eine Erfindung konservativer Medien abgetan werden: Hitler wie auch Elvis Presley, die Beatles oder Michael Jackson – alle verlassen sie sich auf dieselbe libidinöse Ökonomie der Stimme als sinnlosem/bedeutungslosem Rest.

In seinem *Großen Diktator* bewies Charles Chaplin ein außergewöhnliches Gespür für diesen unheimlichen Status der Stimme. Chaplin spielt zwei Rollen: er ist ein armer jüdischer Friseur im Ghetto als auch der Diktator Hynkel (Hitler), und der entscheidende Punkt ist, wie diese Aufspaltung durch die An- oder Abwesenheit der Stimme determiniert ist: der jüdische Friseur ist eine Fortführung der klassischen Tramp-Gestalt aus Chaplins stummen Burlesken, während Hynkel ein Wesen der Stimme, des sinnlosen Gebrülls ist, das sein Bild beherrscht. Exemplarisch hierfür ist die Szene im Ghetto mit dem Friseur und seiner Geliebten beim Sonntagsspaziergang; die idylle ist unterschnitten mit Hynkels hysterischer antisemitischer Rundfunk-Ansprache, die über die Lautsprecher verbreitet wird. Alle Juden verschwinden, sodaß der Friseur auf der Straße allein bleibt und es mit einem Nazi-Polizisten zu tun bekommt. Das darauf folgende Katz-und Mausspiel ist eine obszöne Parodie des *Mickeymousing*, in dem der Rhythmus von Hynkels Ansprache die Bewegungen der Personen dirigiert. Das obszöne, im selbst-versunkenen Genießen seiner Stimme verzerrte Gesicht Hynkels, ist der unheimliche Doppelgänger des armen jüdischen Friseurs – wir haben es hier mit einer Art Entsublimierung zu tun: ein und dieselbe Person spaltet sich einerseits in den armen, jüdischen Friseur, der sich meist mit Hilfe visueller Gesten ausdrückt, und andererseits in den Diktator Hynkel, in jene obszöne Karikatur, die der autonomen Stimme Körper verleiht. Die konstituiert-formierte Realität löst sich auf in die substanzlose körperliche Form und in die Stimme als ihren formlosen Rest. Und begegnen wir nicht etwas Ähnlichem bei Arnold Schönberg, wo in einer Art Spektralanalyse die Einheit eines Liedes in Sprechgesang und Schrei zerfällt? Sobald das Singen dem Wort zu nahe kommt, läßt dieses Überlappen am entgegengesetzten Ende den unartikulierten Schrei auftauchen. Eine schmerzhaft-komische Szene in Terry Gillians *Brazil* exemplifiziert solch eine Auflösung der „Realität" in das substanzlose, verschwommene Bild und den exkrementalen Rest des Realen. In einem erstklassigen Restaurant empfielt der Ober seinen Gästen die besten Angebote aus der Tageskarte („Heute ist unser Tournedo wirklich ausgezeichnet!" usw.), doch was die Gäste bekommen, nachdem sie ihre Wahl getroffen haben, ist ein appetitanregendes Farbfoto des Gerichts auf einem Ständer über dem Teller, und auf dem Teller selbst ein ekelerregender, exkrementartiger, kleisterartiger Klumpen. Es kommt hier natürlich auch auf die strukturelle Homologie zwischen diesem ekelerregenden Klumpen auf dem Teller, diesem formlosen Rest, der für die Speise in ihrem abstoßenden, unsymbolisierten Realen steht, und dem Schrei bei Schönberg (und Berg) an: der stofflichen Dichte eines Lieds ledig, ist die Stimme im Sprechgesang wie das substanzlose Bild über dem Teller in *Brazil*, und der Schrei ist das Überbleibsel dieser Entsubstanzialisierung der Stimme.

3

Insofern der Schrei den Punkt bezeichnet, an dem die Stimme ihre Grenze erreicht und versagt, zwingt er uns, die Logik der Stimme als Ausfüllung der konstitutiven Kluft des Körpers umzukehren: die Kehrseite der Stimme, die dem, was wir nie sehen können, was sich unserem Blick entzieht, Körper verleiht, ist ein Bild, das das Versagen der Stimme wiedergibt. Munchs *Schrei* beispielsweise ist definitionsgemäß stumm: vor diesem Gemälde „hören wir (den Schrei) *mit unseren Augen*". Jedoch ist die Parallele hier keinesfalls vollkommen: *Sehen, was man nicht hören kann*, ist nicht dasselbe wie *Hören, was man nicht sehen kann*. Stimme und Blick verhalten sich zueinander wie Leben und Tod: die Stimme belebt, während der Blick tötet. Schon Schopenhauer behauptete, Musik bringe uns in Berührung mit dem „Ding an sich": es gibt direkt den Trieb der lebendigen Substanz wieder, den Worte nur bedeuten können. Aus diesem Grund „ergreift" Musik das Subjekt im Realen seines Seins und überspringt dabei den Umweg des Sinns: in der Musik hören wir, was wir nicht sehen können, die vibrierende Lebenskraft unter dem Fluß der Vorstellungen. Was geschieht aber, wenn dieses Fließen selbst aufgehoben, unterbrochen ist? An dieser Stelle taucht ein Bild auf, ein Bild, das für den absoluten Tod steht, für den Tod jenseits des Kreislaufes von Tod und Wiedergeburt, von Zersetzung und Erzeugung. Weit erschreckender als mit unseren Ohren zu sehen – die vibrierende Lebenssubstanz jenseits der visuellen Vorstellungen, diesem blinden Fleck im Feld des Sichtbaren, zu hören – ist es, mit unseren Augen zu hören, das heißt das absolute Schweigen zu sehen, das die Aufhebung das Lebens kennzeichnet, wie in Caravaggios *Testa di Medusa (Das Medusenhaupt)*: ist nicht der Schrei der Medusa definitionsgemäß stumm, „im Halse steckengeblieben", liefert dieses Gemälde nicht ein Bild des Moments, in dem die Stimme versagt?

Georges Balanchine hat einige kurze Orchesterstücke von Webern (sie sind alle kurz) so aufgeführt, daß, nachdem die Musik zu Ende ist, die Tänzer eine Zeitlang in völliger Stille weitertanzen, als bemerkten sie nicht, daß die Musik, die die Substanz ihres Tanzes liefert, schon vorüber ist – wie die Katze, die in einem Zeichentrickfilm einfach über den Rand das Abgrunds weiterläuft und gar nicht merkt, daß sie keinen Grund mehr unter den Füßen hat . . . Die Tänzer, die nach dem Ende der Musik weitertanzen, sind wie die lebenden Toten, die in einem Zwischenraum der leeren Zeit wohnen: ihre

Bewegungen, denen die stimmliche Stütze fehlt, erlauben uns nicht nur die Stimme, sondern das Schweigen selbst zu sehen. Dieser „Totentanz" liefert eine Art Korrelativ zum Cinemascope im Kino. Das heißt, um Cinemascope auszuschöpfen, um sein künstlerisches Potential zu nutzen, muß man eine doppelte Falle melden: nicht nur die Falle, die darin besteht, daß man im herkömmlichen Kasch weiterdreht, wobei der von Cinemascope gelieferte Mehrraum als ungenutzer Exzeß auffällt, sondern vor allem das Bemühen, den gesamten Raum mit Handlung „auszufüllen". Cinemascope wird zum künstlerischen Faktor, wenn das Mehr gegenüber dem herkömmlichen Kasch, dieser „tote Raum", *als eine Leere* genutzt wird (Kunst als solche umfaßt immer Umgang mit einer zentralen Leere).

Vor diesem Hintergrund kann man die Umrisse einer langsamen, aber dennoch weitreichenden „sanften Revolution"[4] in dem audiovisuellen Vertrag ausmachen, deren Zeuge wir im zeitgenössischen Kino sind, eine Revolution, die am besten anhand des Werks von Robert Altman, dem wohl größten Meister der *Kunst* des Cinemascope, exemplifiziert werden kann. Cinemascope führt in die Logik der Wahrnehmung ein inhärentes und irreduzibles Ungleichgewicht ein, eine instabile Koexistenz von „lebendigem" und „totem" Raum, weshalb die visuelle Ebene nicht mehr den globalen Rahmen liefern kann. So wird der klassische audiovisuelle Vertrag, der bis in die 70er Jahre dauerte, in Frage gestellt, in dem die einführende Einstellung (die Totale) die Grundperspektive, das umfassende *mapping* der Situation lieferte; die Tonspur, die den Fluß der Bilder begleitete, war in sich bedeutungslos und inkonsistent, ein Gebastel aus verstreuten Fragmenten. Heute hingegen fungiert die Tonspur zunehmend als grundlegender Bezugsrahmen, der es uns ermöglicht, uns im diegetischen Raum zu orientieren; der Fluß der Bilder hingegen ist auf isolierte Fragmente reduziert, die im universalen Medium des Klang-Aquariums frei flottieren. In gewisser Weise untergräbt Cinemascope das einheitliche Perspektivfeld des modernen Subjekts und bringt uns zum visuellen Raum des Mittelalters zurück, wo inkonsistente Fragmente ohne einheitlichen Gesichtspunkt koexistieren (ein Tisch hier, ein Knappe dort...) – das vereinende Element ist der Ton selbst.

Die Struktur der Video-Spots ist mithin universalisiert: Bilder sind Fragmente, die ihr gemeinsamer Bezug auf eine Tonspur eint. All das Reden über die „Bilder-Gesellschaft" maskiert das Gegenteil: das Gleiten vom Visuellen zum Auditiven als organisierend-strukturierendem Prinzip. Vielleicht signalisiert dieses Gleiten von der Landschaft zur Tonwelt, vom *landscape* zum *soundscape*, den Wechsel im Status der Subjektivität, die unsere spätkapitalistische Postmoderne kennzeichnet. In Hitchcocks *Rear Window (Das Fenster zum Hof)* wird die Beziehung James Stewarts zu dem, was er durch das Fenster sieht, üblicherweise auf die Zentralität seines Bilcks zurückgeführt – es geht dabei um seine Position der Herrschaft (oder Ohnmacht) bezüglich dem, was er im Hof sieht, die Phantasmen, die er darüberhinaus darauf projiziert usw. Es gibt dort jedoch eine weitere Dimension, die Dimension dessen, was Lacan als die „Vermischung der Subjekte /*l'immixion des sujets*/"[5] bezeichnete: dem privilegierten Blick von James Stewart entschleiert sich gesellschaftliche Realität als die Koexistenz der Pluralität individueller und Familien-Schicksale; jedes von ihnen bildet sein eigenes exklusives Bedeutungs-Universum mit all seinem Hoffen und Verzweifeln, so daß sie, obwohl sie als Teile desselben globalen Mechanismus koexistieren, einander überhaupt nicht gewahr werden – was sie zusammenhält ist keine tiefere gemeinsame Bedeutungs-Achse, sondern zahlreiche zufällige „mechanische" Zusammenstöße, die lokale Sinnwirkungen erzeugen (die Melodie des Liederkomponisten rettet Miss Lonelyhearts das Leben usw.). Entscheidend für die Erfahrung der „*immixion*" ist dieser Begriff von *Sinn als einer lokalen Wirkung des globalen Nonsens*: die Vermischung der Leben von Individuen wird als blinder Mechanismus erfahren, durch den trotz des Mangels an irgendeinem Zweck, der den Fluß der Ereignisse regulieren würde, „alles funktioniert", sodaß der Anblick der Totalität eine rätselhafte, merkwürdig befriedende, nahezu mystische Erfahrung liefert.

Diese *immixion* der Subjekte bleibt hier jedoch an den zentralen voyeuristischen Blick gebunden, der Teil der diegetischen Realität ist. Die große Revolution Robert Altmans – streng korrelativ zu seiner Behauptung einer „Klangwelt" (soundscape) als globales Strukturprinzip – besteht darin, daß er *diese Vermischungs-Wirkungen vom privilegierten diegetischen Blick abgelöst hat*. Diese Tendenz, die zuerst in *Nashville* gipfelte, findet ihren vollkommensten Ausdruck in *Short Cuts*. Die Schicksale von neun besonderen Gruppen (zumeist Familien) werden nicht vom Blick irgendeines versteckten Voyeurs zusammengehalten, sondern durch Hubschrauber, die über Los Angeles Insektenbekämpfungsmittel versprühen – Metapher der verwesenden Metropole. Diese neun Fäden verwickeln sich auf vollkommen zufällige Weise, sodaß ein und dasselbe Ereignis durch seine

Einschreibung in heterogene Reihen völlig inkommensurable Bedeutungen erwirbt. Beispielsweise wird ein Kind von Lily Tomlins Wagen angefahren; dieser Unfall bringt folgendes in Gang: Tomlins Versöhnung mit ihrem betrunkenen Ehemann, die Tragödie in der Familie des Kindes (das Kind stirbt infolge des Unfalls), eine merkwürdige Freundschaft zwischen den schmerzgebrochenen Eltern und dem Bäcker (der sie belästigt, weil sie den Kuchen für den Kindergeburtstag vergessen haben), das obszöne, deplazierte Geständnis des Großvaters des Kindes (Jack Lemmon) gegenüber dem Kindsvater, der unerwartet warme Kontakt des Großvaters zu dem schwarzen Paar im Krankenhaus usw. (In einer berühmten Science-Fiction-Geschichte ist diese Logik der Inkommensurabilität der verschiedenen Einschreibungen ein und desselben Ereignisses bis zum Extrem geführt: in naher Zukunft entdecken Wissenschaftler, daß der Stern, der die Geburt Christi am Himmel über Bethlehem ankündigte, die Spur einer gigantischen kosmischen Katastrophe war, die die Zerstörung einer edlen, hochentwickelten fremden Zivilisation mit sich brachte.) Thema von *Short Cuts* ist deshalb nicht das Versagen oder die Unmöglichkeit der Kommunikation, sondern vielmehr deren zutiefst zufälliger Charakter: es ist dort zugleich nicht genug und zuviel Kommunikation, da der Kontakt sich immer als ein unvorhergesehenes Nebenprodukt ereignet. Altman bietet das bislang genaueste Porträt der spätkapitalistischen, „postmodernen" *immixion* der Subjekte, bei denen Kollektivität nicht mehr als ein Kollektiv-Subjekt oder als allumfassendes Projekt erfahren wird, sondern als ein unpersönlicher, sinnloser Mechanismus, der vielfältige und radikal inkommensurable Sinnwirkungen als Resultat seiner lokalen Zufälle produziert.

4

Ist es unser Schicksal in dieser „Klangwelt" eingetaucht zu bleiben, welche für das kontingente, sinnlose Netzwerk der symbolischen Ordnung steht? Die „Klangwelt" ist offenbar kein Objekt-Rest, kein „kleiner anderer", eher ein Aquarium, in dem die Subjekte dahintreiben, eine Art „mütterliche" große Andere. Es gibt jedoch noch einen anderen Stimmtypus im zeitgenössischen Kino, der diesen Status eines Objekt-Restes hat und der, im Gegensatz zur besänftigend-einlullenden Wirkung der Klangtapeten, außerordentlich unheimlich wirken kann. Rufen wir uns die schon erwähnte Eingangssequenz von *Blue Velvet* wieder ins Gedächtnis: nach einer Reihe von zierbildartigen Einstellungen auf das idyllische amerikanische Kleinstadtleben und auf den Vater des Helden, der beim Rasensprengen einen Herzinfarkt erleidet, beginnt die Kamera den Rasen zu erkunden und uns das überquellende Leben darin vor Augen zu führen: die krabbelnden Insekten und Käfer mit ihrem eigentümlichen Rascheln und ihren Freßgeräuschen beim Verschlingen der Grashalme. Das entscheidende Merkmal dieser Sequenz ist das unheimliche Geräusch, das beim Herannahen des Realen entsteht. Es ist schwierig, dieses Geräusch in der Realität zu lokalisieren; um seinen Status zu bestimmen, ist man versucht, die zeitgenössische Kosmologie auf den Plan zu rufen, die vom Rauschen an den Grenzen des Universums spricht. Dieses Rauschen ist kein interner Bestandteil des Universums, sondern ein Rückstand, das letzte Echo des Urknalls, der das Universum erst hervorgebracht hat. Der ontologische Status dieses Rauschens ist interessanter als es scheinen mag, zumal er den Grundbegriff des „offenen" unendlichen Universums, durch den die Newtonsche Physik den Raum definiert, ins Wanken bringt. Dieser moderne Begriff des „offenen" Universums basiert auf der Hypothese, daß jede positive Entität wie Materie oder Geräusch einen bestimmten (leeren) Raum einnimmt. Er ist von der Differenz zwischen Raum als Leere und positiven, ausgedehnten und „den Raum ausfüllenden" Entitäten abhängig. Der Raum wird hier phänomenologisch als etwas aufgefaßt, was vorgängig zu den Entitäten existiert, die „ihn ausfüllen": zerstört oder entfernt man die Materie, die einen gegebenen Raum besetzt, bleibt der Raum als Leere. Das ursprüngliche Rauschen aber, dieser letzte Rückstand des Urknalls, ist *für den Raum selbst konstitutiv*: es ist nicht ein Rauschen „im" Raum, sondern ein Geräusch, das den Raum als solchen offen hält. Würden wir also dieses Geräusch entfernen, erhielten wir nicht den „leeren Raum", den dieses Geräusch ausfüllte; der Raum selbst, Behälter jeder „innerweltlichen" Entität, würde verschwinden. Dieses Rauschen ist somit in gewissem Sinn der „Klang der Stille". In gleicher Weise wird das Grundgeräusch in den Lynchfilmen nicht einfach durch Objekte hervorgerufen, die Teil der Realität sind; vielmehr formt dieses Geräusch den ontologischen Horizont, den Rahmen der Realität, die Textur, durch die die Realität zusammengehalten wird – wird dieses Geräusch gelöscht, bricht die Realität selbst zusammen. Wir kehren also vom „offenen" unendlichen Universum der kartesianischen Newtonschen Physik zum vormodernen „geschlossenen", durch ein „Grundgeräusch" zusammengehaltenen Universum zurück. Demselben Geräusch begegnen wir auch in der Alptraum-Sequenz von *The Elephant Man*, wo es die Grenzen, die Inneres und Äußeres trennen, überschreitet; in diesem „ex-timen" Geräusch verbinden sich auf unheimliche Weise die extreme Äußerlichkeit einer Maschine und die größte Intimität des Körperinneren, der Rhythmus des heftig schlagenden Herzens.

Die psychoanalytische Theorie erlaubt uns, mehr Licht in den enigmatischen Status dieser Stimme zu bringen. Wenn die Klangtapete einen sicheren „mütterlichen" Hafen darstellt, so ist diese andere Stimme väterlich – das Rätsel betrifft nun die Figur des Vaters, der sich dahinter verbirgt. Dieser Vater ist bestimmt nicht der Name-des-Vaters, der Vater als Träger symbolischer Autorität, als Agent des Wortes, der den Konsumexzeß der Stimme zu disziplinieren versucht. Theodor Reik war der Lösung dieses Problem bereits in den 20er Jahren auf der Spur, als er die Aufmerksamkeit auf das qualvoll tiefe und anhaltende Blasen des „Schofar" lenkte, einem Widderhorn, das beim Ritual am Abend des Jom Kippur verwendet wird und das Ende des Tages der Besinnung verkündet. Reik bringt den Klang des Schofar mit der Freudschen Problematik des ursprünglichen Verbrechens, des Vatermordes aus *Totem und Tabu*, in Verbindung. Er interpretiert das grauenvolle, schwülstige und bleierne Brummen des Schofar, das eine unheimliche Mischung von Schmerz und Genuß evoziert, als letztes Rudiment der ursprünglichen Lebenssubstanz des Vaters, als endlos verlängerter Schrei des leidenden/sterbenden/impotenten/gedemütigten Vaters. Anders gesagt, der Schofar ist die Spur, die die „Urverdrängung" hinterlassen hat, eine Art stimmliches Monument der Tötung der präsymbolischen Substanz des Genießens. Der Vater, dessen Todesschrei hier widerhallt, ist der „nicht-kastrierte" Vater/Genuß. Als weiteren Beweis seiner Thesen verweist Reik auf die Ähnlichkeit des Schofar mit einem anderen primitiven Instrument, dem „Stierbrüller", der das Brüllen des abgestochenen, in der Arena sterbenden Stieres imitiert: der Stierkampf als Reaktivierung des Mordes am ursprünglichen Vater/Genuß.[6] Auf der anderen Seite wird in der jüdischen Tradition der Klang des Schofar als Echo des Donners aufgefaßt, der den feierlichen Moment der Übergabe der Zehn Gebote Gottes an Moses begleitet. In dieser Hinsicht steht der Schofar auch für die Allianz zwischen dem jüdischen Volk und ihrem Gott, das heißt für die Begründungsgeste des Gesetzes. Der Klang des Schofar ist also eine Art „verschwindender Vermittler" zwischen der direkten, mythischen und stimmlichen Verkündung der präsymbolischen Lebenssubstanz und der artikulierten Rede. Er steht für die Geste, durch die die Lebenssubstanz durch ihr Zurückweichen oder ihre Selbstauslöschung den Raum des symbolischen Gesetzes öffnet. Die Psychoanalyse erlaubt uns dadurch, den *circulus vitiosus* zwischen dem „disziplinierenden" Wort und der „Transgression" der konsumativen Stimme zu durchbrechen, indem der Brennpunkt auf eine exzessive Stimme gerichtet wird, die als Begründungsgeste der artikulierten Rede selbst dient.

5

Anläßlich des Schofar, diesem stimmlichen Überrest des Vatermordes, vollzog Lacan eine seiner einzigartigen *tour de forces*, indem er eine einfache Frage aufwarf: an wen adressierte sich der unheimliche Klang des Schofar? Die normale Antwort würde natürlich lauten, an die Juden selbst: der Klang des Schofar sollte sie an ihren Vertrag mit Gott erinnern, an das göttliche Gesetz, dem sie zu gehorchen haben. Lacan stellt jedoch die Dinge auf den Kopf: der wahre Adressat des Schofar ist nicht die Gemeinschaft der Gläubigen, sondern *Gott selbst*.[7] Wenn die jüdische Glaubensgemeinschaft den Schofar erklingen läßt, so zielt sie darauf ab, Gott zu erinnern – woran? Daran, *daß er tot ist*. An diesem Punkt wird der Schrecken jedenfalls zur göttlichen Komödie, und wir treten in die Logik des berühmten Freudschen Traums ein (dargestellt in der *Traumdeutung*), bei dem ein Vater „nicht wußte, daß er tot war". Gottvater weiß nicht, daß er tot ist, weswegen er handelt, als wäre er noch am Leben, und fortfährt, uns in Gestalt eines Über-Ich-Gespenstes zu plagen. Aus diesem einfachen Grund muß er daran erinnert werden, daß er tot ist, sodaß er in sich zusammenfällt wie die allbekannte Katze in den Cartoons, die erst in dem Augenblick zu Boden plumpst, in dem sie gewahr wird, daß sie keinen Boden mehr unter ihren Füßen hat. In dieser Perspektive ist die Funktion des Schofar zutiefst *befriedend*: sein Brüllen, so furchteinflößend es auch klingen mag, soll in Wahrheit die „pagane" Über-Ich-Dimension Gottes befrieden und neutralisieren, das heißt es soll sicherstellen, daß Er nur als reine Instanz des Namens, des symbolischen Vertrages handelt. Insofern der Schofar mit dem Vertrag zwischen Mensch und Gott verknüpft ist, mahnt sein Klang

Gott daran, seinem Status als Träger des symbolischen Vertrages gerecht zu werden und uns nicht weiter mit Ausbrüchen einer traumatischen Opfer-*jouissance* zu tyrannisieren. Anders gesagt: die Verdichtung zweier Merkmale im Klang des Schofar (das Gebrüll des sterbenden Urvater-Genusses und die Szene der Verkündung der Zehn Gebote) lenkt Gottes Aufmerksamkeit auf den Umstand, daß er legitimerweise nur als toter Gott regieren kann.[8]

Diese Stimme als Mahnung/Rest des sterbenden Vaters kann natürlich nicht einfach getilgt werden, wenn das Reich des Gesetzes einmal errichtet ist: es wird stets als unauslöschliche Stütze des Gesetzes benötigt. Aus diesem Grund konnte man ihren Widerhall hören, als Moses die Gebote von Gott empfing, das heißt genau in dem Moment, in dem die Herrschaft des (symbolischen) Gesetzes institutionalisiert wurde (wo Moses artikulierte Gebote vernehmen konnte, hörte die wartende Menge am Fuße des Berges Sinai nur den kontinuierlichen, unartikulierten Laut des Schofar). Die Stimme des Schofar ist ein irreduzibles *Supplement* des (geschriebenen) Gesetzes. Nur die *Stimme* läßt dem Gesetz seine performative Dimension zuteil werden, und das heißt, die Stimme läßt das Gesetz operativ werden; ohne diese Stütze der Stimme wäre das Gesetz machtlose Schrift, der sich niemand verpflichtet fühlt. Durch den Schofar als Stimme erhält das Gesetz seinen *Verkünder*, „subjektiviert" sich und wird dadurch erst zu einer *verpflichtenden* Instanz. Was im Zusammenhang mit dem Schofar überdies entscheidend ist, ist die Assoziation seines Klanges mit dem traumatischen und überwältigenden Moment der *Institutionalisierung des Gesetzes*, dessen Klang zu hören war, als Moses die Gebote von Gott erhielt. Insofern wir uns *innerhalb* des Gesetzes bewegen, ist dessen „Ursprung" *stricto sensu* undenkbar. Die Herrschaft des Gesetzes setzt die „Ur-Verdrängung" seiner („illegalen") Ursprünge voraus, seine performative Effizienz baut auf unsere Akzeptanz, daß es immer schon gegeben ist. Innerhalb der Domäne des Gesetzes können dessen unmögliche „Ursprünge" daher nur in Gestalt einer Leere, einer konstitutiven Abwesenheit präsent sein, und die Rolle des Phantasmas, der phantasmatischen Erzählung von den Ursprüngen, besteht genau darin, diese Leere aufzufüllen.[9] Das (geschriebene) Gesetz benötigt dieses phantasmatische Supplement – wäre dieses abwesend, würde die Leere inmitten des legalen Gebäudes sichtbar und daher das Gesetz inoperativ werden. Die Stimme verhält sich zum (geschriebenen) Gesetz so wie das Phantasma zur synchronen symbolischen Struktur: als Platzhalter seiner undenkbaren „Ursprünge" füllt es seinen konstitutiven Mangel aus (und nimmt zugleich seinen Platz ein).

Wir sehen nun, wo genau der strukturelle Ort dieses seltsamen Geräusches, dem Echo des Urknalls (der Erschaffung des symbolischen Universums), in den Filmen Lynch's liegt: Er erlaubt uns, aus der Oszillation zwischen dem disziplinierenden Wort und dem konsumativen Selbst-Genießen der Stimme auszubrechen, indem der Rest der traumatischen Begründungsgeste des Wortes gezeigt wird. Dieses Geräusch, das Äquivalent des Brüllens des toten Vaters, ist nicht einfach eine andere Stimmart des selbstkonsumierenden Genießens eines weiblichen Liedes, sondern dieselbe Stimme in einer anderen Modalität: beide sind „identisch" in genau dem Sinn der spekulativen Identität Hegels. Wir haben es hier mit den zwei Modalitäten des Überrestes zu tun: *der Rest und der Exzeß*. Beide sind „auf derselben Seite", auf der Seite des Genießen und nicht auf der des Logos. Der Rest [remainder] verweist auf sein Homonym Mahnung [reminder]. In der Arithmetik ist ein Rest das, was übrigbleibt, wenn eine Zahl sich nicht genau durch eine andere dividieren läßt – wenn die Substanz des Genießens nicht genau durch das Netzwerk der Signifikanten dividiert (strukturiert, artikuliert, abgezählt) werden kann. In nahezu homologer Weise ist der Klang des Schofar das Mahnobjekt/ der Objektrest des sterbenden Vater/Genusses: der Überrest der Begründungsgeste des Gesetzes. Umgekehrt entspricht die Beziehung des Logos zur weiblichen Selbstkonsumation der Beziehung der *immer schon etablierten* symbolischen Ordnung zu ihrer Überschreitung: die weibliche Stimme ist im Hinblick auf das Gesetz *exzessiv*. Oder, um es etwas anders auszudrücken, die Verlagerung von der exzessivkonsumierenden Stimme zum Widerhall des Schofar transponiert die Spannung zwischen dem Gesetz und seiner Übertretung in die innere Spaltung der Domäne des Gesetzes. Die *externe* Beziehung des Gesetzes zu seiner Übertretung *internalisiert sich* zur Beziehung des Gesetzes zu seiner eigenen traumatischen Begründungsgeste – der Widerhall des Schofar dient als eine Art phantasmatischer Schirm, der auf das Mysterium der „unmöglichen" Ursprünge des Gesetzes verweist.

Diese Identität liefert uns auch den Schlüssel für das Verständnis von Lacans paradoxer und zutiefst hegelscher Behauptung, daß „die Frau einer der Namen des Vaters ist". Die Weiblichkeit ist Maskerade – worauf wir stoßen, wenn wir die Maske herunterreißen, ist die obszöne Figur des prä-ödipalen Vater/Genusses. Beweist dies nicht auch, auf indirekte Weise, die einzigartige Figur der Hofdame (*frouwe*) in der höfischen Liebe, dieser kapriziösen, unerbittlichen *Domina*? Steht diese Dame nicht, ebenso wie der „Urvater", für das von jedem Gesetz ungezähmte Genießen? Die phantasmatische Figur der Frau ist somit eine Art von „Wiederkehr des Verdrängten", des väterlichen Genießens, das durch das Urverbrechen des Vatermordes verdrängt wird. Was in ihrer verführerischen Stimme wiederkehrt, ist das Brüllen des sterbenden Vaters. Wir finden uns also auf der genauen Kehrseite der New-Age-Ideologie wieder, die sich üblicherweise auf die angeblich „archetypische" Figur der Urfrau beruft. Laut dieser New-Age-Ideologie ist der Vater ein Derivat, eine symbolische Sublimierung, ein matter Abglanz der Urfrau, sodaß man sehr bald auf die Konturen des Mutter-Dings stößt, wenn die Politur des Antlitzes der väterlichen symbolischen Autorität nur ein wenig angekratzt wird. Wenn also, kurzum, für den New-Age-Obskurantismus der „Vater" einer der Namen der Urfrau, des Mutter-Dings ist, so ist es umgekehrt für Lacan die Frau, die einer der Namen des Vaters ist...

Zusatz: Kino angesichts der „allgemeinen Erniedrigung des Liebeslebens"

Ein neuerer englischer Werbespot für Bier zeigt perfekt die Asymmetrie zwischen den Geschlechtern. Der erste Teil führt die bekannte Handlung aus dem Märchen vor: Ein Mädchen spaziert entlang eines Flusses, sieht einen Frosch, nimmt ihn zärtlich in ihren Schoß, küßt ihn, und – klarerweise – der häßliche Frosch verwandelt sich durch ein Wunder in einen schönen jungen Mann. Jedoch die Geschichte ist noch nicht zu Ende: Der junge Mann wirft einen begierigen Blick auf das Mädchen, zieht sie zu sich hin, küßt sie – und *sie* verwandelt sich in eine Flasche Bier, die der Mann triumphierend in seiner Hand hält... Für die Frau besteht der entscheidende Punkt darin, daß ihre Liebe und Zuneigung (ausgedrückt durch den Kuß) einen Frosch in einen schönen Mann verwandeln, in eine volle phallische Präsenz also (in Lacans Mathemen: das große Phi); für den Mann geht es darum, die Frau zu einem Partialobjekt zu reduzieren, zur Ursache seines Begehrens (in Lacans Mathemen: das Objekt klein a). Aufgrund dieser Asymmetrie „gibt es kein Sexualverhältnis": Wir haben entweder eine Frau mit Frosch oder einen Mann mit einer Flasche Bier – was wir nie erreichen können, ist das „natürliche" Paar von schöner Frau und schönem Mann. Zwei kürzlich erschienene Filme, Kieslowskis *Ein kurzer Film über die Liebe* und Sautets *Ein Herz im Winter*, beziehen sich beide auf dieses „es gibt kein Sexualverhältnis", indem sie eine männliche Geste der Ablehnung, nämlich die Zurückweisung des Geschlechtsverkehrs, darstellen. Wie wir im folgenden sehen werden, stecken die Gesten dieser beiden Filme jedoch zwei verschiedene, fast diametral entgegengesetzte Pole ab. Da der erste Film aus Polen, der zweite aber aus Frankreich kommt, werden ihre Unterschiede uns darüberhinaus vielleicht auch erlauben, die ideologische Überdetermination der Opposition Ost- versus Westeuropa zu erhellen.

1

Zwischen den zentralen Folgen (5 und 6) von Kieslowskis *Dekalog*, *Ein kurzer Film über das Töten* und *Ein kurzer Film über die Liebe*, besteht eine unerwartete, formale Homologie: in beiden Fällen geht es um eine verfehlte metaphorische Umkehrsubstitution. Anstatt eine erfolgreiche Aufhebung des ersten Akts zu erreichen (indem er die angerichteten Schäden kompensiert und die verlorene Balance wiederherstellt), verschlimmert der zweite Akt die Dinge dadurch, daß er in der *Wiederholung* des ersten Aktes endet. In *Töten* begeht ein junger Arbeitsloser einen brutalen, bedeutungslosen Mord an einem Taxifahrer; der zweite Teil stellt dann in schmerzhaften Details die Gerichtsverhandlung sowie die Hinrichtung des Mörders dar. Diese Darstellung der Gesetzesmaschinerie ist deshalb so schmerzhaft, weil sie das Versagen der „Metapher des Gesetzes", das heißt der metaphorischen Substitution der Strafe für das Verbrechen, registriert: die Strafe wird nicht als eine gerechte Vergeltung erfahren, die den Schaden, den das Verbrechen verursachte, ungeschehen macht, sondern eher als seine unheimliche Wiederholung – der Akt der Bestrafung ist irgendwie durch eine zusätzliche Obszönität verdorben, die ihn zur Travestie macht, zu einer obszönen Wiederholung des ursprünglichen Verbrechens unter der Maske des Gesetzes. Auch *Ein kurzer Film über die Liebe* handelt von einer verfehlten metaphorischen Substitution, von der Substitution (des Geliebten für den Liebenden), die laut Lacan die Liebe definiert. Tomek, ein junger Postangestellter, ist ein Spanner; Abend für Abend, Nacht für Nacht, beobachtet er von seinem Schlafzimmer in einem trostlosen Betonklotz aus Maria Magdalena (sic), eine reife, anziehende, sexuell aktive Frau, die ihm gegenüber im gleichen Block wohnt. Er läßt es jedoch nicht dabei bewenden, ihre sexuelle Unerschöpflichkeit im Umgang mit ihren Liebhabern passiv zu beobachten, sondern interveniert nach und nach in ihr Leben; er fälscht Benachrichtigungen für Überweisungen, damit sie zu seinem Postschalter kommt, um das angeblich überwiesene Geld abzuholen, er bestellt den Klempner in ihre Wohnung, während sie mit jemandem schläft usw. Als er endlich den Mut aufbringt, sie anzusprechen und ihr gesteht, daß er die Ursache ihres Ärgers ist, ist ihre Neugier erregt. Sie verführt ihn zu einem erniedrigenden sexuellen Spiel, das mit seinem Suizidversuch endet. Nachdem er aus dem Krankenhaus kommt, sind ihre Rollen vertauscht: von Schuld gequält „reicht sie ihm die Hand", beobachtet ständig sein Fenster von ihrer Wohnung aus, versucht frenetisch, seine Aufmerksamkeit zu erregen, damit er vorbeikommen und sie sich entschuldigen könne, er hingegen ignoriert sie ... Kurzum, die Metapher der Liebe bricht zusammen: als das geliebte Objekt zu einem Liebenden wird, wird es nicht mehr geliebt.

Eine genaue Analyse macht die entscheidende Ambiguität dieses Filmes sichtbar, die im Unterschied zwischen den beiden Versionen des *Kurzen Films über die Liebe*, der ursprünglichen 60minütigen Fernsehversion und der 90minütigen Kinoversion, zum Tragen kommt. Katholische Versöhnung und Mitleid beenden die längere Version (Maria sitzt an Tomeks Bett und hält still und wortlos seine Hand; es liegt der Schluß nahe, daß eine Art spiritueller Kontakt zwischen den beiden stattgefunden haben muß, der sie über die selbstzerstörerische Dialektik der Sexualität hinauskatapultiert hat), während sie sich in der Fernsehversion verfehlen, ihr Treffen nicht arrangiert wird. Genau in diesem Sinne wird *Ein kurzer Film über die Liebe* zur Bühne eines „Klassenkampfes" in der Kunst, zum Schlachtfeld zweier Linien im Umgang mit dem fundamentalen Paradox der Liebe, nämlich der unversöhnlichen „materialistischen" und der spiritualistischen „idealistischen" Richtung. Als sie sich kennenlernen, fragt Maria Tomek, was er eigentlich von ihr will, nur einen Kuß, ein bißchen Zärtlichkeit oder Geschlechtsverkehr. Seine resolute Antwort lautet: „Nichts." Dieses „Nichts" indiziert natürlich unmißverständlich wahre Liebe: Tomek kann nicht durch irgendeinen positiven Inhalt oder einen Akt befriedigt werden, mit dem Maria seine Liebe erwidern würde (indem sie zum Beispiel mit ihm ins Bett ginge). Was er von ihr im Gegenzug erwartet, ist genau das „Nichts" in ihr, jenes Etwas, das „in ihr mehr als sie selbst" ist – nicht etwas, was sie hat, sondern genau das, was sie *nicht* hat, die Widerkehr der Liebe selbst. Als Antwort auf seinen unbedingten Anspruch nach Liebe trägt Maria ihm ihre sexuellen Dienste an und erregt ihn dadurch so sehr, daß er, unerfahren wie er ist, einen Orgasmus hat, bevor es zum eigentlichen Geschlechtsverkehr kommen kann. Dann sagt sie ihm triumphierend: „Siehst du, das ist eigentlich alles, worum es in der Liebe geht! Geh ins Bad und wasch dich!" Ihre Geste des Sich-selbst-Anbietens, des Anbietens ihres Körpers, ist ein Akt der totalen Zurückweisung und/oder Erniedrigung: sie erreicht damit eine radikale Desublimierung, das heißt sie macht den Abstand spürbar, der die Leere des Dinges vom physiologischen Funktionieren des Geschlechtsverkehrs trennt. Diese Erniedrigung, diese Erfahrung des Abstands zwischen dem „Nichts" des wahren Objekts der Liebe und der desublimierten körperlichen Sexualmechanik, ist mehr als Tomek aushalten kann: tief beschämt rennt er aus ihrer Wohnung und schneidet sich die Pulsadern auf... Hierauf wechselt die Perspektive zu Maria, sodaß sein Suizid gewissermaßen tatsächlich klappt, das heißt er eliminiert sich selbst aus der Perspektive des Erzählers. Und, wie wir schon angedeutet haben, hier unterscheiden sich die beiden Versionen: während die längere dem Katholizismus verpflichtet ist und die Möglichkeit einer leidenschaftlichen Solidarität jenseits den fleischlichen Gelüsten vorschlägt, einer spirituellen Kommunion, die die Leere der inhärenten Unmöglichkeit eines sexuellen Verhältnisses füllt, bleibt der tote Punkt in der kürzeren Version bestehen.

Bei näherem Hinsehen merkt man, daß die entscheidende metaphorische Substitution im *Kurzen Film über die Liebe* genaugenommen der normalen Substitution – bei der der Geliebte zum Liebenden wird und daher den toten Punkt, nämlich nicht zu wissen, was der Andere (der Liebende) in ihm sieht, aufhebt – entgegengesetzt verläuft: das eigentliche Rätsel des Filmes ist *Tomeks* Verwandlung von einem Liebendem zum Objekt von Marias Liebe. Also wie tauscht er die Position des Liebenden mit der des Geliebten? Wie zieht er Marias Begehren auf sich? Natürlich liegt die Antwort in der Reinheit und absoluten Intensität seiner Liebe: er agiert als das reine $, das Subjekt, dessen Begehren so glühend ist, daß es nicht in einen konkreten Wunsch oder Anspruch übersetzt werden kann – genau diese Intensität seines Begehrens, aufgrund derer sich dieses Begehren nur unter der Maske der Zurückweisung eines jeden Anspruchs ausdrücken kann („Ich will nichts von dir"), macht ihn unwiderstehlich. – Diese zweite metaphorische Substitution steht allerdings nicht einfach in einem symmetrischen Verhältnis zur ersten: ihr Unterschied hängt von der Opposition von „Sein" und „Haben" ab. Im ersten Fall befinden wir uns in der Dimension des *Habens* (der Geliebte weiß nicht, was er in sich selbst *hat*, das ihn der Liebe des Anderen wert macht, und um diesen toten Punkt zu überwinden, erwidert er die Liebe), wobei im zweiten Fall der Liebende aufgrund der schieren Intensität seiner Liebe der Geliebte *ist* bzw. zum Geliebten *wird*.

Man muß in diesem Zusammenhang die Idee zurückweisen, daß Tomeks Liebe zu Maria authentisch, spirituell, rein und über alle vulgäre Sinnlichkeit erhoben sei, während Maria, von seiner Reinheit verwirrt, beabsichtigt, ihn zu erniedrigen und später aus einem

Schuldgefühl heraus ihre Haltung ändert. Ganz im Gegenteil: Tomeks Liebe ist die, die fundamental falsch ist, eine narzißtische Attitüde der Idealisierung, deren notwendiges Gegenteil über eine kaum wahrnehmbare, tödliche Dimension verfügt. Daher muß man den *Kurzen Film über die Liebe* vor dem Hintergrund der S*lasher*-Filme lesen, in denen ein Mann eine Frau beobachtet, die ihn traumatisiert hat, sie belästigt und sie am Ende mit einem Messer attackiert: hier haben wir eine Art introvertierten *Slasher*, in dem ein Mann, anstatt gegen die Frau auszuholen, sich selbst verletzt. Der Grund für die Unaufrichtigkeit seiner Liebe zu Maria hat nichts mit einem etwa „unreinen" Charakter dieser Liebe zu tun: der mörderische Ausbruch von Tomeks Gewalt gegen sich selbst ist das inhärente Gegenteil genau dieser „Reinheit". Die Inauthentizität seiner Liebe wird dadurch bekräftigt, daß er nicht fähig ist, die Desublimierung – die Spaltung der geliebten Frau ins unmögliche, idealisierte Ding und ein Wesen aus Fleisch und Knochen, das sich ihm anbietet – zu überstehen: diese Erfahrung setzt in ihm die mörderische *passage à l'acte* in Gang, wogegen das Maß wahrer Liebe genau die Fähigkeit ist, solch eine Spaltung zu durchstehen. Marias Liebe zu ihm ist im Gegenteil völlig authentisch: von dem Moment an, wo Tomek ihr sagt, daß er nichts von ihr will, ist bei Maria die wahre Liebe im Spiel, welche, wie Lacan sagt, immer erwiderte Liebe ist; und ihre Erniedrigung von Tomek ist nichts weiter als ein verzweifelter Versuch, diese Tatsache zu leugnen.

2

Unser zweites Beispiel, Claude Sautets *Ein Herz im Winter* (*Un coeur en hiver*), ein Film über den Stillstand der Liebe aus der gleichen Zeit, erzählt die Geschichte einer Dreiecksbeziehung zwischen zwei hochkarätigen Geigenmachern und Camille, einer jungen, schönen, charismatischen Violonistin. Als Camille bei einem der beiden einzieht, stört sie damit die hergebrachte Routine der beruflichen Beziehungen der zwei untereinander. Schritt für Schritt, mit Hilfe seiner doppeldeutigen, aktiv-passiven Kooperation, verliebt sie sich in den anderen Partner, Stephan; als sie ihm jedoch leidenschaftlich ihre Liebe gesteht und sich ihm an den Hals wirft, erklärt Stephan ihr ruhig, daß doch alles nur ein Mißverständnis sei – vielleicht hätte er tatsächlich ein bißchen mit ihr geflirtet, aber lieben würde er sie auf keinen Fall. Stephans Charakter ist ziemlich rätselhaft: der Punkt ist nicht, daß Camille nicht seine wahre Liebe ist, sondern eher, daß er einfach kein Bedürfnis nach Liebe hat – dafür gibt es in seinem psychischen Universum keinen Platz. Dieses Unvermögen zur Liebe begründet eine Art inneren Frieden und die Ausgeglichenheit, die er ausstrahlt: ungestört von emotionaler Aufruhr, *apathetisch* im Grundzug, kann er sich völlig seinem Handwerk widmen. Mit anderen Worten, Stephan gehört nicht zu denjenigen, die unter der Maske normalen Sozialverhaltens Verrücktheit verbergen, sondern er ist jemand, der, obwohl er nach außen hin „abnormal" wirken mag, über inhärente Norm, Maß und Ganzheit verfügt. Wir haben es hier mit einer Abwandlung des Lacanschen Motivs des „Nicht-Ganzen" zu tun: das, was ihn auf eine Art „ganzer" macht und harmonischer als „normale" Menschen erscheinen läßt, das heißt das, was ihn zu jemandem macht, dem nichts fehlt, ist genau die Sache, die von außen betrachtet als sein Defizit oder sogar als eine psychische Verstümmelung erscheint. Mit anderen Worten, wenn man Sautets Film analysiert, darf man nicht in die Falle gehen und etwa nach einer Art psychologischem Hintergrund suchen, vor dem sich Stephans Liebesunfähigkeit erklären ließe: hier besteht kein Grund, nach einem „psychoanalytischen" Hinweis auf sexuelle Frustrationen, Kindheitstraumata und dergleichen zu suchen. Als im Verlauf des Filmes Stephan selber die Möglichkeit einer solchen Interpretation heranzieht, schwelgt er offensichtlich in einer Ironie, die der eines Neo-Nazis entspricht, der immer sofort eine sozio-psychologische Begründung für seine Gewalt gegen Ausländer parat hat. Stephan ist ein leeres Subjekt: hinter der Oberfläche seiner Handlungen liegt nicht die Fülle eines „pathologischen" Gehalts verborgen, es gibt keine verborgenen Wünsche oder Ängste.

Man ist versucht, einen Vergleich zwischen Stephan und Parsifal anzustellen: als Stephan allein im Auto mit Camille sein letztes „Je ne vous aime pas" sagt, ist er da nicht ein zeitgenössischer Parsifal, der die Frau erlöst (ihr hilft, ihre Karriere als Künstlerin zu verfolgen), indem er nicht auf ihre Annäherungsversuche eingeht?[1] Ist Stephans subjektive Position nicht genau wie die Parsifals von einer radikalen *Gleichgültigkeit* markiert, nämlich der Gleichgültigkeit gegenüber dem *Begehren* des Anderen? Stephan ist ein Subjekt, das einfach nicht vom Begehren des Anderen „gequält" wird, von dem Rätsel des „*Che vuoi?*", von dem, was der Andere von einem will – und da (Lacan dixit) das Begehren als solches immer das Begehren des Anderen ist,

ist man unausweichlich zu dem Schluß gezwungen, daß Stephan kein begehrendes Subjekt im eigentlichen Sinne des Wortes ist, da er einfach nicht in der Dimension des Begehrens lebt. Hierin liegt die unheimliche „Kälte" seines Charakters, seine „Flachheit", das Fehlen jeglicher enigmatischer Tiefe begründet. Deswegen ist Stephan nicht nur zur Liebe nicht fähig, sondern noch nicht einmal zu einer gewöhnlichen Freundschaft, denn diese erfordert auch immer ein Mimimum an Einfühlungsvermögen: er kann ohne mit der Wimper zu zucken, seinem älteren Freund/Lehrer (einer Art Ersatzvater) eine tödliche Injektion verabreichen, um die Agonie seines Todeskampfes zu beenden. Ist nicht genau diese Gleichgültigkeit gegenüber dem Begehren des Anderen das, was Lacan als „subjektive Destitution" bezeichnet? – Also warum dann diese Geste der Zurückweisung/des Opfers? Wenden wir uns Kierkegaard zu, der die bislang ausführlichste Abhandlung über die Notwendigkeit der Entsagung innerhalb der erotischen Beziehung verfaßt hat.

3

In allen drei Kierkegaardschen „Stadien", dem ästhetischen, dem ethischen und dem religiösen, findet sich der gleiche Opfergestus, jedesmal in einer anderen „Potenz" (im Sinne Schellings). Das religiöse Opfer ist eine Sache des Ablaufs (es genügt, an Kierkegaards bestbekanntes Beispiel, die Bereitwilligkeit, mit der Abraham Isaak geopfert hat, zu erinnern). Wir sollten uns daher auf die Versagung konzentrieren, die zum „Ethischen" und „Ästhetischen" gehört:
– das ethische Stadium wird durch das Opfer der unmittelbaren Konsumtion des Lebens (wenn wir uns dem flüchtigen Moment hingeben) für irgendeine höhere, universelle Regel definiert. Innnerhalb der erotischen Domäne bietet Mozarts *Cosi fan tutte* eines der kultiviertesten Beispiele. Wenn sein *Don Giovanni* das Ästhetische darstellt (so wie es Kierkegaard selbst in seiner detaillierten Analyse der Oper in *Entweder/Oder* entwickelte), ist die Lektion von *Cosi fan tutte* eine ethische – warum? Der Punkt von *Cosi fan tutte* ist der, daß die Liebe, die die beiden Päärchen am Anfang der Oper vereint, nicht weniger künstlich ist, bzw. genauso mechanisch verursacht wurde, wie die zweite Verliebtheit der Schwestern in die ausgetauschten, als albanische Offiziere verkleideten Partner, die aus den Manipulationen des Philosophen Alfonso resultierte – in beiden Fäl-

len haben wir es mit einem Mechanismus zu tun, dem das Subjekt blind und wie eine Puppe folgt. Hierin besteht die hegelsche „Negation der Negation": zunächst nehmen wir im Gegensatz zu der anfänglichen „authentischen" Liebe die zweite Liebe, das Ergebnis von Alfonsos Manipulation, als eine „künstliche" Liebe wahr; dann merken wir plötzlich, daß es zwischen den beiden eigentlich keinen Unterschied gibt – die ursprüngliche Liebe ist genauso „künstlich" wie die darauffolgende. Und so, da eine Liebe so viel wie die andere gilt, können die Paare zu ihren anfänglichen Ehearrangements zurückehren. An so etwas hat Hegel gedacht, als er behauptete, daß der unmittelbare Ausgangspunkt sich im dialektischen Prozeß als ein bereits aufgehobener herausstelle, das heißt als seine eigene Selbstnegation: am Ende stellen wir fest, daß wir immer schon das waren, was wir eigentlich werden wollten, und der einzige Unterschied darin besteht, daß dieses „immer schon" seine Modalität von An-sich zu Fürsich ändert. Ethisch in diesem Sinne ist die Domaine der Wiederholung *als* Symbolisches: im Ästhetischen versucht man, den Moment in seiner Einzigartigkeit festzuschreiben, im Ethischen aber wird ein Ding durch Wiederholung zu dem, was es ist.[2]

– Im ästhetischen Stadium arbeitet der Verführer an einem unschuldigen Mädchen, das er als seiner Mühen wert erachtet, doch in dem entscheidenden Moment, genau vor seinem Triumph, das heißt wenn ihre Hingabe praktisch schon erreicht ist und er nur noch die Früchte seiner Anstrengungen ernten müßte, muß er sich nicht nur die Verwirklichung des sexuellen Aktes versagen, sondern darüberhinaus auch das Mädchen dazu bringen, ihn fallenzulassen (indem er sich als abscheuliche Person ausgibt und so ihren Ekel erregt). Wozu diese Versagung? Die Verwirklichung des Verführungsprozesses im sexuellen Akt macht das Ziel, das der Verführer verfolgt, in all seiner Flüchtigkeit und Vulgarität deutlich, so daß die einzige Möglichkeit, diesen Horror der radikalen Desublimierung zu vermeiden, darin besteht, kurz vorher aufzuhören und damit den Traum dessen, was hätte geschehen *können*, zu erhalten – indem der Verführer die Liebe in der Zeit verliert, gewinnt er sie für die Ewigkeit.[3] Hier darf man folgenden Punkt nicht verpassen: die „Desublimierung", die man mit der Versagung des Aktes zu vermeiden sucht, liegt *nicht* in der Erfahrung begründet, daß seine Verwirklichung kurz vor dem angestrebten Ideal halt macht, das heißt nicht in der Kluft, die das Ideal auf immer von seiner Verwirklichung trennt; durch die „Desublimierung" verliert das Ideal selbst seine Kraft und verwandelt sich in abstoßenden Schleim – das Ideal wird sozusagen „von innen" unterminiert, wenn wir ihm zu nahe kommen, verwandelt es sich in sein Gegenteil.

Der Schluß von Michael Curtiz' *Casablanca* (wo Humphrey Bogart in Casablanca bleibt und Ingrid Bergman mit ihrem heroischen Gatten ziehen läßt) ist deshalb so zutiefst befriedigend, weil er – in ein und derselben Geste – diese drei Haltungen verdichtet:
– Die erste, „ästhetische" Art, Bogarts Geste zu deuten, besteht darin, sie als Ausdruck des Bewußtseins zu betrachten, daß die Beziehung der beiden, obwohl sie sich leidenschaftlich lieben, in ihrer Erfüllung (das heißt, wenn sie beisammen blieben) notwendigerweise sauer werden würde – so ist es besser, den Traum möglichen Glücks aufrechtzuhalten . . .
– Die zweite Lesart der Geste ist ethisch: Bogart gibt der universellen politischen Sache den Vorrang gegenüber der Idiosynkrasie des privaten Vergnügens (und erweist sich dadurch als würdig für die Liebe Ingrid Bergmans).
– Es gibt jedoch noch eine dritte mögliche Lesart. Darin wird Bogarts finaler Verzicht erkennbar als ein grausamer narzißtischer Racheakt an der Bergman, das heißt, als eine Bestrafung dafür, daß sie ihn in Paris sitzen ließ: Nachdem sie ihm gestanden hat, daß sie ihn wirklich liebt, ist nun er am Zug, um sie in einer zynischen Geste zurückzuweisen, deren Botschaft lautet: „Du wolltest deinen Gatten – jetzt sitzt du mit ihm fest, selbst wenn du lieber mich hättest." Genau diese Logik des rachehaften, erniedrigenden und grausamen „Begleichens der Rechnungen" macht Bogarts finale Geste zu einer „religiösen", nicht nur „ästhetischen".

Darum ist es falsch, die Frage zu stellen, „welche von diesen drei Lesarten die wahre ist" – die Kraft von Bogarts finaler Geste gründet sich genau auf den Umstand, daß sie eine Art neutralen „Container" bildet für alle drei libidinösen Haltungen, so daß ein und dieselbe Geste eine Vielzahl von inkonsistenten, ja sogar widersprüchlichen Begehren befriedigt (die Enttäuschung vermeiden, die die Verwirklichung des eigenen Begehrens mit sich bringt; die Frau durch das Einnehmen des moralischen Standpunkts der Selbstaufopferung faszinieren; Rache nehmen für eine narzißtische Verwundung).

In allen drei Stadien ist also die gleiche Opfergeste in einer jeweils anderen Potenz am Werke: es ändert sich nur der Ort der Unmöglichkeit. Man hätte hier allerdings erwartet, daß der Druck des Verbots und/oder der Unmöglichkeit mit dem „Fortschritt" (oder vielmehr Sprung) von einem zum nächsten Stadium stärker würde: im Ästhetischen steht es einem frei, „die Gelegenheit zu nützen" und sich dem Genuß ohne jegliche Beschränkung hinzugeben; im Ethischen ist Genuß erlaubt, aber nur unter der Bedingung, daß er innerhalb der Grenzen des Gesetzes stattfindet (Ehe), das heißt in einer aseptischen, gezähmten Form, die seinen fatalen Charm suspendiert; im Religiösen gibt es dann keinen Genuß mehr, nur radikalste, „irrationale" Versagung, für die wir nichts einhandeln können (siehe Abrahams Bereitschaft, Isaak zu opfern). Die unheimliche Ähnlichkeit zwischen Abrahams Opferung Isaaks (die in den Bereich des Religiösen gehört) und Kierkegaards eigener Versagung, nämlich der Versagung Reginas (die in die ästhetische Dialektik der Verführung gehört), stört dieses klare Bild der fortschreitenden Versagung jedoch sofort und wurde auch von einigen klugen Interpreten bemerkt. Bei näherem Hinsehen kann man also feststellen, daß sich, entgegen unseren Erwartungen, das Verbot (oder eher die Hemmung) mit dem Sprung von einem ins nächste Stadium *abschwächt*: im Ästhetischen ist das Objekt aufgrund der Instabilität dieses Stadiums vollkommen verloren, komplett außer Reichweite (genau wenn wir versuchen, unseren Finger auf den flüchtigen Moment der Lust zu legen, rinnt sie uns durch die Hände); im Ethischen ist das Genießen in einer stabilen, regulären Form durch die Vermittlung des Gesetzes bereits möglich; und im Religiösen ... – welche ist die religiöse Form des Erotischen, wenn sein ästhetischer Modus Verführung und seine ethische Form die Ehe ist? Ist es überhaupt sinnvoll, von einem *religiösen Modus der Erotik* zu sprechen? Lacans Punkt ist der, daß die *höfische Liebe* genau diese Rolle hat: in der höfischen Liebe suspendiert die Dame das ethische Stadium der universalen symbolischen Obligationen und bombardiert uns auf eine Art und Weise mit völlig willkürlichen Torturen, die der religiösen Suspension des Ethischen homolog ist; die Torturen sind denen Gottes ebenbürtig, der Abraham befiehlt, seinen Sohn Isaak umzubringen. Und, entgegen unseres ersten Eindrucks, daß das Opfer hier seinen Höhepunkt erreicht, treffen wir hier endlich das Andere *als* Ding, das dem Exzeß des Genießens über die Lust einen Körper verleiht. Wenn das ästhetische Unterfangen, den vollen Moment zu erhaschen, in einem Fiasko und mit ausgesprochenem Verlust endet, führt die religiöse Versagung, das heißt die Erhöhung der Dame zum unberührbaren und unerreichbaren Objekt, paradoxerweise zur Trance eines Genießens, das die Grenzen des Gesetzes überschreitet.

4

Diese Kierkegaardschen Paradoxa stellen den konzeptuellen Apparatus bereit, mit dem wir den Unterschied zwischen *Einem kurzen Film über die Liebe* und *Ein Herz im Winter* besprechen können. In beiden Filmen treffen wir auf ein „Ich will nichts" seitens eines Mannes, das ein Hindernis für den Geschlechtsverkehr errichtet, das heißt Tomek und Stephan lehnen das Angebot einer Frau ab, doch diese Zurückweisung hat zwei völlig verschiedene Bedeutungen. In *Liebe* geht es um ein „Ich will nichts" des Begehrens, das auf das *Objekt a* im Anderen abzielt: die wahre Bedeutung dieses „Ich will nichts" ist „Ich will dich absolut, im Kern deines Seins, in der Leere, die den unerreichbaren Wirbel deiner Subjektivität konstituiert, und ich bin nicht dazu bereit, das gegen irgendeinen anderen Ersatz unter der Maske positiver (sexueller) Zuwendung zu tauschen". In Hinblick auf Kierkegaard bleibt Kieslowski somit im Religiösen: Tomeks Haltung ist religiös, und zwar tiefer religiös als die katholische Kommunion der Seelen in der längeren Filmversion. Sein „Ich will nichts" ist ein verzweifelter Versuch, der „Erniedrigung im Liebesleben" dadurch entgegenzuwirken, daß er der Frau die Würde des Dinges verleiht. Auf der anderen Seite konfrontiert uns Sautets Stephan mit etwas vergleichsweise viel Unheimlicherem: hier haben wir einen Mann, der „nichts will", und zwar weil ihm nichts fehlt: er wird nicht vom Rätsel des Begehren des Anderen „gequält", grundsätzlich ist ihm das *Objekt a*, die Objekt-Ursache des Begehrens, gleichgültig, seine Subjektivität wird nicht von einem traumatischen Exzeß des Mehr-Genießens organisiert – warum nicht? Nur eine Antwort ist möglich: *weil er selbst den Platz dieses Objektes einnimmt*. Kurzum, der Gegensatz zwischen Tomek und Stephan ist der Gegensatz zwischen $ und a, zwischen dem reinen Subjekt des Begehrens und einem „Heiligen", jemandem, der die „subjektive Destitution" durchlaufen hat und deswegen zum reinen Triebwesen jenseits des Begehrens wurde. – Im Hintergrund verbirgt sich das Problem, wie wir das Verlangen nach Kopulation heute wieder verstärken könnten, da das sexuelle

Objekt aufgrund seiner direkten Verfügbarkeit, das heißt aufgrund des Mangels an Hindernissen, die seinen Wert steigern würden, zunehmend herabgewürdigt wird – oder um Freuds klassische Formulierung wieder zu zitieren:

> Es ist leicht festzustellen, daß der psychische Wert des Liebesbedürfnisses sofort sinkt, sobald ihm die Befriedigung bequem gemacht wird. Es bedarf eines Hindernisses, um die Libido in die Höhe zu treiben, und wo die natürlichen Widerstände gegen die Befriedigung nicht ausreichen, haben die Menschen zu allen Zeiten konventionelle eingeschaltet, um die Liebe genießen zu können.[4]

Aus dieser Perspektive erscheint die höfische Liebe schlicht als die radikalste Strategie, um den Wert des Objektes zu erhöhen, nämlich indem seiner Erreichbarkeit konventionelle Hindernisse entgegengestellt werden. Als Lacan in seinem Seminar *Encore* die treffendste Beschreibung des Paradoxes der höfischen Liebe formuliert, schreibt er etwas scheinbar ähnliches, jedoch fundamental anderes: er definiert die höfische Liebe als „eine äußerst raffinierte Art, das Fehlen des sexuellen Verhältnisses dadurch zu kompensieren, daß wir vorgeben, daß wir es selber sind, die ihr dieses Hindernis errichten."[5] Daher ist der Punkt nicht einfach der, daß wir zusätzliche konventionelle Hindernisse errichten, um den Wert des Objektes zu steigern: *externe Hindernisse, die den Zugang zum Objekt versperren, gibt es genau deshalb, um die Illusion zu schaffen, daß das Objekt ohne sie direkt erreichbar sei* – solche Hindernisse verbergen dabei die inhärente Unmöglichkeit, das Objekt zu erreichen. Um dieses Stocken greifbar zu machen, wenden wir uns für einen Moment einem Beispiel aus einem anderen Bereich zu, dem der sogenannten „computer highways" (Infonet z. B.). Wenn in der nahen Zukunft alle Daten, Filme etc. auf Knopfdruck verfügbar sein werden und die Wartezeit derartig minimalisiert wird, daß der eigentliche Begriff des „Suchens" (nach einem Buch oder einem Film) seine Bedeutung verliert, wird nicht diese sofortige Verfügbarkeit das Begehren ersticken? Denn was das menschliche Begehren wachruft, ist ein Kurzschluß zwischen dem grundsätzlich verlorenen Ding und einem empirischen, positiven Objekt, das heißt der Erhöhung dieses Objektes zur Würde des Dinges – dieses Objekt füllt dann die „transzendentale" Leere des Dinges, es wird verboten und funktioniert dadurch als Ursache des Begehrens. Wenn jedoch jedes empirische Objekt verfügbar wird, so erzeugt dieses Fehlen des Verbots notwendigerweise Angst: was man anhand dieser Saturation sehen kann, ist, daß letztlich der Kern des Verbots war, die inhärente Unmöglichkeit des Dinges, das heißt den strukturellen Stillstand des Begehrens zu verstecken.[6]

Vor diesem Hintergrund kann man die Rehabilitierung der Verführungstheorie (der Vorstellung, daß dem psychischen Trauma wirkliche sexuelle Belästigung in der Kindheit zugrunde liegt) als das, was man heute die „politisch korrekte" Haltung nennt, begreifen: diese Rehabilitierung indiziert den veränderten Status der Subjektivität in unserer postmodernen, spätkapitalistischen Gesellschaft, das heißt den Umschwung zu einem „pathologischen Narziß", dem der andere (das begehrende Subjekt) an sich als gewalttätiger Eindringling erscheint – egal, was er oder sie macht (rauchen, zu laut oder zu leise lachen, einen lüsternen Blick auf mich werfen . . .), alles wird zu einer Störung meines unsicheren Gleichgewichts. Bedroht von einem jeglichen Treffen mit dem Begehren des Anderen, versucht dieser „pathologische Narziß" im virtuellen Raum zu leben (in genau dem Sinne, den dieser Begriff im Computeruniversum hat): im Raum der virtuellen Gemeinschaft, in der es einem freigestellt ist, seine Identität zu ändern, wo keine Verbindung wirklich verbindlich ist, da ich mich zu jedem Moment aus meiner „Beziehung" zurückziehen kann. – Hierin besteht der fatale Fehler der politisch korrekten Tendenz, „Haßrede" zu bekämpfen, indem man „aggressive" durch „neutrale" Ausdrücke ersetzt (ein Mensch, der schlecht sieht, ist „sehbehindert", ein unterentwickeltes Land wird zum „Entwicklungsland" usw.). Das Problem bei dieser Strategie ist, daß der Diskurs der Macht diese Tendenzen ganz einfach für sich einspannen kann, indem er sie benutzt, um die rohe Brutalität der Ausbeutung aseptisch zu machen: warum sollte nicht auch eine brutale Vergewaltigung zu einer „nicht vereinbarten sexuellen Befriedigung" werden? Kurzum, die politisch korrekte Nachrichtensprache imitiert einfach das heutige Bürokratenchinesisch, in dem der Mord an einem politischen Kontrahenten zur aseptischen „Vernichtung des Ziels" wird – in beiden Fällen geht es um den Versuch, die „stechende" Dimension der Sprache, die Stufe, auf der das Wort des anderen den eigentlichen Kern meines Seins trifft, zu suspendieren. Und ist dieser Schutz gegen das Treffen *als* Reales nicht der wahre Beweggrund der heutigen „Erniedrigung des Liebeslebens"?

Unser Punkt ist daher der, daß die politisch korrekte Haltung in Wirklichkeit dadurch, daß sie sich bemüht, alle Spuren des Treffens mit dem Realen und mit dem Anderen als begehrendes Subjekt auszuwischen, zur „Erniedrigung des Liebeslebens" beiträgt. Womit versucht sie dieses Treffen zu ersetzen? Hierauf kann uns das Fantasma, das Robert Heinleins *Puppetmasters* zugrunde liegt, eine Antwort geben. Heute schmeckt das Motiv der parasitären Fremden, die unseren Planeten überfallen, auf unserem Rücken sitzen, mit ihren langen Stacheln in unser Rückgrat stechen und uns so „von inner her" beherrschen, wie abgestandenes Wasser; obwohl 1994 gedreht, berührt uns der Film *Puppetmasters* als eine lahme visuelle Kombination von *Alien* und *Überfall der Body Snatchers*. Sein fantasmatischer Hintergrund ist trotzdem interessanter, als er auf den ersten Blick erscheint: es geht um den Gegensatz zwischen der menschlichen Welt der sexuellen Reproduktion und dem Clonen der Aliens. In unserer Welt geschieht die Vermehrung durch die Kopulation, unter dem Zeichen der symbolischen Instanz des Namen-des-Vaters, die Aliens aber vermehren sich auf asexuelle Weise, durch direkte Verdoppelung, und besitzen deshalb keine „Individualität"; sie stellen eine radikale „Vermischung der Subjekte" dar; das heißt sie können direkt miteinander kommunizieren, das Medium der Sprache umgehen, da sie alle einen großen Organismus formen. Warum stellen die Aliens dann eine solche Bedrohung dar? Die unmittelbare Antwort lautet natürlich: weil sie den Verlust der menschlichen Individualität bewirken – unter ihrer Herrschaft werden wir „Puppen", der „Andere" (oder vielmehr das Eine) spricht direkt durch uns. Dennoch ist hier ein tieferes Motiv wirksam: wir können uns nur insofern als autonome und freie Individuen erfahren, als wir von einem irreduziblen, konstitutiven Verlust markiert sind, von Teilung und Gespaltenheit, nur insofern als unser Sein selbst gewissermaßen „aus den Fugen geraten" ist, nur insofern als der andere (Mensch) letztlich ein für uns unergründliches, undurchdringbares Wesen bleibt. Die Aliens hingegen funktionieren genau als das Komplement, das dem menschlichen Subjekt seine verlorene Fülle zurückgibt: sie sind das, was Lacan in seinem Seminar XI „Lamellen" nennt, das unzerstörbare *asexuelle* Organ ohne Körper, der mythische Teil, der bei der Sexualisierung der menschlichen Wesen verloren geht. Im Gegensatz zu einer „normalen" sexuellen Beziehung, die immer durch ein Verfehlen vermittelt und als solche „unmöglich" ist, gestaltet sich die Beziehung mit Aliens daher als vollkommen zufriedenstellend: wenn ein menschliches Subjekt mit einem Alien verschmilzt, ist es, als wenn die gerundete Fülle eines kompletten Wesens vor der sexuellen Teilung, über die Platon in seinem *Symposion* spricht, wiederhergestellt wurde – ein Mann braucht keine Frau mehr und umgekehrt, weil jeder selber für sich bereits schon vollständig ist. Wir sehen nun, warum ein menschliches Wesen in *Puppetmasters*, nachdem es den parasitären

Alien losgeworden ist, völlig verwirrt reagiert und sich wie ein Drogensüchtiger beim Entzug verhält, nämlich so, als hätte er den Boden unter den Füßen verloren. Am Ende des Films wird das „normale" sexuelle Paar wortwörtlich durch den Vatermord wiederhergestellt: die Bedrohung der Sexualität wurde abgewehrt. Die Pointe ist jedoch vielmehr die, daß der Roman unter dem Mäntelchen einer paranoiden Fantasie etwas vorführt, das langsam Teil unseres Alltags wird. Wird der Computer nicht zunehmend zu einem parasitären Komplement unseres Seins? Vielleicht ist die Entscheidung zwischen Sexualität und zwanghaftem Spiel mit dem Computer (der sprichwörtliche Jugendliche, der so in seinen Computer vertieft ist, daß er seine Verabredung vergißt) mehr als eine Erfindung der Medien: vielleicht indiziert dieses Beispiel, wie sich durch neue Technologien langsam eine komplementäre Beziehung zu einem „unmenschlichen Partner" entwickelt, die auf eine unheimliche Weise erfüllender als die Beziehung zum Sexualpartner ist – vielleicht hat Foucault recht (wenngleich auch aus den falschen Gründen), vielleicht lauert das Ende der Sexualität am Horizont und vielleicht dient die politische Korrektheit diesem Ziel.[7]

5

Der Irrtum der politischen Korrektheit kann auch in Bezug auf die Opposition zwischen gewaltsamem Zwang und „echter" Unterwerfung formuliert werden: politische Korrektheit ist darauf ausgerichtet, wie Unterwerfung (der Frauen durch die Männer in einer patriarchalen Gesellschaft, einer „niedrigen" durch eine „höhere Rasse", des Kolonisierten durch den Kolonisierenden usw.) genau dann, wenn sie als „echt" und „aufrichtig" von den unterworfenen Subjekten erfahren wird, einen Fall von ideologischer Verblendung darstellt, dementgegen eine kritische Analyse die Spuren (internalisierter, „naturalisierter") externen rohen Zwanges herausarbeiten sollte; was regelmäßig der Aufmerksamkeit entgeht, ist die weitaus schlimmere, gegenteilige Operation, aufgrund derer wir etwas, das uns von „innen" her in seiner Gewalt hat, als bloßen Zwang, dem wir uns auf gänzlich externe Weise unterwerfen, (miß)verstehen. Auf der einen Seite haftet jeder angeblich „echten" Unterwerfung ein Element der Unwahrheit an: unter ihr verbirgt sich stets scheinheilige Berechnung oder Angst vor roher Gewalt. Die Dialektik der Befreiung besteht genau darin, den Zauber „echter" Autorität zu brechen, sie als Maske brutalen Zwangs zu denunzieren; beispielhaft in diesem Zusammenhang ist (wiederum) der Fall der feministischen Kritik, die die Spuren brutalen Zwangs in dem entdeckt, was innerhalb des patriarchalischen Feldes als „natürliche" Bestimmung der Frau erscheint. Auf einer allgemeineren Ebene kann man behaupten, daß „Fortschritt" nicht allein darin besteht, das Ausmaß der gewaltsamen Zwänge zu verringern, sondern auch darin, gewaltsamen Zwang in dem zu sehen, was bislang als „natürlicher" Stand der Dinge galt. Aber was ist dann mit dem sprichwörtlichen Jugendlichen, der sich der Autorität seines Vaters widersetzt, sie als externe „Repression" erfährt, und nicht versteht, wie diese Autorität ihn „von innen her" im Griff hat und so die Echtheit seiner Selbsterfahrung garantiert – man muß nur die äußerste Verwirrung beobachten, das Gefühl des Verlusts, wenn sich die väterliche Autorität tatsächlich auflöst... Als wahrer Hegelianer hatte Lacan vollkommen recht damit, den Gemeinplatz des befreienden Potentials der unbewußten Impulse, die der „Repression" der Autorität widerstehen, der wir uns bewußt unterordnen, umzukehren: der Herr ist unbewußt, er übt seine Macht über uns im Unbewußten aus.

Diese Opposition wird am besten mit Bezug auf das Paar Zynismus und Ironie kurz dargestellt. „Echte Autorität" als eine Pose zu denunzieren, deren wirklicher Gehalt aus rohem Zwang oder Unterwerfung zwecks irgendeines materiellen Gewinns besteht, ist die grundlegende Geste des Zynismus. Der Ironiker hingegen bezweifelt, daß ein berechnender Utilitarist wirklich so berechnend ist, wie er scheint, das heißt er vermutet, daß der Anschein berechnender Distanz eine viel tiefere Bindung verbergen könnte. Im Handumdrehen denunziert der Zyniker die lächerliche Vorspiegelung würdevoller Autorität; der Ironiker kann wahre Bindungen hinter abweisender Verachtung oder vorgetäuschter Gleichgültigkeit entdecken. In Sachen Liebe zeichnet der Zyniker sich dadurch aus, daß er exaltierte Deklarationen tiefer spiritueller Affinität als Strategie, den Partner sexuell oder sonstwie auszunützen, verunglimpft, während der Ironiker in seiner melancholischen Stimmung dazu neigt, festzustellen, wie die brutale Art, den Partner zum besten zu halten oder gar zu erniedrigen, oftmals unsere Nichtbereitschaft ausdrückt, die Tiefe unserer Bindung zu zeigen...[8]

Auf den ersten Blick scheint der Zynismus eine radikalere Distanz als die Ironie zu schaffen: ist Ironie nicht ein wohlmeinendes „Sichvon-oben-lächerlich-machen", ein Herabblicken von einer der symbolischen Ordnung internen Warte aus, das heißt von der Distanz des Subjektes aus, das die Welt von der erhobenen Warte des großen Anderen aus sieht, auf die, die sich von vulgären, weltlichen Genüssen verlocken lassen, mit dem Bewußtsein ihrer letztlichen Nichtigkeit herabzublicken, während der Zyniker einem „weltgebundenen" Standpunkt verhaftet ist und „von unten" unseren Glauben an die bindende Wirkung der Kraft des Wortes und an den symbolischen Pakt unterminiert, und die Substanz des Genießens als das einzige, was wirklich wichtig ist, hinstellt – Sokrates versus Dionysos, den Zyniker? In Wahrheit ist die Beziehung aber umgekehrt: ausgehend von der richtigen Prämisse, daß „der große Andere nicht existiert", das heißt daß die symbolische Ordnung eine Fiktion ist, zieht der Zyniker den falschen Schluß, daß der große Andere nicht „funktioniert", das heißt daß seine Rolle einfach außer acht gelassen werden kann – weil er nicht bemerkt, wie die symbolische Fiktion nichtsdestoweniger seine Beziehung zur Wirklichkeit des Genießens reguliert, bleibt er um so mehr dem symbolischen Kontext versklavt, der seinen Zugang zum Ding-Genuß definiert, und gefangen in dem symbolischen Ritual, das er nach außen hin verspottet. Genau daran dachte Lacan mit seinem *„les non-dupes errent"*: diejenigen, welche nicht von der symbolischen Fiktion getäuscht werden, irren sich am schlimmsten. Auf der anderen Seite löst die scheinbar „sanftere" Art des Ironikers sehr viel effektiver die Knoten, die die Welt des Symbolischen zusammenhalten, das heißt es ist der Ironiker, der die Nicht-Existenz des großen Anderen wirklich annimmt.

II Politik

Das genießerische Gesetz

1

Welche Art Gesetz ist der Gegenstand der Psychoanalyse? Selbstverständlich lautet die Antwort: das *Über-Ich*. Das Über-Ich taucht dort auf, wo das Gesetz – das öffentliche Gesetz, das im öffentlichen Diskurs artikulierte Gesetz – versagt; an diesem Punkt des Versagens sieht es sich gezwungen, ein *illegales Genießen* um Unterstützung zu ersuchen. Das Über-Ich ist also das obszöne, „nächtliche" Gesetz, das notwendigerweise das „öffentliche" Gesetz als dessen Schatten verdoppelt und begleitet. Diese innere und konstitutive Spaltung innerhalb des Gesetzes ist das Thema von Rob Reiners Film *A Few Good Men*, einem Kriegsgerichtsdrama, das von zwei Marineinfanteristen handelt, die wegen Mordes an einem ihrer Kameraden angeklagt sind. Der Militär-Anwalt behauptet, die Tat der beiden Soldaten sei vorsätzlicher Mord gewesen, während die Verteidigung erfolgreich nachweisen kann, daß die Angeklagten lediglich dem sogenannten „Code Red" gefolgt waren, das den heimlichen nächtlichen Überfall auf einen Kameraden rechtfertigt, wenn er nach Meinung von Gleichrangigen oder vorgesetzten Offizieren das ethische Gesetz der Marineinfanterie gebrochen hat.

Die Funktion dieses „Code Red" ist hochinteressant: Es duldet einen Akt der Überschreitung – die illegale Bestrafung eines Kameraden – doch zugleich festigt es den Zusammenhalt der Gruppe, das heißt es fordert einen Akt höchster Identifikation mit deren Werten. Ein solches Gesetz muß im Dunkel der Nacht verweilen, unerkannt, unaussprechlich – in der Öffentlichkeit gibt ein jeder vor, nichts von ihm zu wissen, ja er leugnet sogar aktiv seine Existenz. Es repräsentiert den „Geist der Gemeinschaft" in reinster Form, wobei es auf das Individuum den stärksten Druck ausübt, seinen Auftrag zu erfüllen, sich mit der Gruppe zu identifizieren. Doch es verletzt zugleich die ausdrücklichen Regeln des Gemeinschaftslebens (das Elend der beiden angeklagten Soldaten ist es, daß sie nicht fähig sind, diesen Ausschluß des „Code Red" aus dem „großen Anderen", dem Bereich des öffentlichen Gesetzes, zu begreifen: Verzweifelt fragen sie sich: „Was haben wir falsch gemacht?", obwohl sie ja nur die Befehle des vorgesetzten Offiziers befolgt haben). Woher kommt diese Spaltung des Gesetzes in das geschriebene öffentliche Gesetz und seine Kehrseite, das „ungeschriebene", obszöne Geheimgesetz? Es entstammt dem unvollständigen, dem „nicht-alles"-Wesenszug des öffentlichen Gesetzes: Ausdrückliche öffentliche Regeln genügen nicht, so daß sie von einem geheimen „ungeschriebenen" Gesetz ergänzt werden müssen, das diejenigen treffen soll, die sich – obwohl sie gegen kein öffentliches Gesetz verstoßen – eine Art innerer Distanz bewahren und sich nicht wahrhaft mit dem „Geist der Gemeinschaft" identifizieren.[1]

Der „Sadismus" der Macht beruht also auf der Aufspaltung des Feldes des Gesetzes in das Gesetz als „Ich-Ideal", das heißt eine symbolische Ordnung, die das gesellschaftliche Leben regelt und den sozialen Frieden aufrecht erhält, und in sein obszönes, über-ich-haftes Gegenteil. Wie in zahlreichen Analysen von Bachtin und ihm nachfolgenden Autoren gezeigt worden ist, gehören periodische Überschreitungen des öffentlichen Gesetzes zur gesellschaftlichen Ordnung, sie dienen als Bedingung ihrer Stabilität[2]. Was für den tiefsten „Zusammenhalt" einer Gemeinschaft sorgt, ist weniger die Identifikation mit dem Gesetz, das den „normalen" alltäglichen Umgang dieser Gemeinschaft regelt, als vielmehr die *Identifikation mit einer besonderen Form der Überschreitung, der Aussetzung des Gesetzes* (psychoanalytisch ausgedrückt: mit einer besonderen Form des *Genießens*). Kehren wir zu den weißen Kleinstadt-Gemeinden im amerikanischen Süden der zwanziger Jahre zurück, in denen der Machtbereich des offiziellen, des öffentlichen Gesetzes von seinem dunklen Double begleitet wird, dem nächtlichen Terror des Ku-Klux-Klans, dem Lynchen machtloser Schwarzer: Einem (weißen) Mann werden kleinere Gesetzesübertretungen gerne verziehen, insbesondere, wenn sie von einem „Ehrencodex" gerechtfertigt werden können; die Gemeinschaft erkennt ihn immer noch als „einen von uns" an. Er wird jedoch in dem Moment endgültig exkommuniziert, als „nicht einer von uns" betrachtet, sobald er die besondere Form der *Überschreitung* nicht anerkennt, die zu dieser Gemeinschaft gehört – in dem Moment sozusagen, da er sich weigert, am rituellen Lynchen durch den Klan teilzunehmen, oder es sogar vor dem Gesetz anzeigt (das davon natürlich nichts hören will, da es seine eigene verborgene Kehrseite sichtbar werden läßt). Die Nazi-Gemeinschaft beruhte auf derselben Solidarität-in-der-Schuld, die von der Teilnahme an einer gemeinsamen Überschreitung hervorgebracht wurde: Sie ächtete diejenigen, die nicht bereit waren, die dunkle Seite der idyllischen Volksgemeinschaft, die nächtlichen Pogrome, das Niederprügeln politischer Gegner – kurz: alles, was „jeder wußte, aber nicht laut darüber reden wollte", hinzunehmen.[3]

Wenn der öffentliche Raum als Folge der Machtergreifung der bürgerlichen Gleichheits-Ideologie seinen unmittelbar patriarchalen Charakter verliert, wird auch das Verhältnis zwischen dem öffentlichen Gesetz und seiner obszönen, über-ich-haften Kehrseite einem radikalen Wandel unterzogen. In der traditionellen patriarchalen Gesellschaft nimmt die innere Überschreitung des Gesetzes die Form einer karnevalesken Verkehrung der Autorität an: Der König wird zum Bettler, Wahnsinn stellt sich als Weisheit dar usw. Ein beispielhafter Fall hierfür ist eine Sitte, die in den Dörfern Nordgriechenlands bis in die Mitte unseres Jahrhunderts praktiziert wurde: Einen Tag lang rissen die Frauen die Macht an sich – die Männer mußten zu Hause bleiben und die Kinder betreuen, während sich die Frauen in der örtlichen Kneipe versammelten, bis zum Exzeß tranken und Scheingerichtsverhandlungen über die Männer organisierten... Deshalb bricht bei dieser karnevalistischen Überschreitung und Aussetzung des herrschenden patriarchalen Gesetzes das Phantasma der weiblichen Macht hervor. Wenn Lacan die Aufmerksamkeit auf die Tatsache lenkt, daß eine der Bezeichnungen für Ehefrau im Alltags-Französisch *la bourgeoise* ist, das heißt diejenige, welche, jenseits des Anscheins männlicher Vorherrschaft, eigentlich die Fäden in der Hand hält, so darf dies keinesfalls auf eine Variante der üblichen männlich-chauvinistischen Witzelei reduziert werden, daß nämlich alles in allem die patriarchale Vorherrschaft für die Frauen so schlecht nicht sein kann, da sie zumindest im geschlossenen Kreis der Familie das Regiment führen. Denn das Problem reicht tiefer: Eine der Folgen der Tatsache, daß der Herr immer ein Hochstapler ist, ist die Verdoppelung des Herrn – die Instanz des Herrn wird immer als Schein wahrgenommen, hinter dem sich ein anderer, „wahrer" Meister verbirgt. Es mag genügen, an die von Adorno in *Minima Moralia* erzählte Anekdote zu erinnern, über eine Frau, die sich ihrem Ehemann scheinbar unterordnet und ihm, als sie sich anschicken, die Party zu verlassen, gehorsam in den Mantel hilft. Doch dabei wechselt sie hinter seinem Rücken mit den anderen Gästen ironische und herablassende Blicke, die sagen wollen: „Armer Schwächling, lassen wir ihm den Glauben, er sei der Herr." Der Gegensatz von männlicher und weiblicher Macht wird demnach als derjenige von scheinbarer und eigentlicher Macht erfahren: Der Mann ist ein Hochstapler, dazu verurteilt, sich in leeren symbolischen Gesten zu ergehen, während die eigentliche Verantwortung der Frau zukommt. Die Pointe aber, die man hierbei nicht verfehlen sollte, ist, daß dieses Gespenst der weiblichen Macht wesentlich auf der männlichen Vorherrschaft beruht: Es bleibt ihr schattenhaftes Double, ihre auf sie zurückwirkende Wirkung und als solche ihr inneres Moment. Aus diesem Grund ist die Idee, die dunkle weibliche Macht ans Licht zu bringen und ihre zentrale Position öffentlich anzuerkennen, der raffinierteste Weg, dem Patriarchat in die Falle zu gehen. – Sobald jedoch das öffentliche Gesetz seinen unmittelbar patriarchalen Mantel abwirft und sich selbst als neutral und egalitär darstellt, unterliegt auch der Charakter seines obszönen Doubles einer radikalen Veränderung: Was in der karnevalesken Aufhebung des „egalitären" öffentlichen Gesetzes jetzt hervorbricht, ist gerade die autoritär-patriarchale Logik, die nicht aufhört, unsere Einstellungen zu prägen, obwohl ihr unmittelbarer öffentlicher Ausdruck nicht mehr zulässig ist. „Karneval" wird so zum Ausfluß des regressiven sozialen *Genießens*: judenverfolgende Aufstände, Vergewaltigungen in Gruppen...

Sofern das Über-Ich den Einzug des Genießens in das Feld der Ideologie kennzeichnet, können wir auch sagen, daß der Gegensatz von symbolischem Gesetz und Über-Ich auf die Spannung zwischen ideologischer Bedeutung und Genießen verweist: Das symbolische Gesetz garantiert die Bedeutung, während das Über-Ich für das Genießen sorgt, das als unerkannte Stütze der Bedeutung dient. Heutzutage, in der sogenannten „post-ideologischen" Ära ist es wichtig, sich vor der Verwechslung der zugrundeliegenden Phantasmen, die ein ideologisches Gebäude stützt, mit der ideologischen Bedeutung zu hüten – wie anders könnte man das paradoxe Bündnis von Postkommunismus und faschistischem Nationalismus (in Serbien, Rußland etc.) erklären? Auf der Ebene der Bedeutung ist ihr Verhältnis das der gegenseitigen Ausschließung; doch sie beruhen auf einer ihnen gemeinsamen phantasmatischen Unterstützung (als der Kommunismus der Diskurs der Macht war, spielte er geschickt mit nationalistischen Phantasmen – von Stalin bis Ceaucescu). Folglich gibt es keine Unvereinbarkeit zwischen der „postmodernen", zynischen Einstellung der Nicht-Identifizierung, der Distanz zu jeder Ideologie, und der nationalistischen Besessenheit vom ethnischen *Ding*. Das Ding ist die Substanz des Genießens: Nach Lacan ist der Zyniker eine Person, die nur an das Genießen glaubt – und ist das deutlichste Beispiel hierfür nicht gerade der Zyniker, der vom *Ding des Nationalen* besessen ist?

2

Dieser Unterschied zwischen dem Gesetz und dem Über-Ich koinzidiert auch mit dem Unterschied zwischen der Schrift und der Stimme. Das öffentliche Gesetz ist ihrem Wesen nach ein niedergeschriebenes – nur und genau deswegen, weil „es niedergeschrieben ist", kann unsere Unkenntnis des Gesetzes uns nicht als Entschuldigung dienen, das heißt sie entschuldigt uns nicht in den Augen des Gesetzes. Im Gegensatz dazu ist der Status des Über-Ichs der der traumatischen Stimme eines Eindringlings, der uns verfolgt und unser psychisches Gleichgewicht stört. Die Derridasche Standardunterscheidung zwischen Stimme und Schrift wird hier umgekehrt: es ist die Stimme, die die Schrift supplementiert und als der nicht-transparente Fleck funktioniert, der das Feld des Gesetzes entstellt und doch zu seinem Abschluß notwendig ist. – Diese Spannung zwischen dem öffentlichen Gesetz und seiner Kehrseite, dem obszönen Über-Ich, ermöglicht uns die Annäherung an Althussers Begriff der Anrufung auf eine ganz neue Art und Weise. Althusser beschreibt einen Menschen, der, als er einfach die Straße heruntergeht, plötzlich von einem Polizisten gerufen wird: „He, Sie da!" – indem dieses Individuum dem Ruf antwortet, das heißt indem es einhält und sich zu dem Polizisten umdreht, anerkennt-konstituiert es sich als Subjekt der Macht, des großen Anderen-Subjektes: Ideologie

‚transformiert' diese Individuen in Subjekte (sie transformiert sie alle). Man kann sich diese Anrufung nach dem Muster der einfachen und alltäglichen Anrufung durch einen Polizisten vorstellen: ‚He, Sie da!'
Wenn wir einmal annehmen, daß die vorgestellte theoretische Szene sich auf der Straße abspielt, so wendet sich das angerufene Individuum um. Durch diese einfache physische Wendung um 180 Grad wird es zum *Subjekt*. Warum? Weil es damit anerkennt, daß der Anruf ‚genau' ihm galt und daß es ‚gerade es war, das angerufen wurde' (und niemand anderes). Wie die Erfahrung zeigt, verfehlen die praktischen Telekommunikationen der Anrufung praktisch niemals ihren Mann: Ob durch mündlichen Zuruf oder durch ein Pfeifen, der Angerufene erkennt immer genau, daß gerade er es war, der gerufen wurde. Dies ist jedenfalls ein merkwürdiges Phänomen,

das nicht allein durch ein ‚Schuldgefühl' erklärt werden kann, trotz der Vielzahl der Leute, die ‚sich etwas vorzuwerfen haben'.
Natürlich mußten wir der Einfachheit halber und um der größeren Klarheit willen bei der Darstellung unseres kleinen theoretischen Schauspiels die Dinge in Form einer Sequenz präsentieren, mit einem Vorher und einem Nachher, das heißt in Form einer zeitlichen Abfolge. Es gibt Individuen, die spazieren gehen. Irgendwo (gewöhnlich hinter ihrem Rücken) ist der Anruf zu hören: ‚He, Sie da!' Ein Individuum (in 90% der Fälle ist es der Gemeinte) wendet sich um in dem Glauben, der Ahnung, daß es ‚gerade es ist', an den sich der Anruf richtet. Aber in Wirklichkeit gehen die Dinge ohne jede zeitliche Abfolge vor sich. Die Existenz der Ideologie und die Anrufung der Individuen als Subjekte ist ein und dasselbe.[4]

Der Grundzug dieser zitierten Passage ist eine doppelte Verneinung: die Verneinung der Erklärung des anrufenden Erkennens durch ein „Schuldgefühl" und die Verneinung der Zeitlichkeit des Anrufungsprozesses (genaugenommen „werden" Individuen nicht zu Subjekten, sie sind „immer schon" Subjekte). Der „zeitlose" Charakter der Anrufung macht eine Art Sequentialität unsichtbar, die sehr viel komplexer als das „theoretische Theater" ist, das Althusser zugunsten des verdächtigen Alibis von „Bequemlichkeit und Klarheit" aufbaut. Diese „verdrängte" Sequenz betrifft ein Schuldgefühl, das einen rein formalen, (im kantschen Sinne) „nicht-pathologischen" Charakter hat, und das aus diesem Grund desto schwerer auf den Individuen lastet, die „nichts auf dem Gewissen haben". Das heißt, worin besteht denn genau die erste Reaktion des Individuums auf das „He, Sie da!" des Polizisten?[5] Ein inkonsistentes Gemisch zweier Elemente: (1) warum ich, was will der Polizist von mir? Ich bin unschuldig, ich habe mich um meine eigenen Angelegenheiten gekümmert und mir nur die Beine vertreten... Trotzdem ist dieser perplexe Protest der Unschuld stets von (2) begleitet: von einem unbestimmten kafkaesken Gefühl der „abstrakten" Schuld, ein Gefühl, daß ich, in den Augen der Macht, a priori entsetzlich schuldig bin, obwohl ich nicht wissen kann, an was genau ich mich schuldig gemacht habe – und genau aus diesem Grund, das heißt weil ich nicht weiß, an was ich schuld bin, bin ich sogar noch viel schuldiger; oder, um es deutlich zu sagen, meine wahre Schuld liegt in der Unwissenheit über meine Schuld.

Was wir haben, ist also das gesamte lacansche Dispositiv des Subjektes, das zwischen Unschuld und abstrakter, unbestimmter Schuld geteilt ist und mit einem nicht-transparenten Ruf, der vom Anderen ausgeht, konfrontiert wird, ein Ruf („He, Sie da!"), bei dem nicht klar ist, was der Andere eigentlich von ihm will („Che vuoi?"). Kurz, hier treffen wir auf eine Anrufung *vor der Identifikation*. Vor dem Erkennen im Ruf des Anderen, durch den das Individuum sich als „immer-schon"-Subjekt konstituiert, sind wir verpflichtet, diesen „zeitlosen" Augenblick des Stockens, in dem Unschuld mit unbestimmter Schuld zusammenfällt, anzuerkennen. Die ideologische Identifikation, durch die ich ein symbolisches Mandat annehme und mich als Subjekt der Macht erkenne, ereignet sich nur als Antwort auf dieses Stocken. So sind wir wieder bei der Spannung zwischen dem öffentlichen Gesetz und seiner obszönen Über-Ich-Kehrseite angelangt: die ideologische Erkennung im Ruf des Anderen ist der Akt der Identifikation, des Sich-selbst-Identifizieren als Subjekt des öffentlichen Gesetzes, des Einnehmens des eigenen Platzes innerhalb der symbolischen Ordnung, wobei die abstrakte, unbestimmte Schuld das Subjekt mit dem undurchdringlichen Ruf des Anderen konfrontiert, der die Identifikation, das Erkennen des eigenen symbolischen Mandats, verhindert.

Was in Althussers Theorie der Anrufung „ungedacht" bleibt, ist die Tatsache, daß wir, vor dem ideologischen Erkennen einen Zwischenmoment der obszönen, undurchdringlichen Anrufung ohne Identifikation haben, eine Art „verschwindenden Vermittler", der unsichtbar werden muß, wenn das Subjekt symbolische Identität erlangen, das heißt den Gestus der Subjektivierung vollenden soll. Das von Althusser „Ungedachte" besteht darin, daß es bereits ein unheimliches Subjekt gibt, das diesem Gestus der Subjektivierung vorausgeht. Ist dieses „Subjekt vor der Subjektivierung" nicht ein rein theoretisches Konstrukt und als solches für eine konkrete soziale Analyse nutzlos? Das Syntagma, das immer wiederkehrt, wenn Sozialarbeiter versuchen, ihre Erfahrung mit einem „asozialen" jugendlichen Kriminellen zu beschreiben, dem das fehlt, was wir ideologisch als Mangel am „elementarsten Sinn für Mitleid und moralische Verantwortung" bezeichnen, liefert den Gegenbeweis: wenn man ihm in die Augen schaut, scheint es, als sei „dort niemand zu Hause".

3

Es sollte Nachdruck auf die innere politische Dimension des Begriffs des Genießens gelegt werden, das heißt auf die Art, wie dieser Kern des Genießens als politischer Faktor wirkt. Wir wollen diese Dimension anhand eines der Geheimnisse im kulturellen Leben des nachsozialistischen Osteuropa erforschen: Warum erleidet Milan Kundera noch jetzt – nach dem Sieg der Demokratie – eine Art Exkommunikation in Böhmen? Seine Schriften werden so gut wie nicht veröffentlicht, die Medien übergehen sie stillschweigend, allen ist es irgendwie unangenehm, darüber zu reden ... Um eine solche Behandlung zu rechtfertigen, kramt man alte Geschichten über seine heimliche Kollaboration mit dem kommunistischen Regime, über seinen Rückzug in private Freuden und darüber, daß er den moralisch aufrechten Konflikt *à la* Havel gescheut habe, und ähnliches hervor. Die Wurzeln dieses Widerstands jedoch liegen tiefer – Kundera überbringt eine Botschaft, die für das „normalisierte" demokratische Bewußtsein unerträglich ist:

– Auf den ersten Blick scheint die fundamentale Achse, die das Universum seiner Werke strukturiert, der Gegensatz zwischen dem prätentiösen Pathos der offiziellen sozialistischen Ideologie und den Inseln des alltäglichen Privatlebens mit seinen kleinen Freuden und Annehmlichkeiten, seinem Lachen und seinen Tränen außerhalb der Reichweite der Ideologie zu sein. Diese Inseln erlauben uns, auf Distanz zu gehen, um so das ideologische Ritual in seiner leeren, lächerlichen Anmaßung und grotesken Bedeutungslosigkeit sichtbar werden zu lassen: Es ist nicht der Mühe wert, gegen eine offizielle Ideologie mit pathetischen Reden von Freiheit und Demokratie zu revoltieren – früher oder später wird eine solche Revolte zu einer Neuauflage des „Großen Marsches", der ideologischen Besessenheit führen ... Reduziert man Kundera auf eine solche Haltung, so wird es leicht, ihn mit Hilfe von Václav Havels fundamentaler „Althusserianischer" Einsicht abzutun, daß nämlich die eigentliche konformistische Haltung gerade ein solcher „unpolitischer" Standpunkt ist, der, während er öffentlich dem aufgezwungenen Ritual folgt, privat der zynischen Ironie frönt: Es genügt nicht, festzustellen, daß das ideologische Ritual eine bloße Erscheinung ist, die von niemandem ernst genommen wird – die Erscheinung ist das Wesentliche, weshalb man das Risiko auf sich nehmen und sich der Teilnahme am öffentlichen Ritual verweigern muß.[6]

– Man muß deshalb einen Schritt weitergehen und bedenken, daß es keine Möglichkeit gibt, sich einfach neben die Ideologie zu stellen: Das private Frönen des Zynismus, die Besessenheit von privaten Freuden usw., gerade hiermit greift die totalitäre Ideologie in das „nicht-ideologische" Alltagsleben ein, bestimmt sie das Alltagsleben, ist sie „in ihm anwesend in der Weise der Abwesenheit", so wir auf diese Formulierung aus der heroischen Epoche des Strukturalismus zurückgreifen dürfen. Die Entpolitisierung der Privatsphäre in den späten sozialistischen Gesellschaften ist „zwanghaft", gekennzeichnet durch das fundamentale Verbot freier politischer Diskussion; aus diesem Grund fungiert eine solche Entpolitisierung immer als Ausweichen vor dem, was in Wirklichkeit auf dem Spiel steht. Dies erklärt das am unmittelbarsten treffende Charakteristikum in Kunderas Romanen: Die entpolitisierte Privatsphäre dient keinesfalls als Freiraum für unschuldige Freuden; es gibt immer etwas Schwüles, Klaustrophobisches, Unechtes, ja Verzweifeltes im Streben der Figuren nach sexuellen und anderen Lustbarkeiten. So gesehen ist die Lehre aus Kunderas Romanen das genaue Gegenteil von einem naiven Vertrauen auf die Unschuld der Privatsphäre: Die totalitäre sozialistische Ideologie widerlegt dieses vom Inneren dieser Sphäre her, bei der wir Zuflucht nehmen.

– Diese Einsicht ist jedoch noch weit entfernt davon, die endgültige zu sein. Es ist ein weiterer Schritt nötig, da Kunderas Lehre noch ambivalenter ist. Ungeachtet der Schwüle der Privatsphäre bleibt die Tatsache, daß das totalitäre Umfeld eine Reihe von Phänomenen hervorrief, die von zahlreichen Chroniken des Alltagslebens im sozialistischen Osten bezeugt wurden: Als Reaktion auf die totalitäre ideologische Bevormundung gab es nicht nur eine zynische Flucht in das „gute Leben" der privaten Lüste, sondern auch ein außergewöhnliches Aufblühen von echter Freundschaft, von gegenseitigen Besuchen, von gemeinsamen Abendessen und leidenschaftlichen intellektuellen Auseinandersetzungen in geschlossenen Gesellschaften – Gewohnheiten, die für Besucher aus dem Westen normalerweise sehr faszinierend waren. Das Problem ist hierbei natürlich, daß es keine Möglichkeit gibt, eine scharfe Trennungslinie zwischen beiden Seiten zu ziehen: Sie sind die zwei Seiten derselben Medaille, weshalb mit der Heraufkunft der Demokratie *beide* verlorengingen. Es gereicht Kundera zur Ehre, daß er diese Zweideutigkeit nicht verhehlt: Der Geist von „Mitteleuropa", der Geist echter Freundschaft und intellektueller Gemeinschaftlichkeit überlebte nur in Böhmen, Ungarn und Polen als Form des Widerstandes gegen die totalitäre ideologische Beherrschung.

– Vielleicht muß noch ein weiterer Schritt unternommen werden: Die bloße Unterordnung unter die sozialistische Ordnung brachte ein spezifisches Genießen hervor, nicht nur eines, das vom Bewußtsein herrührte, daß das Volk in einer Welt lebte, die von der Unsicherheit befreit war, da das System eine Antwort auf alles besaß (oder zu besitzen vorgab), sondern vor allem das Genießen gerade der Dummheit des Systems – ein Gefallen an der Leere der öffentlichen Rituale, den abgenutzten stilistischen Figuren des vorherrschenden ideologischen Diskurses (Es mag genügen, daran zu erinnern, wie sehr einige stalinistische Kernsätze zu Elementen der ironischen Sprachfiguren sogar unter westlichen Intellektuellen wurden: „objektive Verantwortung" usw.). Ein gutes Beispiel für dieses Genießen, das der „totalitären" bürokratischen Maschinerie zugehört, findet sich in einer Szene aus Terry Gillians *Brasil*: In den labyrinthartigen Gängen eines großen Regierungsgebäudes marschiert ein hochrangiger Funktionär, gefolgt von einer Gruppe niederer Angestellter, die verzweifelt versuchen, Schritt mit ihm zu halten; der Funktionär handelt wie ein übermäßig geschäftiger Mann, der Dokumente prüft und den ihn umgebenden Leuten Befehle erteilt, während er sich eilig und mit großer Hast fortbewegt, als sei er auf dem Weg zu einem wichtigen Termin. Als der Funktionär über den Helden des Films (Jonathan Pryce) stolpert, wechselt er einige Worte mit ihm und eilt so geschäftig wie immer davon... Doch eine halbe Stunde später sieht der Held ihn abermals in einem entfernten Gang seinen sinnlosen rituellen Marsch fortsetzen. Das Genießen wird allein von der *Sinnlosigkeit* der Handlungen des Funktionärs gewährt: Obwohl sein rasendes Herumlaufen und Amtieren den „effizienten" Gebrauch jeder freien Minute imitiert, geschieht es *strenggenommen* ohne Absicht – es ist ein bloßes Ritual, das *ad infinitum* wiederholt wird.

4

Doch das bedeutet nicht, daß es in der ethischen Sphäre unmöglich sei, der Spannung zwischen dem Gesetz und dem Über-Ich auszuweichen. Lacans Maxime für die Ethik der Psychoanalyse („das eigene Begehren nicht zu kompromittieren") ist *nicht* zu verwechseln mit dem Druck des Über-Ich. Das heißt, auf den ersten Blick mag es so erscheinen, als stimme die Maxime: „Hör nicht auf, Deinem Begehren zu folgen" mit dem Befehl des Über-Ich: „Genieße!" überein. Kompromittieren wir unser Begehren nicht gerade dadurch, daß wir auf das Genießen verzichten? Ist es nicht eine grundlegende These von Freud, eine Art Freudscher Gemeinplatz, daß das Über-Ich die Basis, den „primitiven" Kern der ethischen Instanz bildet? Lacan wendet sich gegen diesen Gemeinplatz: Zwischen die Ethik des Begehrens und das Über-Ich setzt er das Verhältnis des radikalen Ausschlusses. Das bedeutet, Lacan nimmt Freuds „ökonomisches Paradox" des Über-Ich, das heißt den Teufelskreis, den das Über-Ich verkörpert, ernst und buchstäblich: Je mehr wir uns dem imperativen Über-Ich unterwerfen, desto größer wird sein Druck, desto schuldiger fühlen wir uns. Nach Lacan ist dieses „Schuldgefühl" kein Selbstbetrug, der im Verlauf der psychoanalytischen Kur aufgegeben werden soll – in Wahrheit *sind* wir schuldig: Das Über-Ich zieht die Energie für den Druck, den es auf das Subjekt ausübt, daraus, daß das Subjekt seinem Begehren gegenüber nicht treu war, daß es sein Begehren kompromittiert hat. Daß wir dem Über-Ich Opfer bringen, daß wir ihm Tribut zahlen, bestätigt nur unsere Schuld. Unsere Schuld dem Über-Ich gegenüber ist aus diesem Grund nicht zu tilgen: Je mehr wir abbezahlen, desto größer wird sie. Das Über-Ich gleicht einem Erpresser, der uns langsam bis in den Tod ausbluten läßt – je mehr er bekommt, desto unerbittlicher wird sein Einfluß auf uns.

Der exemplarische Fall für dieses Paradox des Über-Ich ist natürlich das literarische Werk von Franz Kafka: Die sogenannte „irrationale Schuld" des kafkaesken Helden zeugt von der Tatsache, daß er an irgendeinem Punkt sein Begehren kompromittiert. Um jedoch Gemeinplätze zu vermeiden, wollen wir uns lieber auf Choderlos de Laclos' *Les liaisons dangereuses* beziehen: Als Valmont der Marquise de Merteuil sein berühmtes „c'est pas ma faute", *es entzieht sich meiner Kontrolle*, als Entschuldigung dafür anbietet, daß der sich in die Präsidentin de Tourvel verliebt hat, bestätigt er damit, daß er „sein Begehren kompromittiert" und sich einer pathologischen Leidenschaft ergeben hat, das heißt, daß er schuldig ist. Um sich in den Augen der Marquise reinzuwaschen, geht er dazu über, die Präsidentin zu opfern, sie mit denselben Worten zurückzustoßen („c'est pas ma faute", wenn ich dich nicht mehr liebe, da es sich meiner Kontrolle entzieht). Doch dieses Opfer erlaubt ihm nicht, sich seiner Schuld zu entledigen – sie verdoppelt sich im Gegenteil, er betrügt jetzt auch die Präsidentin, ohne seine Schuld in den Augen der Marquise um das Mindeste zu verringern. Hierin besteht der Teufelskreis, in dem wir gefangen sind, sobald wir einmal „nachgegeben haben, dem Begehren zu folgen": Es gibt keinen einfachen Weg heraus, denn je mehr wir versuchen, uns von der Schuld zu befreien, indem wir das pathologische Objekt opfern, das uns dazu verleitet hat, unser Begehren zu verraten, desto größer wird unsere Schuld.

Die Lacansche Ethik umfaßt demnach die radikale Unterscheidung zwischen der Pflicht und der Beachtung des Guten. Deshalb bezieht sich Lacan auf Kant, auf die kantsche Geste des Ausschlusses des Guten als Beweggrund für einen ethischen Akt: Lacan besteht darauf, daß die gefährlichste Form des Verrats nicht das Nachgeben gegenüber den „pathologischen" Impulsen ist, sondern vielmehr der Rückgriff auf irgendeine Art des Guten – so wie in der Situation, in der ich mich vor einer Verpflichtung mit der Ausrede drücke, ich könnte dabei das Gute (mein eigenes oder das allgemeine) beeinträchtigen: sobald ich die „Umstände" oder „unangenehme Folgen" als Entschuldigung heranziehe, bin ich auf dem Weg in die Verdammnis. Die Gründe, um derentwegen ich mein Begehren kompromittiere, können sehr überzeugend und wohlbegründet, ja ehrenhaft sein. Ich kann alles heranziehen bis hin zur Zerstörung der Umwelt. Die List, Ausreden zu finden, ist grenzenlos, es kann durchaus „wahr" sein, daß das Wohl meines Mitmenschen durch meine Tat gefährdet ist, doch der Abgrund, der die Ethik von der Berücksichtigung des Guten trennt, bleibt unüberwindlich. Das Begehren und der kantsche ethische Rigorismus treffen sich hierbei in der Mißachtung der „Ansprüche der Realität": Beide erkennen die Entschuldigung der Umstände oder der unerfreulichen Konsequenzen wegen nicht an, weshalb Lacan sie letztendlich identifiziert („Und ich habe gezeigt, daß Kants Theorie des Bewußtseins, wie er über die praktische Vernunft schreibt, nur möglich ist aufgrund einer Spezifizierung des Sittengesetzes, die sich bei näherem Zusehen als nichts anderes erweist als das Begehren im Reinzustand"[7]).

Freuds boshafte Behauptung, Frauen hätten kein Über-Ich, oder ihr Über-Ich sei zumindest schwächer als das der Männer, erscheint hierbei in völlig neuem Licht: Frauen benötigen das Über-Ich weniger, da es keine Schuld gibt, an der das Über-Ich parasitär teilhaben könnte, das heißt, da sie weitaus weniger dazu neigen, ihr Begehren zu kompromittieren. Es ist alles andere als Zufall, daß Lacan als Beispiel für eine reine ethische Haltung Antigone nennt, eine Frau, die „sich nicht ergab": Schon auf einem vortheoretischen intuitiven Niveau wird deutlich, daß sie, was sie tut, nicht aufgrund des Drucks des Über-Ich tut – das Über-Ich hat nichts damit zu tun. Antigone ist nicht schuldig, obwohl sie sich absolut nicht um das Gute der Gemeinschaft, um die möglicherweise katastrophalen Konsequenzen ihres Tuns kümmert. Die Verbindung zwischen dem männlichen Über-Ich und der Tatsache, daß beim Mann der Sinn für das Gute der Gemeinschaft viel ausgeprägter ist als bei der Frau, besteht darin, daß das „Gute der Gemeinschaft" als Standard-Ausrede dazu dient, das Begehren zu kompromittieren. Das Über-Ich ist die Rache, die aus unserer Schuld Kapital schlägt, das heißt der Preis, den wir für die Schuld zahlen, die wir eingehen, wenn wir unser Begehren im Namen des Guten verraten. Mit anderen Worten: Das Über-Ich ist die notwendige Verkehrung, die Kehrseite des Ich-Ideals, der ethischen Normen, die auf dem Guten der Gemeinschaft beruhen.

5

Diese Lacansche Ethik des Realen bringt das moralische Gesetz in seinem undurchdringlichen Aspekt ins Spiel, als Instanz, die dadurch Angst erregt, daß sie mich mit dem leeren, tautologischen und aus diesem Grund enigmatischen Befehl „Tue Deine Pflicht!" adressiert, und es mir überläßt, diesen Befehl in eine bestimmte moralische Verpflichtung zu übersetzen. Ich, das moralische Subjekt, werde fortan von Ungewißheit geplagt, da das moralische Gesetz keine Garantie enthält, daß ich es „richtig gemacht habe" ... Auf diesem Weg läßt sich Kant vor dem traditionellen hegelschen Vorwurf „retten", der kategorische Imperativ hätte rein formalen Charakter. Gemäß diesem Vorwurf ist die abstrakte Form des Imperativs die Kehrseite der effektiven Versklavung des kantschen moralischen Subjekts unter den empirischen, kontingenten Inhalt – der einzige Weg für das Subjekt von der abstrakten Verpflichtung, seine Pflicht zu tun, zu tatsächlichen und konkreten Pflichten zu gelangen, besteht darin, sich im kontingenten „pathologischen" Inhalt seiner konkreten Lebenssituation umzusehen. Es ist jedoch gerade die scheinbare Schwäche des kategorischen Imperativs, die seine unwiderstehliche Wirkungskraft erklärt – der Befehl des kategorischen Imperativs ist unbedingt, insofern er tautologisch-leer ist. Diese Leere signalisiert, daß das moralische Subjekt allein verantwortlich für die Übersetzung des kategorischen Imperativs in eine konkrete moralische Verpflichtung ist. In diesem präzisen Sinn ist man versucht, eine Parallele zu Kants *Kritik der Urteilskraft* zu ziehen: Die konkrete Formulierung einer bestimmten ethischen Verpflichtung hat die Struktur eines ästhetischen Urteils, das heißt eines Urteils, bei dem ich, anstatt nur einfach eine universale Kategorie auf ein partikulares Objekt anzuwenden oder dieses Objekt unter eine bereits ge-

gebene universale Bestimmung zu subsumieren, die Dimension der universal-notwendigen Verpflichtung sozusagen *erfinde* und dadurch dieses partikular-kontingente Objekt (den Akt) in den Rang eines ethischen Dings erhebe. In dieser Hinsicht gibt es in einer Urteilsaussage, die unsere Pflichten definiert, stets etwas Sublimes – in ihr „erhebe ich ein Objekt in den Rang eines Dings" (wie Lacans Definition für die Sublimierung lautet). Worauf wir hier stoßen, ist die unerwartete und in der Regel stillschweigende Umkehrung der kantschen Haltung, die eine Berufung auf äußere Umstände oder auf menschliche Schwäche als Entschuldigung für die Nichterfüllung unserer Pflicht nicht akzeptiert (etwa in der Form: „Ich weiß, ich müßte das eigentlich tun, aber was soll ich machen, ich bin einfach zu schwach, das ist nun mal meine Natur..."). In gleicher Weise ist es nicht erlaubt, sich auf Umstände zu berufen (etwa den Druck der Stimme des Gewissens) als Vorwand dafür, daß man seine Pflicht *erfüllt*. Auch in diesem Fall trage ich die volle Verantwortung für das, was ich als meine ethisch notwendige Pflicht verkünde, so daß es mir nicht gestattet ist zu sagen: „Verzeihung, ich weiß, das war unfreundlich, aber das ist nicht meine Schuld, denn das moralische Gesetz erlegte mir eine solche Handlungsweise als meine unerläßliche Pflicht auf!" Nach Lacan autorisiert sich der Analytiker durch seinen Akt, ohne jegliche Garantie durch den großen Anderen zu besitzen (durch die psychoanalytische Gemeinschaft oder durch das theoretische Wissen, über das er verfügt...) – dasselbe gilt für das kantsche ethische Subjekt, das sich ebenfalls „selbst autorisiert", insofern es allein verantwortlich ist für das, was es seine Pflicht nennt. Kant ist daher in Wahrheit kein Perverser: Was Kant zutiefst fern liegt, ist die perverse Haltung eines stalinistischen Kommunisten, der seinen Terror durch den Anspruch rechtfertigt, einfach eine historische Notwendigkeit zu vollstrecken – der Perverse verhält sich insofern unethisch, als er die Verantwortung für die Handlung auf den großen Anderen schiebt (auf die „Gesetze der Geschichte" usw.) und behauptet, einzig und allein als dessen Instrument zu handeln.

Es ist daher falsch, den kategorischen Imperativ Kants als eine Art formale Gußform zu betrachten und zu glauben, daß seine Anwendung auf einen konkreten Fall das moralische Subjekt von der Verantwortung für eine Entscheidung entbinde: Ich bin zum Beispiel nicht sicher, ob die Ausführung der Handlung X meine Pflicht ist oder nicht. – Kein Problem! Ich unterziehe sie einem Test, indem ich sie dem doppelten formalen Kriterium unterwerfe, das im kategorischen Imperativ impliziert ist (Kann diese Handlung verallgemeinert werden? Behandelt sie andere menschliche Wesen auch als Zwecke an sich, und nicht bloß als Mittel?); besteht die Handlung X diesen Test, weiß ich, was meine Pflicht ist... Die gesamte Kantsche Argumentaton ist das exakte Gegenteil dieses automatischen Verfizierungsprozesses: Der Umstand, daß der kategorische Imperativ eine leere Form ist, bedeutet gerade, daß er keine Garantie gegen eine Fehleinschätzung unserer Pflichten geben kann (in diesem präzisen Sinn fällt die leere Form des Imperativs mit ihrem Gegenteil, der reinen Formlosigkeit zusammen). Die Struktur des kategorischen Imperativs ist tautologisch im hegelschen Sinn. Sie ist Wiederholung desselben, das einen Abgrund zugleich auffüllt und ankündigt, einen Abgrund, der eine unerträgliche Angst entstehen läßt: „Deine Pflicht ist es...,/Deine Pflicht zu tun/!"

Hier scheinen wir jedoch erneut über den alten Vorwurf gegen die Lacansche Ethik zu stolpern. Wird das ethische Gesetz dadurch nicht auf eine Über-Ich-Instanz reduziert, die uns *a priori* schuldig macht? Ist es nicht so, daß, welchen positiven Inhalt wir als unsere konkrete ethische Verpflichtung auch vorschlagen mögen, es uns doch nie gelingen wird, die Angst, die sich in der klaffenden Leere im „Tue Deine Pflicht!" ankündigt, völlig zu befrieden? Brandmarkt mich nicht der Umstand, daß ich niemals sicher sein kann, was meine Pflichten sind, mit dem unauslöschbaren Zeichen der Schuld? Kurzum, wirft nicht die *double-bind-Botschaft* des kategorischen Imperativs ein Licht auf die bösartige Neutralität des sadistischen Über-Ichs: Ich werde bombardiert mit dem Befehl, vorbehaltlos meine Pflicht zu erfüllen, doch in dem Moment, in dem ich diesen Befehl in eine konkrete Verpflichtung übersetzen will, nimmt der ethische Andere die Haltung eines bösartigen neutralen Beobachters ein, dessen Botschaft an mich sich plötzlich ändert und nun lautet: „Ich will überhaupt nichts von Dir! Du warst es, der Deine Pflichten definiert hat, daher hast Du die Konsequenzen ebenso zu tragen wie die Verantwortung für sie! Lehnen wir uns also zurück und sehen wir zu, wie Du mit dem Schlamassel fertig wirst, in den Du Dich selbst gebracht hast!"... Es ist jedoch an dieser Stelle vor allem in Betracht zu ziehen, daß, wie Lacan sagt, „der große Andere nicht existiert". Wir sind insofern schuldig, als wir annehmen, daß der große Andere in Gestalt einer transzendenten Instanz existiert und mit uns ein perverses Katz-und-Maus-Spiel treibt, zugleich aber genau weiß, was unsere Pflicht ist, sie jedoch vor uns verbirgt, um uns herumirren und blinde Vermutungen machen zu lassen. Wir lassen das Reich der Über-Ich-Schuld erst in dem Moment hinter uns, in dem wir gewahr werden, daß der große Andere seinerseits nicht weiß, was unsere Pflicht ist.

Sagen wir es anders: Für unsere Kantlektüre ist es wesentlich, die wahre Transzendenz des Gesetzes von der falschen zu unterscheiden. Diese Unterscheidung fällt mit der zwischen „reinem" symbolischen Gesetz und Über-Ich zusammen. In der falschen Transzendenz erscheint das moralische Gesetz als externe „terroristische" Instanz, die mir in Gestalt zweier Objekte Angst einjagt, in Gestalt der Stimme und des Blicks (die Stimme des Gewissens, die mich verfolgt, und der alles durchdringende Blick, der unfehlbar unsere Schuld aufspürt). Doch gerade dieser Begriff des moralischen Gesetzes als externe „terroristische" Instanz entthront und verharmlost bereits dessen wahre Transzendenz, indem es diese in einen externen Agenten verwandelt, mit dem eine Austauschbeziehung, ein Opferverhältnis oder ein „Feilschen" möglich ist – kurzum, das moralische Gesetz wird stillschweigend auf die Ebene der „Vorstellung" reduziert, es wird zu einem Objekt, das uns gegenübersteht, nicht zum absoluten Anderen. Das reine Gesetz repräsentiert hingegen die Andersheit eines Imperativs, die nichts, was auch immer, mit verbalen oder visuellen Vorstellungen zu tun hat. Das Gesetz repräsentiert die leere Andersheit einer absoluten Transzendenz – und das implizite hegelsche Moment bei Kant besteht natürlich darin, daß diese absolute Transzendenz mit der reinen Immanenz zusammenfällt. Erinnern wir uns an Antigone: Was sie antrieb, war ein vom Zwang des Über-Ich völlig unberührter Imperativ. Sie handelte nicht unter einem Druck, der auf sie durch die „Stimme des Gewissens" ausgeübt wurde, so und nicht anders, sondern aus dem einfachen Grund, daß sie nicht anders handeln konnte.

Es geht hier, in einer ersten Annäherung, um die Unterscheidung zwischen dem Gesetz „an sich" und der Art und Weise, in der wir durch dieses Gesetz als dessen Subjekte betroffen sind. Das Gesetz „an sich" ist ein reiner Imperativ; das Problem ist, daß wir, die menschlichen Wesen, mit etwas „Pathologischem" behaftet und anfällig für sinnliche Eindrücke sind; daher muß die reine Instanz des kategorischen Imperativs in der Beziehung zu uns die sinnliche Form einer Stimme und/oder eines Blicks annehmen (vergleichbar der unfaßbaren und unrepräsentierbaren Absolutheit Gottes, den wir, brave Menschen, uns als bärtigen, weisen, alten Mann vorstellen), um wirksam werden zu können... Ein subtilerer Zugang zwingt uns jedoch, eben diese Termini zu invertieren. Insofern wir das moralische Gesetz „verdinglichen" und zu einer Instanz machen, die „an sich" existiert und von außerhalb Druck auf uns ausübt, reduzieren wir seinen Status auf den einer Vorstellung (einer Stimme und/oder eines Blicks) – Stimme und/oder Blick bezeichnen genau die Art und Weise, in der das Gesetz „an sich" *für uns* existiert. In deutlichem Gegensatz dazu ist das moralische Gesetz als reine Transzendenz nicht länger eine Entität, die unabhängig von ihrer Beziehung zu uns existiert, sie ist *nichts anderes als* die Beziehung zu uns (zum moralischen Subjekt). Hier, in der Bestimmung der Beziehung zwischen dem Subjekt und dem moralischen Gesetz nähert sich Kant unerwarteter Weise der hegelschen spekulativ-reflexiven Umkehrung an. Anders gesagt, wenn Kant die Beziehung des Subjekts zum moralischen Gesetz definiert als die der „Achtung", fügt er eine entscheidende Bestimmung hinzu: „Achtung" bezeichnet nicht einfach die Weise, in der sich das Subjekt zum Gesetz verhält, seine „subjektive Erfahrung" des Gesetzes; es steht eher für *das Gesetz selbst in seiner subjektiven Existenz, das heißt in seiner Wirklichkeit* (da ja das moralische Gesetz nur insofern wirklich ist, als es sich in der Erfahrung des Subjekts enthüllt). „Hegelianisch" ist hier die Umkehrung der „normalen" Beziehung zwischen Subjekt und Prädizierung – das, was in einem ersten Zugang den Status einer reinen Prädizierung haben sollte (die Wirkung, die Existenzweise des Gesetzes), ist das Gesetz in seiner Wirklichkeit selbst. Und *vice versa*, das, was als das Gesetz „an sich", als unabhängig vom Gesetz Existierendes erscheint, ist in Wahrheit eine subjektive Phantasmagorie, eine spukhafte Nicht-Entität, die der Unreinheit der ethischen Einstellung des Subjekts einen Körper gibt, sie materialisiert.[8]

6

Unsere zeitgenössische Erfahrung drängt uns, ein noch komplexeres Bild zu zeichnen. Das bedeutet: Was bei der neuesten Welle ausländerfeindlicher Gewalt ins Auge sticht, ist das „primitive" Niveau der zugrundeliegenden libidinösen Ökonomie – „primitiv" nicht im Sinne einer „Regression" auf irgendeine archaische Schicht, sondern im Sinne der höchst *elementaren* Beschaffenheit des Verhältnisses zwischen Lust und *Genießen*, zwischen dem Zirkel des Lustprinzips, das nach Gleichgewicht, nach Wiederherstellung seines geschlossenen Kreislaufs strebt, und dem *ex-timen* traumatischen fremden Körper. Die libidinöse Ökonomie, auf die der niederträchtige Kriegsruf „Ausländer raus!" sich stützt, läßt sich durch Lacans Schema des Verhältnisses von *Ich* und *Lust*[9] darstellen, wobei die *Unlust* mit Hilfe des Begriffs der (Nicht-)Assimilation, als etwas, das „dem Lustprinzip nicht *assimilierbar* ist, also nicht auf das Lustprinzip reduziert werden kann"[10], bestimmt wird. Die Begriffe, die Freud und Lacan verwenden, um das Verhältnis von *Ich* und *jouissance* zu beschreiben, treffen exakt die Metaphorik der rassistischen Haltung gegenüber Ausländern: Assimilation und Widerstand dagegen, Ausstoßen eines fremden Körpers, gestörtes Gleichgewicht... Um diesem Bösen im Hinblick auf die üblichen Arten des Bösen einen Platz zuzuweisen, bietet es sich an, als klassifikatorisches Prinzip die Freudsche Triade von Ich, Über-Ich und Es zu verwenden:

– Die allgemeinste Art des Bösen ist das Ich-Böse: dasjenige Verhalten, das von eigennütziger Berechnung und Gier, das heißt von der Mißachtung universeller ethischer Prinzipien geleitet ist.

– Das Böse, das man den sogenannten „fundamentalistischen Fanatikern" zuschreibt, ist im Gegensatz dazu das Über-Ich-Böse: Böses, das im Namen der fanatischen Ergebenheit gegenüber irgendeinem ideologischen Ideal begangen wird.

– Bei den Skinheads, die Ausländer niederprügeln, ist jedoch weder eine eigennützige Berechnung noch eine eindeutige ideologische Identifizierung zu beobachten. Von all dem Gerede über Ausländer, die uns die Arbeitsplätze wegnehmen, oder über die Bedrohung, die sie für unsere westlichen Werte darstellen, sollten wir uns nicht täuschen lassen: Bei genauerer Untersuchung wird schnell deutlich, daß dieses Gerede nur eine überflüssige, sekundäre Rationalisierung ist. Die Antwort, die ein Skin uns schließlich geben wird, ist, daß Verprügeln von Ausländern ihm ein gutes Gefühl gibt, da ihn deren Gegenwart nervt... Wir begegnen hier dem *Es*-Bösen, das heißt dem Bösen, das vom höchst elementaren Ungleichgewicht im Verhältnis von *Ich* und *jouissance* gebildet und angeregt wird – von der Spannung zwischen der Lust und dem fremden Körper der *jouissance* in deren innerstem Zentrum.

Wie sollen wir dieses Es-Böse wirksam bekämpfen, das aufgrund seiner „elementaren" Natur für jegliche rationale oder bloß rhetorische Argumentation unzugänglich ist? Das bedeutet, daß der Rassismus immer in einem partikularen Phantasma begründet liegt (der *cosa nostra*, unseres ethischen Dings, das von „denen da" bedroht wird, die wegen ihres exzessiven Genießens eine Gefahr für unsere „Lebensart" darstellen), die *definitionsgemäß* der Universalisierung widersteht. Die Übertragung der rassistischen Phantasma in das universelle Medium der symbolischen Intersubjektivität (die Habermassche Ethik des Dialogs) schwächt keinesfalls den Einfluß, den das rassistische Phantasma auf uns ausübt[11]. Um diese Macht der Phantasma zu untergraben, benötigen wir eine andere politische Strategie, eine Strategie, die fähig ist, sich anzueignen, was Lacan „la traversee du fantasme" nannte, eine Strategie der *Überidentifikation*, die die Tatsache in Rechnung stellt, daß das obszöne Über-Ich als Basis und Träger der öffentlichen Gesetze nur wirksam ist, solange es unerkannt und vor öffentlichen Auge verborgen bleibt. Was wäre, wenn wir, statt kritisch zu zergliedern und zu ironisieren, womit wir nur unsere Ohnmacht gegenüber dem phantasmatischen Kern des Rassismus bloßstellen, uns *im Gegenteil* öffentlich mit dem obszönen Über-Ich identifizierten?

Im Laufe des Zerfalls des Sozialismus in Slowenien inszenierte die Post-Punk-Gruppe Laibach ein unberechenbares Gemisch aus Stalinismus, Nazismus und Blut-und-Boden-Ideologie. Die erste Reaktion der aufgeklärten linken Kritiker war, sich Laibach als die ironische Imitation totalitärer Rituale zu erklären. Ihre Unterstützung für Laibach war jedoch immer von einem unguten Gefühl begleitet: „Und wenn sie es ernst meinen? Wenn sie sich wirklich mit dem totalitären Ritual identifizieren?" – oder in einer etwas listigeren Form, die den Zweifel an dem einen auf den anderen überträgt: „Was, wenn Laibach sein Publikum überschätzt? Wenn das Publikum ernst nimmt, was Laibach spöttisch imitiert, so daß Laibach das, was es subvertieren wollte, tatsächlich eher stärkt?" Dieses ungute Gefühl nährt sich von der Unterstellung, daß ironische Distanz automatisch eine subversive Haltung darstellt. Was wäre, wenn im Gegenteil die vorherrschende Haltung des zeitgenössischen „post-ideologischen" Universums genau die zynische Distanz zu den öffentlichen Werten wäre? Was wäre, wenn diese Distanz, weit davon entfernt, das System wirklich zu bedrohen, eine überlegene Form des Konformismus bezeichnete, weil das normale Funktionieren des Systems zynische Distanz erforderte? In diesem Fall erschiene die Strategie von Laibach in einem neuen Licht: *Sie „frustriert" das System (die herrschende Ideologie), gerade insofern sie keine ironische Nachahmung, sondern eine Überidentifi-*

kation mit ihm darstellt – indem sie die obszöne Über-Ich-Kehrseite des Systems an den Tag bringt, setzt die Überidentifikation seine Macht außer Kraft.[12]

Das ausschlaggebende Hilfsmittel von Laibach ist das geschickte Manipulieren der Übertragung: Ihr Publikum (besonders die Intellektuellen) ist gebannt vom „Begehren des Andern" – Welche ist Laibachs wahre Meinung, sind sie wirklich Totalitaristen oder nicht? – das heißt sie wenden sich mit einer Frage an Laibach und erwarten von ihnen eine Antwort darauf, verkennen dabei aber den entscheidenden Umstand, daß die Gruppe Laibach selbst *nicht als Antwort sondern als Frage funktioniert*. Mit Hilfe des sich entziehenden Charakters ihres Begehrens, der Unentscheidbarkeit darüber, „wo sie eigentlich stehen", zwingen sie uns, unseren eigenen Standpunkt einzunehmen und über *unser* Begehren zu entscheiden. – Laibach vollzieht hier eigentlich die Umkehrung, die das Ende einer psychoanalytischen Kur markiert. Am Anfang der Kur steht die Übertragung: die Übertragungs-Beziehung wird in Kraft gesetzt, sobald der Analytiker in der Verkleidung des Subjekts, das wissen soll – die Wahrheit über mein Begehren wissen soll – erscheint. Wenn der Analysand im Verlauf der Analyse klagt, daß er nicht weiß, was er will, so ist all dieses Ächzen und Stöhnen an den Analytiker gerichtet mit der unausdrücklichen Unterstellung, daß der Analytiker es *weiß*. Mit anderen Worten bedeutet das: Sofern der Analytiker für den großen Anderen steht, liegt die Illusion des Analysanden darin, daß er sein Unwissen über sein Begehren auf ein „erkenntnistheoretisches" *Unvermögen* reduziert: Die Wahrheit über sein Begehren ist bereits vorhanden, sie ist irgendwo im großen Anderen registriert, man muß sie nur noch ans Tageslicht bringen und sein Begehren wird reibungslos funktionieren... Das Ende der Psychoanalyse, die Auflösung der Übertragung tritt in Erscheinung, wenn sich das „erkenntnistheoretische" Unvermögen zur „ontologischen" *Unmöglichkeit* wandelt: Der Analysand muß erfahren, daß nicht einmal der große Andere die Wahrheit über sein Begehren besitzt, daß dieses Begehren nicht gewährleistet, grundlos und nur durch sich selbst gerechtfertigt ist. In genau diesem Sinn bezeichnet die Auflösung der Übertragung den Moment, wenn der Bogen der Frage, die der Analysand an den Analytiker gerichtet hat, auf den Analysanden selbst zurückkommt: Zuerst richtet sich die (hysterische) Frage des Analysanden an den Analytiker, dem der Analysand unterstellt, er besitze die Antwort; jetzt ist der Analysand gezwungen anzuerkennen, daß der Analytiker selbst nichts ist als ein großes Fragezeichen, das sich an den Analysanden richtet. Man kann hier Lacans These spezifizieren, nach der ein Analytiker nur durch sich selbst autorisiert ist: Ein Analysand wird zum Analytiker dadurch, daß er annimmt, daß sein Begehren im großen Andern keine Stütze hat, daß die Rechtfertigung seines Begehrens nur von ihm selbst kommen kann. Und sofern dieselbe Umkehrung der Richtung des Bogens den Trieb definiert, könnten wir sagen (wie Lacan es tut), daß das, was am Ende der Psychoanalyse stattfindet, die Verschiebung vom Begehren zum Trieb ist.[13]

7

Aldous Huxleys *The Grey Eminence*, eine Biographie des politischen Ratgebers von Kardinal Richelieu, Vater Joseph, gehört auf die Lektüreliste eines jeden, der Licht in das dunkle Verhältnis von Ethik und Phantasma bringen will. Wenn man in einer fiktionalen Rekonstruktion der modernen europäischen Geschichte diejenige Episode herausfiltern will, die den „normalen" Verlauf der Ereignisse aus der Bahn geworfen und ein Ungleichgewicht erzeugt hat, dessen letzte Konsequenzen die beiden Weltkriege in unserem Jahrhundert waren, so ist der Hauptkandidat für diese Rolle zweifellos die Aufteilung des Deutschen Reiches im Dreißigjährigen Krieg in der ersten Hälfte des siebzehnten Jahrhunderts – ihretwegen verzögerte sich die Anerkennung Deutschlands als Nationalstaat. Und wenn es eine Person gibt, die innerhalb dieser fiktionalen Rekonstruktion für diese katastrophalen Ergebnisse verantwortlich gemacht werden kann, so ist der Hauptkandidat für diese Rolle Vater Joseph, der mit Hilfe seiner phänomenalen Begabung für Intrigen einen Bruch im protestantischen Lager herbeiführte, indem er einen Pakt zwischen dem katholischen Frankreich und dem protestantischen Schweden schloß, wodurch das Zentrum des Krieges auf das deutsche Territorium verschoben wurde. Vater Joseph ist die herausragende Verkörperung des Komplotte schmiedenden Machiavellischen Politikers, der bereit dazu ist, für die *Staatsraison* Tausende von Menschenleben zu opfern und Spionage, Lügen, Mord und Erpressung einzusetzen. Aber – und dies war die Eigenschaft, von der Huxley sich faszinieren ließ – derselbe Vater Joseph hatte noch eine andere Seite: Er war nicht nur Priester, sondern auch ein Mystiker von höchst authentischer Art. Jeden Abend, nach einem Tag voll schmerzhafter und qualvoller diplomatischer Intrigen, versenkte er sich in tiefe Meditationen; seine mystischen Visionen zeugen von einer Authentizität, die einer Heiligen Theresia oder eines Johannes vom Kreuz würdig sind; er korrespondierte regelmäßig mit den Schwestern eines kleinen französischen Konvents und fand immer die Zeit, ihnen in ihrer spirituellen Verzweiflung beizustehen... Wie sollen wir über diese beiden gemeinsam vorhandenen Seiten denken? An diesem entscheidenden Punkt umgeht Huxley das wirkliche Paradox und wählt einen einfachen Ausweg, indem er einen angeblich schwachen Punkt in Vater Josephs mystischen Erlebnissen selbst dafür verantwortlich macht: Ihren exzessiven Christozentrismus, ihre Besessenheit vom Leiden Christi auf dem Weg zum Kreuz, macht er für den rücksichtslosen Umgang mit dem Leiden anderer Menschen verantwortlich. (Aus diesem Grund wandte sich Huxley vom Christentum ab und suchte in der östlichen Weisheit nach spiritueller Erlösung). Wir müssen jedoch gerade auf dieser scheinbar unmöglichen Verbindung beharren: Eine Person kann ein abscheulicher Verschwörer sein, doch ungeachtet dessen kann sein „Selbstverständnis", seine existentiell-religiöse Erfahrung makellos „authentisch" sein. Keine „nicht-ideologische" Selbsterfahrung, so „authentisch" sie auch sein mag, kann verbürgen, daß nicht in ihrem Namen eine entsetzliche Politik betrieben wird. Ist nicht Dostojewskijs *Die Brüder Karamasow* ein erstrangiges literarisches Beispiel für dieses Paradox? Wie wir aus den postum veröffentlichten Skizzen jetzt wissen, ist es Aljoscha, dieser Inbegriff unschuldiger und demütiger Spiritualität, der in der nicht geschriebenen Fortsetzung des Romans zum revolutionären Terroristen werden sollte.

Ideologie zwischen Fiktion und Phantasma

1

In seiner Kinoversion von Kafkas *Der Prozeß* vollzog Orson Welles eine exemplarische anti-obskurantistische Operation, indem er den Platz und die Funktion der berühmten Parabel „Vor dem Gesetz" neu interpretierte. Im Film begegnen wir ihr zweimal: Ganz zu Beginn fungiert die Parabel als eine Art Prolog, sie wird von einer Off-Stimme gelesen, wobei man sie zugleich auf (unechten) antiken Gravuren sieht, die über Lichtbilder projiziert werden; schließlich wird sie, kurz vor dem Ende des Films, Josef K. erzählt und zwar nicht vom Priester (wie im Roman) sondern von K.s Richter, der von Welles selbst gespielt wird und der K. und den Priester unvermutet im Dom besucht. Die Handlung nimmt nun eine eigenartige Wendung und beginnt von Kafkas Roman abzuweichen – noch bevor der Richter mit seiner Erzählung richtig in Fahrt kommt, schneidet ihm K. das Wort ab: „Ich kenne die Geschichte. Wir alle kennen sie. Der Einlaß war nur für ihn bestimmt." Was folgt, ist ein mühsamer Dialog zwischen K. und dem Richter, in dem der Richter K. anweist, „auf Unzurechnungsfähigkeit zu plädieren" und zu behaupten, er würde von der Vorstellung verfolgt, das Opfer der diabolischen Verschwörung eines mysteriösen Staatsapparates geworden zu sein. K. verweigert jedoch die Rolle des Opfers, die ihm vom Richter angeboten wird: „Ich maße mir nicht an, ein Märtyrer zu sein." – „Nicht einmal ein Opfer der Gesellschaft?" – „Nein, ich bin kein Opfer der Gesellschaft, ich bin ein Mitglied der Gesellschaft . . ." In seinem letzten Gefühlsausbruch behauptet K., daß die wahre Verschwörung (der Macht) gerade im Versuch besteht, die Subjekte zu überreden, sie seien Opfer von irrationalen, undurchdringlichen Kräften geworden, alles sei verrückt, die Welt sei absurd und bedeutungslos. Als K. daraufhin die Kirche verläßt, warten bereits zwei Polizisten in Zivil auf ihn; sie führen ihn zu einem verlassenen Gebäudekomplex und sprengen K. In Welles' Version ist der Grund für die Tötung von K.

das genaue Gegenteil zu den Gründen, die im Roman angedeutet werden – *er stellt in dem Augenblick eine Gefahr für die Macht dar, in dem er die Fiktion demaskiert oder „durchschaut", auf der das soziale Band der bestehenden Machtstruktur errichtet ist.* – Welles' Leseweise von *Der Prozeß* unterscheidet sich daher von den beiden vorherrschenden Zugängen zu Kafka, vom obskurantistisch-religiösen ebenso wie vom naiven, aufgeklärt-humanistischen.

– Dem ersten Zugang zufolge ist K. tatsächlich schuldig. Was ihn schuldig macht, ist gerade die Bezeugung seiner Unschuld, sein arrogantes Vertrauen in naiv-rationale Argumentationen. Die konservative Botschaft dieser Leseweise, für die K. der Repräsentant der aufklärerischen Infragestellung der Autorität ist, ist unmißverständlich: K. selbst ist der wahre Nihilist, der sich wie der sprichwörtliche Elefant im Porzellanladen verhält – sein Vertrauen in die staatliche Vernunft macht ihn völlig blind für die Mysterien der Macht, für die wahre Natur der Bürokratie. Das Gericht erscheint in den Augen von K. als eine mysteriöse und obszöne Instanz, die ihn mit „irrationalen" Forderungen und Anschuldigungen bombardiert, all dies aber ausschließlich auf Grund der verzerrten, subjektivistischen Perspektive von K.: der Priester belehrt ihn im Dom, daß das Gericht in Wahrheit völlig indifferent ist und überhaupt nichts von ihm will...

– Für die andere Leseweise ist Kafka ein zutiefst ambivalenter Schriftsteller, der den Rückhalt der totalitären bürokratischen Maschine im Phantasma zwar aufzeigte, selbst aber außerstande war, ihrer fatalen Anziehungskraft zu widerstehen. Hier liegt auch der Grund für die Unbehaglichkeit, die so mancher „aufgeklärte" Kafkaleser empfindet: partizipierte Kafka nicht letzten Endes an der infernalen Maschinerie, die er beschrieb, und hat er nicht deren Bestand eher gestärkt als ihn zu brechen?

Obwohl es scheint, daß Welles sich an der zweiten Leseweise ausrichtet, sind die Dinge keineswegs so eindeutig: Er zieht gleichsam die Schraube noch fester an, indem er „die Verschwörung" zu einer „Macht in zweiter Potenz" erklärt. Oder, wie es K. in der Wellesschen Version bei seinem letzten Gefühlsausbruch sagt, die wahre Verschwörung der Macht liegt im Begriff der Verschwörung selbst, in der Vorstellung irgendeiner mysteriösen Instanz, die „die Fäden zieht" und in Wahrheit den Laden schmeißt, das heißt in der Vorstellung, daß es jenseits der sichtbaren, öffentlichen Macht eine andere obszöne, unsichtbare und „verrückte" Machtstruktur gibt. Dieses andere, versteckte Gesetz spielt die Rolle des „Anderen des Anderen" im lacanschen Sinn, die Rolle der Meta-Garantie der Konsistenz des großen Anderen (der symbolischen Ordnung, die das soziale Leben reguliert). Die „Verschwörungstheorie" bewahrt die Garantie, daß das Feld des großen Anderen keine inkonsistente *bricolage* ist: Ihre erste Prämisse lautet, daß hinter dem öffentlichen Herren (der natürlich ein Betrüger ist) ein versteckter, zweiter Herr steht, der in Wahrheit alles unter Kontrolle hält. „Totalitäre" Regime waren besonders auf die Kultivierung des Mythos einer geheimen, parallelen Macht, einer Art „Organisation innerhalb der Organisation" spezialisiert (KGB, Freimaurer oder was auch immer), die die eklatante Ineffizienz der öffentlichen, legalen Macht kompensiert und dadurch den glatten Ablauf der sozialen Maschine absichert. Dieser Mythos ist nicht nur in keiner Weise subversiv, er fungiert als ultimative Stütze der Macht. Der ideale amerikanische Gegenpart ist (der Mythos von) Edgar Hoover, der Personifikation der obszönen „anderen Macht" hinter dem Präsidenten, das schattenartige Double der legitimen Macht. Er hielt sich an der Macht durch geheime Dokumente, die ihm ermöglichten, die gesamte politische Machtelite in Schach zu halten, während er selbst regelmäßig in homosexuellen Orgien schwelgte, sich als Frau verkleidete...

Der Richter bietet K. als verzweifelte letzte Rettung die Rolle eines Märtyrers oder Opfers einer versteckten Verschwörung an; K. weist dieses Angebot zurück, wohl wissend, daß er durch das Akzeptieren des Angebots in die infamste Falle der Macht laufen würde. – Dieses obszöne Trugbild der anderen Macht erzeugt einen phantasmatischen Raum, ähnlich wie in dem bekannten Werbespot für die Wodkamarke Smirnoff, bei dem der Abstand zwischen Realität und der „anderen Oberfläche" des phatasmatischen Raums geschickt manipuliert wird: Die Kamera streift über das Deck eines luxuriösen Ozeandampfers, wobei sie hinter einer Wodkaflasche plaziert ist, die auf einem von einem Kellner getragen Tablett steht; jedesmal wenn die Flasche ein Objekt passiert, sehen wir zunächst das Objekt so, wie es in seiner alltäglichen Wirklichkeit ist, und dann – wenn für einen kurzen Moment das transparente Glas der Flasche zwischen das Objekt und unseren Blick gerät – in seiner verzerrten phantasmatischen Dimension: zwei Herren in schwarzer Abendkleidung werden zu zwei Pinguinen, der Schal einer Dame wird zur lebenden Schlange, die Stufen zu den Tasten eines Klaviers etc. Das Gericht in Kafkas *Prozeß* besitzt dieselbe rein phantasmagorische Existenz; sein Vorgänger ist die Klingsor-Burg in Wagners *Parsifal*. Da sein Einfluß auf das Subjekt völlig phantasmatisch ist, genügt es, den Zauber durch eine Geste der Distanzierung zu brechen, und das Gericht oder die Burg zerfällt zu Staub. Darin besteht die politische Lektion von *Parsifal* und von Welles' *Der Prozeß*: Wollen wir die „wirkliche" soziale Macht überwinden, müssen wir zuerst ihre phantasmatische Gewalt über uns brechen.[1]

2

Um den Vorwurf zu vermeiden, wir begingen hier eine *petitio principii*, indem wir ein Beispiel aus der literarischen Fiktion wählen, um zu beweisen, daß Gewalt dort entsteht, wo der Zusammenbruch einer Fiktion Angst auslöst, wollen wir einen anderen exemplarischen Fall des Bösen ins Auge fassen, der, obwohl zur Fiktion geworden, aus dem „wirklichen Leben" stammt: der unglückliche Captain Bligh, der Kapitän der Bounty. Wir stehen hier vor einem echten Rätsel: Warum wurde dieser beispielhafte Offizier, besessen vom Wohl und der Gesundheit seiner Mannschaft, zu einer dieser archetypischen Figuren des Bösen unserer Massenkultur erhoben? Die sukzessiven Veränderungen im jeweils vorherrschenden Bild von Bligh liefern einen hervorragenden Index für die Verlagerungen in der hegemonialen Ideologie – jede Epoche hatte ihren eigenen Bligh. Es seien hier nur die drei wichtigsten Kinoporträts erwähnt: der dekadente aristokratische Charles Laughton in den 30er Jahren, der kühle und bürokratische Trevor Howard in den 60er Jahren, der innerlich gequälte Anthony Hopkins in den 80er Jahren ...

Fast noch interessanter als dieser Wandel ist jedoch das Rätsel der Ursprünge: Was „geschah wirklich" auf der HMS Bounty? Was war die „wirkliche Ursache" für die Meuterei?[2] Die erste Versuchung besteht natürlich darin, einen Gegen-Mythos zum offiziellen Mythos zu entwerfen: Bligh war ein strenger, übereifriger und pedantischer, doch zutiefst gerechter und sorgsamer Kapitän von einwandfreier persönlicher Integrität. Die Meuterei gegen ihn resultierte einerseits aus der Koalition der verwöhnten jungen Offiziere von aristokratischer Abstammung, die durch die Tatsache verbittert waren, daß Bligh, ihr Vorgesetzter, kein wahrer Gentleman war, „keiner von ihnen", sondern von niederer Abstammung und unparteiisch im Umgang mit einfachen Seeleuten, und andererseits daraus, daß das kriminelle Lumpenproletariat an Bord vor allem durch Blighs Gerechtigkeitssinn irritiert war, welcher es nicht zuließ, die Terrorisierung von anständigen, einfachen Seeleuten zu dulden. Seine „fortschrittliche" und für diese Zeit ungewöhnliche Haltung wurde ihm später auch attestiert, als er – zwei Jahrzehnte nach der Meuterei – im Zuge des einzigen Militärputsches in der Geschichte Englands gewaltsam als Gouverneur von Australien abgesetzt wurde. Die korrupten Offiziere von New South Wales stürzten ihn wegen seiner Politik: Bligh drohte, ihr illegales Handelsmonopol mit Rum zu brechen; nachdem die Gefangenen ihre Strafe verbüßt hatten, versuchte er, sie in das normale, soziale Leben zu integrieren, gab ihnen sogar Arbeit in staatlichen Stellen usw.

Dieser Gegen-Mythos liefert aber ein zu einfaches Bild der Geschichte. Das Wahrheitselement dieser Geschichte liegt darin, daß Bligh nicht als „wahrer Gentleman" angesehen wurde, sondern als jemand, der zwar die Macht besitzt (als Kommandeur des Schiffs hatte er das Recht, Entscheidungen zu treffen und Befehle zu erteilen, ein Recht, von dem er auch ausführlichen Gebrauch machte), dabei aber keine wahre Autorität ausstrahlte (das Charisma, das *je ne sais quoi*, das Respekt einflößt und ihn zu einem natürlichen Führer machen würde). Alle Beschreibungen laufen in diesem Punkt zusammen: Bligh war irgendwie „steif", ihm fehlte die Sensibilität, die einem guten Führer sagt, wann und wie die Regeln anzuwenden sind, wie man dem „organischen" und spontanen Netzwerk der Beziehungen der Rangniederen Rechnung trägt etc. – Aber auch diese Analyse ist nicht präzise genug: Blighs Fehler bestand nicht nur darin, daß er sich unsensibel gegenüber dem konkreten Netzwerk der „organischen" Beziehungen unter den Seeleuten verhielt, seine entscheidende Unfähigkeit war seine völlige „Blindheit" für die strukturelle Funktion der ritualisierten Machtbeziehungen unter den Seeleuten (das Recht der älteren und erfahreneren Seemänner, die jüngeren und unerfahreneren zu demütigen, sie sexuell auszubeuten und bestimmten Proben zu unterwerfen etc.). Diese Rituale liefern eine ambivalente Ergänzung zu den öffentlich legalen Machtbeziehungen. Sie fungieren als deren schattenhaftes Double, indem sie diese scheinbar überschreiten und subvertieren, in Wahrheit jedoch ihre ultimative Stütze sind. Es sei an dieser Stelle nur das sogenannte *„Crossing the Line"* erwähnt, eine extrem grausame und demütigende Probe, der diejenigen unterworfen wurden, die zum ersten Mal den Äquator überquerten (sie wurden an ein Seil gebunden, in den

Ozean geworfen und stundenlang nachgezogen, dadurch gezwungen Meerwasser zu trinken etc.):

> Der Äquator, das war diese Linie, die die Welt in zwei Hemisphären teilte. Die Linie markierte den Eintritt in die verkehrte Welt, in die Welt des Antipoden, den Ort hinter dem Spiegel, an dem die Jahreszeiten umgedreht waren, ja wo selbst die ewigen Himmel verschieden waren. [...] Je nach Epoche und Nationalität unterschieden sich die Zeremonien, in ihrem Ausdruck hatten alle aber denselben Charakter. Erstens spielten sie eine verkehrte Welt, in der, für eine bestimmte Zeit, die wirklichen Kerle an Bord jene waren, die diese Linie bereits überquert hatten, und nicht jene, die kraft ihres Mandats die Vollmachten oder Rechte besaßen. [...] Eine zweite gemeinsame Qualität bestand darin, daß das zeremonielle Theater stets eine groteske Satire auf die Institutionen und Regeln der Macht war. Die Satire konnte sich um die Sakramente des Staates drehen (die Akkolade des Ritters) oder die Sakramente der Kirche (die Taufe durch den Priester). Auf den englischen Schiffen des späten achtzehnten Jahrhunderts handelten die Satiren vom Königtum und der Macht über Leben und Tod. [...] Die Prozesse waren voll von Anschuldigungen, Erniedrigungen, Ungerechtigkeiten, erotischen Flüchen und kompromittierenden Wahlen.[3]

Abermals müssen wir dem zutiefst ambivalenten Charakter dieser Rituale unsere Aufmerksamkeit schenken. Sie sind Satiren auf legale Institutionen, eine Umkehrung der öffentlichen Macht, und doch sind sie Transgressionen, die konsolidieren, was sie überschreiten. In seiner Blindheit für die „stabilisierende" Rolle all dieser Rituale verbot sie Bligh oder nahm ihnen zumindest die Spitze, indem er sie zu harmlosen folkloristischen Übungen degradierte. Gefangen in der Falle der Aufklärung konnte Bligh bloß den brutalen, unmenschlichen Apekt dieser Rituale sehen („Von allen Bräuchen ist dieser der brutalste und inhumanste", schrieb er), nicht aber die Befriedigung, die sie mit sich brachten. Henningsen[4] fand Zeugen, die die Zeremonie des „*Crossing the Line*" mit folgenden Worten beschrieben: *ridiculous, childish, foolish, stupid, silly, ludicrous, bizarre, grotesque, crazy, repulsive, burlesque, profane, superstitious, shameless, outrageous, revolting, tiresome, dangerous, barbarous, brutal, cruel, coarse, rapacious, vindictive, riotous, licentious, mad* – sind nicht all diese Ausdrücke am Ende Synonyme für die *jouissance*? Meuterei und Gewalt brachen aus, als sich Bligh in diese finstere Welt obszöner Rituale, die als phantasmatischer Hintergrund der Macht fungierten, einmischte.

Unser drittes Beipiel ist aus dem „wirklichen Leben" in seiner brutalsten Form gegriffen: Es betrifft die Gewaltakte (Morde und Folterungen) der heutigen Goldgräbergemeinden im Amazonas-Becken.[5] Wir haben es hier mit isolierten Gemeinschaften zu tun, in denen die Logik der Machtbeziehungen und der Gewaltausbrüche sozusagen unter Laborbedingungen beobachtet werden kann. Diese Gemeinden bestehen aus einer Vielzahl einzelner verstreuter Goldgräber; obwohl nominell freie Unternehmer, sind sie in Wahrheit von einem lokalen Kaufmann abhängig, der den Handel in seinem Gebiet monopolisiert. Der Kaufmann verkauft ihnen sowohl Lebensmittel, Schürfwerkzeuge als auch andere Utensilien und kauft dafür von ihnen Goldnuggets; alle sind dem Kaufmann gegenüber hoffnungslos verschuldet, welcher *nicht* will, daß man ihm diese Schuld zurückzahlt, da seine ganze Macht auf dieser permanenten Verschuldung seiner Kunden basiert. Die sozialen Beziehungen in einer solchen Gemeinschaft werden durch eine doppelte Fiktion reguliert oder vielmehr durch die paradoxe, überdeterminierte Koexistenz zweier inkompatibler Fiktionen. Auf der einen Seite gibt es die Fiktion des gerechten Tausches, so als ob der Goldgräber und der Kaufmann freie Subjekte wären, die sich unter gleichen Bedingungen auf dem Markt gegenübertreten. Die Kehrseite davon ist das Bild des monopolistischen Kaufmanns als patriarchaler Herr, der sich um seine Kundschaft kümmert, wobei letztere ihm diese patriarchale Fürsorge durch ihren Respekt und ihre Liebe zurückerstattet.[6] Neben diesen widersprüchlichen Fiktionen gibt es natürlich die Realität des Handelsmonopols und der brutalen Ausbeutung. Die Gewalt, die in diesen Gemeinschaften von Zeit zu Zeit ausbricht, richtet sich primär gegen jene, die eine Bedrohung für diese fragile Balance der beiden Fiktionen darstellen. Die bevorzugten Opfer der Geldgier des Kaufmanns sind nicht jene, die außerstande sind, ihre Schulden zurückzuzahlen, sondern zum einen jene, die versuchen das Gebiet zu verlassen, obwohl sie noch verschuldet sind, und zum anderen und vor allem jene, die zu erfolgreich und daher in der Lage sind, ihre Schulden ganz zu tilgen – letztere stellen die größte Gefahr für die Macht des Kaufmanns dar. (Ein typisches Szenario besteht darin, daß der Kaufmann einen hoffnungslos verschuldeten Goldgräber zu sich zitiert und ihm zu verstehen gibt, er sei bereit, die Hälfte seiner Schuld zu streichen, wenn er das Haus eines überdurchschnittlich erfolgreichen Goldgräbers in Brand steckt.) Womit wir es hier zu tun haben, ist ein exemplarischer Fall dafür, wie das Begehren in die Ambiguität des französischen *ne explétif* eingeschrieben ist: Das „offizielle" Begehren des Händlers ist, daß die Kunden so schnell wie möglich ihre Schulden zurückzahlen, er schikaniert sie unablässig wegen ihres Ratenrückstandes, was er aber wirklich fürchtet, ist die Tilgung der Schuld und die Aufkündigung des Schuldverhältnisses; sein wahres

Begehren ist es also, sie für immer in diesem Schuldverhältnis zu halten.

3

Unser Argument kann, auf eine kurze Formel gebracht, folgendermaßen zusammengefaßt werden: Der Ausbruch der „wirklichen" Gewalt ist bedingt durch eine Sackgasse im Symbolischen. *„Wirkliche" Gewalt ist eine Art von acting out, welches auftaucht, wenn die symbolische Fiktion, die das Leben einer Gemeinschaft garantiert, in Gefahr ist.* Es gibt jedoch ein Merkmal, in bezug auf das sich das Beispiel der Goldgräbergemeinschaft von den ersten beiden unterscheidet: In den ersten beiden Beispielen betraf die verzerrte Fiktion eine öffentlich nicht anerkannte, schattenhafte und obszöne Instanz (Kafkas Gerichtshof, die obszönen Initiationsriten der Seeleute), während in der Goldgräbergemeinschaft im Amazonasgebiet die Verzerrung der symbolischen Fiktion galt, die die Struktur der öffentlichen Autorität bestimmt. Am besten läßt sich diese Differenz herausarbeiten, wenn man das Problem von der Kehrseite her angeht: Welche Zielscheibe haben die Gewaltausbrüche? Was möchte man erreichen, was versucht man zu zerstören, wenn man Juden vernichtet oder die Ausländer in unseren Städten verprügelt?

Die erste sich anbietende Antwort bezieht sich erneut auf die symbolische Fiktion. Ist nicht das eigentliche Ziel, das die Vergewaltigungen im Bosnienkrieg – jenseits des direkten physischen Schmerzes und der persönlichen Erniedrigung – verfolgen, die Aushöhlung der Fiktion (der symbolischen Erzählung), die die Kohärenz der muslimischen Gemeinschaft garantiert? Ist nicht eine Folge der extremen Gewalt, daß „die Geschichte, die sich eine Gemeinschaft über sich selbst erzählt, keinen Sinn mehr macht" (um Richard Rorty zu paraphrasieren)? Diese Zerstörung des symbolischen Universums des Feindes, dieser „Kulturozid", ist jedoch als solcher noch nicht ausreichend, um den Ausbruch der Gewalt zu erklären – die ultimative Ursache (im Sinn einer treibenden Kraft) muß auf einer tieferen Ebene gesucht werden. Wovon nährt sich die „Intoleranz" gegenüber Fremden? Was ist es, das uns bei ihnen irritiert und unser psychisches Gleichgewicht stört? Bereits auf der Ebene einer einfachen phänomenologischen Beschreibung zeigt sich, daß die entscheidende Charakteristik dieser Ursache nicht an irgendeiner klar definierten Eigenschaft festgemacht werden kann. Obwohl wir normalerweise eine Reihe von Merkmalen aufzählen können, die uns an „ihnen" stören (ihr zu lautes Lachen, der schlechte Geruch ihres Essens etc.), fungieren diese Merkmale als Indikatoren einer radikaleren Fremdheit. Fremde mögen aussehen und handeln wie wir, und doch gibt es da ein unerfaßbares *je ne sais quoi*, etwas „in ihnen, das mehr ist als sie selbst", das sie irgendwie unmenschlich macht („aliens" in genau jenem Sinn, den dieser Ausdruck in den Science-Fiction-Filmen der 50er Jahre hatte). Unsere Beziehung zu diesem unfaßbaren traumatischen Element, das uns beim anderen „zu schaffen macht", ist in Phantasmen strukturiert (Phantasmen über die politische und/oder sexuelle Omnipotenz der anderen, über „ihre" seltsamen sexuellen Praktiken, über ihre geheimen hypnotischen Fähigkeiten etc.). Jacques Lacan taufte dieses paradoxe unheimliche Objekt, das im wahrgenommenen positiven und empirischen Objekt sich notwendigerweise meinem Blick entzieht und insofern die treibende Kraft für mein Begehren nach ihm ist, das *objet petit a*, die Objekt-Ursache des Begehrens; ein anderer Name dafür ist *plus-de-jouir*, das „Mehrgenießen", der über die (durch die positiven empirischen Eigenschaften des Objekts verschaffte) Befriedigung hinausgehende Überschuß. Auf der radikalsten Ebene ist die Gewalt ein Versuch, diesem im anderen enthaltenen unerträglichen Mehrgenießen einen Schlag zu versetzen. Insofern der Haß nicht auf die „tatsächlichen Eigenschaften" seines Objektes beschränkt ist, sondern auf seinen realen Kern zielt, auf das *objet a*, das, „was im Objekt mehr ist als es selbst", ist das Objekt des Hasses stricto sensu *unzerstörbar*: Je mehr wir das Objekt in der Wirklichkeit zerstören, desto mächtiger entfaltet sich sein sublimer Kern. Dieses Paradox tauchte bereits im Zusammenhang mit den Juden in Nazi-Deutschland auf: Je gnadenloser sie vernichtet wurden, desto größer wurden die Dimensionen der Angst, die die noch am Leben gebliebenen einflößten.

Das Paradox eines phantasmatischen Elementes, das, je radikaler es in der Wirklichkeit aufgelöst wird, desto stärker in seiner spukhaften Präsenz wiederkehrt, verweist auf die Freudsche Problematik des Kastrationskomplexes. Das Konzept des Kastrationskomplexes war über Jahre hinweg das Ziel feministischer Kritik. Nur wenn man stillschweigend das „Den-Phallus-haben" als Norm akzeptiert, an der beide Geschlechter gemessen werden, erscheint das „Keinen-Phallus-haben" als Mangel und die Frau als „kastriert". Anders gesagt, das Konzept der weiblichen Kastration kommt letztlich einer Variation des berüchtigten griechischen Sophismas gleich: „Was Du nicht hast, hast Du verloren; Du hast keine Hörner, also hast Du sie verloren." Trotzdem wäre es voreilig, dieses Sophisma (und damit das Konzept der Kastration) als inkonsequente falsche Überlegung zu verwerfen. Um einen Vorgeschmack auf die existentielle Angst zu bekommen, die dieser Logik zukommt, sei an den Wolfsmann erinnert, Freuds russischen Analysanden, der an einer hypochondrischen *idée fixe* litt. Er beschwerte sich, Opfer einer Verletzung seiner Nase geworden zu sein, hervorgerufen durch Elektrolyse; als sich jedoch nach einer gründlichen dermatologischen Analyse herausstellte, daß seiner Nase überhaupt nichts fehlte, löste dieses Untersuchungsergebnis eine unerträgliche Angst in ihm aus: „Da man ihm gesagt hatte, daß nichts für seine Nase getan werden könne, weil nichts an der Nase vorliege, fühlte er sich außerstande, in so einem verstümmelten Zustand, wie er es nannte, weiterzuleben."[7] Dieser „verstümmelte Zustand" steht natürlich für die Kastration, und die Logik ist hier genau die gleiche wie im eben zitierten griechischen Sophismas: Wenn Du keine Hörner hast, hast Du sie verloren; wenn nichts getan werden kann, ist der Verlust irreparabel...

Freud zufolge führt die Haltung des männlichen Subjekts der Kastration gegenüber zu einer paradoxen Spaltung: Ich weiß ja, daß die Kastration keine wirkliche Bedrohung ist, trotzdem verfolgt mich die Furcht davor. Dasselbe gilt auch für die Figur des „begrifflichen Juden", des Agenten der jüdischen Verschwörung, des geheimen Herrn, der die Fäden zieht: er existiert nicht (als Teil unserer Erfahrung in der sozialen Wirklichkeit), aber aus eben diesem Grund fürchte ich ihn umso mehr – *gerade die Nicht- Existenz des Juden in der Wirklichkeit fungiert als das Hauptargument für den Antisemitismus.* Das bedeutet, daß der antisemitische Diskurs die Figur des Juden als phantomartige Entität konstruiert, die nirgends in der Realität gefunden werden kann, und anschließend genau diesen Abstand zwischen dem „begrifflichen Juden" und der Realität der wirklich existierenden Juden als ultimatives Argument gegen diese verwendet. Wir sind somit in einer Art *circulus vitiosus* gefangen; je normaler die Dinge erscheinen, desto mehr Verdacht erregen sie und desto panischer werden wir. In dieser Hinsicht ist der Jude dem mütterlichen Phallus vergleichbar: In Wirklichkeit existiert so etwas überhaupt nicht, aber genau aus diesem Grund läßt seine phantomartige, spukhafte Präsenz eine unerträgliche Angst aufkommen. Darin besteht auch die bündigste Definition des lacanschen Realen: Je mehr meine

Überlegungen mir nahelegen, daß X unmöglich ist, desto mehr verfolgt mich das Spiegelbild von X – ähnlich dem sprichwörtlichen Engländer, der nicht nur nicht an Gespenster glaubte, sondern auch keine Angst vor ihnen hatte.

4

An dieser Stelle drängt sich eine Homologie zwischen dem „begrifflichen Juden" und dem Namen-des-Vaters, der väterlichen symbolischen Autorität, auf: Im Fall des letzteren haben wir es erneut mit der Spaltung zwischen Wissen und Glauben zu tun („Ich weiß sehr wohl, daß mein Vater in Wirklichkeit ein unvollkommenes, verwirrtes und impotentes Geschöpf ist, trotzdem glaube ich an seine symbolische Autorität"). Die empirische Person des Vaters wird ihrem Namen, ihrem symbolischen Mandat nie gerecht; und wird er diesem *doch* gerecht, haben wir eine psychotische Konstellation vor uns (ein typischer Fall eines Vaters, der seinem Namen gerecht wurde, war der Vater Schrebers, der in einer Freudschen Fallstudie analysiert wurde). Ist daher die „Transsubstantiation", die „*Aufhebung*" des realen Vaters in den Namen-des-Vaters nicht strikt homolog zur „Transsubstantiation" des empirischen Juden zum (oder zur Erscheinungsform des) „begrifflichen Juden"? Ist nicht der Abstand, der den wirklichen Juden von der phantasmatischen Figur des „begrifflichen Juden" trennt, von derselben Art wie der Abstand, der die empirische und stets defiziente Figur des Vaters vom Namen-des-Vaters, von seinem symbolischen Mandat trennt? Ist es nicht so, daß in beiden Fällen eine reale Person als Personifikation einer irrealen, fiktiven Instanz handelt – der wirkliche Vater ist ein Stellvertreter der Instanz der symbolischen Autorität, der wirkliche Jude ein Stellvertreter der phantasmatischen Figur des „begrifflichen Juden"?

So überzeugend diese Homologie auch klingen mag, sie muß als trügerisch zurückgewiesen werden. Im Fall des Juden wird die Grundlogik der symbolischen Kastration *umgekehrt*. Worin genau besteht nun die symbolische Kastration? Ein wirklicher Vater übt seine Autorität nur insofern aus, als er sich als Verkörperung einer transzendenten symbolischen Instanz begreift, das heißt, insofern er akzeptiert, daß nicht er selbst es ist, der spricht, sondern der große Andere, der durch ihn und mit seinen Worten spricht – vergleichbar dem Millionär aus einem Claude-Chabrol-Film, der die bekannte

Klage, nur seiner Millionen wegen geliebt zu werden, umkehrt: „Könnte ich doch nur eine Frau finden, die mich nur meiner Millionen wegen liebt und nicht meiner selbst wegen!" Hier findet man die Hauptlektion aus dem Freudschen Mythos vom Vatermord, dem Ur-Vater, der nach seinem gewaltsamen Tod stärker als je zuvor in Gestalt seines Namens, als symbolische Autorität wiedererscheint. *Wenn der reale Vater seine paternalistische symbolische Autorität ausüben will, muß er in bestimmter Hinsicht lebend sterben* – es ist seine Identifikation mit dem „toten Buchstaben" des symbolischen Mandats, was seiner Person Autorität zuteil werden läßt.

Das Problem mit den Kritiken an Lacans „Phallozentrismus" ist, daß sie sich in der Regel in vorbegrifflicher und allgemeinverständlichmetaphorischer Weise auf den „Phallus" und/oder die „Kastration" beziehen. In den Standardwerken der feministischen Filmtheorie kann man beispielsweise sicher sein, daß, jedesmal, wenn sich ein Mann in einem Film einer Frau gegenüber aggressiv verhält oder seine Autorität über sie geltend macht, sein Verhalten als „phallisch" bezeichnet werden wird; oder daß jedesmal, wenn man in einem Film eine hilflose, in die Enge getriebene Frau sieht, sie als „kastriert" bezeichnet wird. Was hier verloren geht, ist gerade das Paradox des Phallus als Signifikant der Kastration; wenn wir unsere (symbolische) „phallische" Autorität behaupten wollen, müssen wir den Preis dafür bezahlen, indem wir die Position des Agenten zurückweisen und der Funktion des Mediums zustimmen, mit dem der große Andere durch uns hindurch handelt und spricht. Insofern der Phallus als Signifikant die Instanz der symbolischen Autorität bezeichnet, besteht sein entscheidendes Merkmal darin, daß er nicht „mir gehört", er nicht das Organ eines lebenden Subjektes ist, sondern ein Ort, an dem eine fremde Macht interveniert und sich meinem Körper einschreibt, ein Ort, an dem der große Andere durch mich handelt – also kurz gefaßt in der Tatsache, daß der Phallus ein Signifikant ist, was vor allem bedeutet, daß er strukturell ein Organ ohne Körper und in gewisser Weise von meinem Körper „abgelöst" ist.[8] Dieses entscheidende Merkmal des Phallus, seine Ablösbarkeit, wird auch in der Verwendung künstlicher Plastikphalli (den „Dildos") in lesbischen sadomasochistischen Praktiken sichtbar, wo mit ihm gespielt werden und man ihn zirkulieren lassen kann – der Phallus ist also ein viel zu ernstes Ding, um seine Verwendung dämlichen Kreaturen wie den Männern zu überlassen...[9]

Es gibt jedoch eine zentrale Differenz zwischen dieser symbolischen, durch den Phallus als Signifikanten der Kastration garantierten Autorität und der spukhaften Präsenz des „begrifflichen Juden". Obwohl wir es in beiden Fällen mit einer Spaltung zwischen Wissen und Glauben zu tun haben, sind die beiden Spaltungen grundsätzlich anderer Natur. Im ersten Fall betrifft der Glaube die „sichtbare" öffentliche Autorität (ungeachtet meiner Kenntnis über die Unvollkommenheit und Schwäche des Vaters, akzeptiere ich ihn weiterhin als Autoritätsperson), während im zweiten Fall das, woran ich glaube, die Macht einer unsichtbaren spukhaften Erscheinung ist. Der phantasmatische „begriffliche Jude" ist keine väterliche Figur einer symbolischen Autorität, kein „kastriertes" Trägermedium der öffentlichen Autorität, sondern etwas entschieden anderes: eine Art unheimliches Double der öffentlichen Autorität, das deren eigene Logik subvertiert. Er muß im dunkeln handeln, bleibt für den öffentlichen Blick unsichtbar und strahlt eine phantomartige, spukhafte Omnipotenz aus. In bezug auf diesen unfaßbaren, flüchtigen Status des Kerns seiner Identität gilt der Jude – im Gegensatz zum „kastrierten" Vater – als *unkastrierbar*. Je mehr seine aktuelle, soziale öffentliche Existenz beschnitten wird, desto furchterregender wird seine flüchtige phantasmatische Existenz.[10]

Die Differenz zwischen dem Namen-des-Vaters und dem „begrifflichen Juden" ist, kurz gesagt, die zwischen der symbolischen *Fiktion* und dem phantasmatischen *Gespenst*, oder in Termini der Lacanschen Algebra ausgedrückt, zwischen S_1, dem Herrensignifikanten (dem leeren Signifikanten der symbolischen Autorität), und dem *objet petit a*. Wird einem Subjekt symbolische Autorität übertragen, handelt es als Appendix dieses symbolischen Titels, das heißt, es ist der große Andere, der durch ihn handelt. Man denke nur an einen Richter, der zwar eine schlechte und korrupte Person sein mag, dessen Worte jedoch in dem Moment, in dem er sich seine Robe überstreift und seine anderen Insignien anlegt, zu den Worten des Gesetzes selbst werden. Im Fall jener spukhaften Präsenz beruht die Macht im Gegensatz dazu auf etwas „in mir, das mehr ist als ich selbst". Dieser Umstand kann am besten durch zahlreiche Science-Fiction-Filme von *Alien* bis *Hidden* veranschaulicht werden: ein unzerstörbarer Fremdkörper, der für die präsymbolische Lebenssubstanz steht, ein gräßlicher schleimiger Parasit, der in mein Inneres eindringt und mich dominiert. Um auf Chabrols Witz über den Millionär zurückzukommen: Mein Dilemma ist also entschieden geringer, wenn man mir sagt, man liebe mich nicht wegen meiner selbst, sondern meines symbolischen Ortes (Macht, Vermögen) wegen, als wenn mir jemand sagt, ich würde geliebt, weil jemand die Präsenz von etwas fühlt, was „in mir mehr ist als ich selbst". Verliert ein Millionär seine Millionen, wird der Partner, der ihn wegen seines Vermögens geliebt hat, einfach sein Interesse verlieren und ihn verlassen, ohne ein tiefes Trauma zu hinterlassen; werde ich jedoch geliebt für das, was „in mir mehr ist als ich selbst", kann gerade die Intensität dieser Liebe leicht in einen nicht weniger leidenschaftlichen Haß umschlagen, in den gewaltsamen Versuch, das Mehrwert-Objekt in mir, das meinen Partner beunruhigt, zu zerstören. Aus diesem Grund kann man mit der Misere des armen Millionärs nur sympathisieren: Es ist weit angenehmer zu wissen, daß eine Frau oder ein Mann mich wegen meiner Millionen (oder meiner Macht oder meines Ruhmes) liebt – dieses Bewußtsein erlaubt mir, eine sichere Distanz aufrechtzuerhalten und zu vermeiden, allzu tief in das Spiel verstrickt zu werden und den anderen dem Kern meines Wesens auszusetzen. Das Problem taucht auf, wenn der andere *in mir* etwas sieht, das „mehr ist als ich selbst" – dem paradoxen Kurzschluß zwischen Liebe und Haß, für den Lacan den Neologismus *l'hainamoration* geprägt hat, ist dann Tür und Tor geöffnet.

5

Diese Differenz zwischen (symbolischer) Fiktion und Phantasma ist von enscheidender Bedeutung für die psychoanalytische Theorie der Ideologie. In seinem jüngst erschienenen Buch über Marx brachte Jacques Derrida den Terminus *„spectre"* ins Spiel, um die flüchtige Pseudo-Materialität zu bezeichnen, die klassische ontologische Oppositionen wie Realität und Illusion etc. subvertiert[11]. Und vielleicht ist hier die Stelle, an der nach der letzten Zufluchtsstätte der Ideologie, nach dem präideologischen Kern, der formalen Matrix, auf die sich verschiedene ideologische Formationen aufpfropfen, gesucht werden muß – und zwar in der Tatsache, daß es keine Realität ohne *spectre* gibt, daß der Kreislauf der Realität nur durch ein unheimliches spukhaftes Supplement geschlossen werden kann. Warum also gibt es keine Realität ohne *spectre*? Lacan gibt auf diese Frage eine präzise Antwort: die Realität (oder was wir als diese erfahren) ist nicht das „Ding an sich", sondern etwas, das immer schon symbolisiert, konstituiert und strukturiert ist durch einen symbolischen Mechanismus – wobei das Problem darin besteht, daß die Symbolisierung letztlich immer scheitert, daß es ihr nie gelingt, das Reale völlig „abzudecken", daß sie stets von einer ungetilgten, uneingelösten symbolischen Schuld begleitet wird. *Dieses Reale (der Teil der Realität, der unsymbolisiert bleibt) kehrt in Gestalt der spukhaften Erscheinungen wieder.* Folglich darf „spectre" nicht mit „symbolischer Fiktion" verwechselt werden, das heißt mit der Tatsache, daß die Realität selbst die Struktur einer Fiktion hat, in der sie symbolisch (oder wie einige Soziologen sagen „gesellschaftlich") konstruiert ist; die Termini *„spectre"* und „(symbolische) Fiktion" sind in ihrer Inkompatibilität voneinander abhängig (sie sind „komplementär" im Sinn der Quantenmechanik). Um es einfach zu sagen: die Realität ist nie direkt „sie selbst", sie stellt sich immer über ihre unvollständig-verfehlte Symbolisierung dar, und die spukhaften Erscheinungen erscheinen gerade in der Kluft, die die Realität für immer vom Realen trennt und kraft der die Realität den Charakter einer (symbolischen) Fiktion hat. Das *spectre* verleiht dem, was der (symbolisch konstituierten) Realität entkommt, einen Körper.

Der vorideologische „Kern" der Ideologie besteht daher *in der spukhaften Erscheinung, die das Loch in der Realität auffüllt.* Dies ist es auch, was alle Anstrengungen, eine klare Trennungslinie zwischen „wahrer" Realität und Illusion zu ziehen (oder die Illusion aus der Realität abzuleiten), aus ihren Betrachtungen ausklammert: Wenn die „Realität" (oder was wir als diese erfahren) sich bilden soll, muß etwas aus ihr verworfen werden, das heißt: „Realität" wie auch Wahrheit sind *per definitionem* nie „ganz". *Was das spectre verbirgt, ist nicht die Realität selbst, sondern ihr „Ur-Verdrängtes", das unrepräsentierbare X, auf dessen „Verdrängung" die Realität selbst sich stützt.* – Es mag scheinen, daß wir nun unseren Weg verloren haben und im trüben fischend nur über Dinge spekulieren können, die in keinerlei Hinsicht etwas mit konkreten gesellschaftlichen Kämpfen zu tun haben. Liefert aber der marxistische Begriff des *Klassenkampfes* nicht ein hervorragendes Beispiel für ein solches „Reales"? Das konsequente Durchdenken dieses Begriffes zwingt uns einzugestehen, daß es so etwas wie Klassenkampf „in der Realität" nicht gibt: der „Klassenkampf" bezeichnet den Antagonismus, der die objektive (gesellschaftliche) Realität daran hindert, sich als geschlossenes Ganzes zu konstituieren.[12]

Diese Interpretation des gesellschaftlichen Antagonismus (Klassenkampf) als Reales – und nicht als objektive gesellschaftliche Realität (oder als deren Teil) – erlaubt uns, der ausgetretenen Argumentationslinie zu begegnen, der zufolge man den Begriff der Ideologie aufgeben müsse, weil die Geste der Unterscheidung von „reiner Ideologie" und „Realität" die epistemologisch unhaltbare Position einer „Sicht Gottes", das heißt einen Zugang zur objektiven Realität, so wie sie „wirklich ist", voraussetzt. Die Frage der Angemessenheit des Terminus „Klassenkampf", um die heute dominante Form des Antagonismus zu bezeichnen, ist hier sekundär, sie hängt von einer konkreten Gesellschaftsanalyse ab. Entscheidend ist, daß die Konstitution einer gesellschaftlichen Realität die „Ur-Verdrängung" eines Antagonismus voraussetzt, sodaß die eigentliche Stütze der Ideologiekritik – der außerideologische Referenzpunkt, der uns autorisiert, den Inhalt unserer unmittelbaren Erfahrung als „ideologisch" zu denunzieren – nicht die „Realität", sondern das „verdrängte" Reale des Antagonismus ist.

Vielleicht erklärt dieser Begriff des Realen auch den Grundzug der „neuen Welle" der Dokumentarfilme der späten 80er und frühen 90er Jahre, deren beispielhafter Fall *The Thin Blue Line* darstellt[13]: obwohl diese Filme die naive Referenz auf eine angebliche Wirklichkeit „da draußen" (das heißt eine außerhalb der kinematographischen Fiktion angesiedelte) hinter sich lassen, vermeiden sie aber auch die „postmoderne" Falle des ungebundenen Spiels der Simulakren, indem der Begriff des Referenten, verabschiedet als letztes Überbleibsel der metaphysischen Illusion, verschwindet. In *The Thin Blue Line* ist der Referent jedoch alles andere als untätig; der ganze Film dreht sich darum, was „wirklich" in der Nacht des Mordes „geschah"; der Film ist so weit wie möglich von einer pseudo-Rashomon Ideologie entfernt, in der die Wirklichkeit sich in die Multiplizität von Gesichtspunkten auflöst; dennoch ist dieser „harte Kern" gleichzeitig näher und weiter entfernt als es der traditionelle „realistische" Referent ist: er ist weiter weg, weil er inhärent undarstellbar ist, als etwas, das a priori entschwunden ist und das der Integration in die Erzählung widersteht (der Film kann nur vorgetäuschte Dramatisationen der verschiedenen Hypothesen über das, was „wirklich geschah", anbieten); er ist näher, weil der Film sich als Intervention in das, was er beschreibt, ansieht (der Regisseur legt klar den Grundstein für eine Wiederaufnahme des Falles). Wir können hier sehen, wie radikale Transzendenz (die Positionierung des Realen als undarstellbar, als jenseits des Zugriffs unserer Repräsentationen befindlich) mit radikaler Immanenz zusammenfällt (mit der Tatsache, daß es zwischen „uns" und dem Realen nicht die klare Distanz gibt, die angeblich den repräsentierten Inhalt vom wahrnehmenden, registrierenden Subjekt trennt: das Subjekt interveniert direkt, ist Teil vom undarstellbaren Inhalt, der aufgrund seiner übergroßen Nähe undarstellbar bleibt). Es ist das gleiche mit Claude Lanzmanns *Shoah*: der Film spricht das Trauma des Holocausts als etwas an, das jenseits der Repräsentation liegt (es kann nur über seine Spuren, überlebende Zeugen, übriggebliebene Monumente wahrgenommen werden); trotzdem ist der Grund für diese Unmöglichkeit, den Holocaust darzustellen, nicht einfach der, daß er „zu traumatisch" ist, sondern daß wir beobachtende Subjekte noch darin involviert sind, noch teilhaben an dem Prozeß, der den Holocaust hervorbrachte (Es sei nur an die Szene von *Shoah* erinnert, in der polnische Bauern aus einem Dorf in der Nähe des Konzentrationslagers heutzutage, in unserer Gegenwart, interviewt werden. Sie empfinden Juden weiterhin als „fremd", das heißt sie wiederholen genau die Logik, die zum Holocaust führte[14]).

6

Um diese unheimliche Logik des Antagonismus als Reales weiter zu erhellen, wollen wir uns die exemplarische Analyse der räumlichen Verteilung der Hütten eines Eingeborenendorfs in Nordamerika, wie sie Claude Lévi-Strauss in seiner *Strukturalen Anthropologie* vorgelegt hat, in Erinnerung rufen. Die Einwohner teilen sich in zwei Untergruppen; bittet man ein Individuum den Grundriß des Dorfes (die räumliche Verteilung der Häuser) auf ein Blatt Papier oder in den Sand zu zeichnen, erhalten wir zwei sehr verschiedene Antworten, je nachdem, ob er/sie der einen oder der anderen Untergruppe angehört; ein Mitglied der ersten Untergruppe (nennen wir sie die Gruppe der „korporatistischen Konservativen") betrachtet den Grundriß des Dorfes als kreisförmig – als einen mehr oder weniger symmetrisch um den zentralen Tempel angelegten Häuserring, während ein Mitglied der zweiten Untergruppe (der Anhänger eines „revolutionären Antagonismus") das Dorf als zwei distinkte Häusergrüppchen betrachtet, die durch eine unsichtbare Grenze voneinander getrennt sind. Die zentrale Pointe von Lévi-Strauss' Analyse besteht darin, daß dieses Beispiel uns keineswegs dazu verleiten soll, in einen kulturellen Relativismus zu verfallen, wonach die Wahrnehmung eines gesellschaftlichen Raums von der Gruppenzugehörigkeit des Betrachters abhängig ist. Gerade die Spaltung in zwei „relative"

Wahrnehmungen impliziert die verborgene Referenz auf eine Konstante – diese ist nicht die „tatsächliche" Verteilung der Gebäude, sondern ein traumatischer Kern, ein fundamentaler Antagonismus, den die Bewohner des Dorfes nicht symbolisieren konnten, über den sie keine Rechenschaft ablegen können, den sie nicht „internalisieren" können und mit dem sie nicht fertig werden. Sie ist ein Ungleichgewicht in den sozialen Beziehungen, das verhindert, daß sich die Gemeinschaft zu einem harmonischen Ganzen stabilisiert. Die beiden verschiedenen Wahrnehmungen des Grundrisses sind einfach zwei wechselseitig sich ausschließende Versuche, mit diesem traumatischen Antagonismus zurechtzukommen, die Wunde, die er schlägt, durch die Fixierung einer ausbalancierten symbolischen Struktur zu heilen. (Ist es nötig hinzuzufügen, daß es sich mit der sexuellen Differenz völlig analog dazu verhält: „männlich" und „weiblich", sind sie nicht wie die zwei Häuser-Konfigurationen im Lévi-Strausschen Dorf? Und um die Illusion zu zerstreuen, daß unser „entwickeltes" Universum nicht durch dieselbe Logik dominiert wird, sei an die Spaltung unseres politischen Raumes in Rechte und Linke erinnert: Ein Linker und ein Rechter verhalten sich exakt wie die Mitglieder der oppositiven Gruppen des Lévi-Strausschen Dorfes. Sie nehmen nicht nur unterschiedliche Plätze innerhalb des politischen Raumes ein; jeder von ihnen nimmt auch die Disposition des politischen Raumes anders wahr – ein Linker sieht in ihm ein Feld, dem die Spaltung durch einen fundamentalen Antagonismus inhärent ist, ein Rechter sieht in ihm die organische Einheit einer Gemeinschaft, die nur durch fremde Eindringlinge gestört wird.)

Der gemeine Menschenverstand sagt uns, daß es leicht ist, die subjektive Ausrichtung der Wahrnehmungen zu korrigieren und den „wahren Stand der Dinge" zu ermitteln: Wir mieten einen Helicopter und machen einen Schnappschuß direkt über dem Dorf. Was wir dadurch erhalten, ist die unentstellte Sicht auf die Realität, doch verfehlen wir völlig das Reale des sozialen Antagonismus, den nicht symbolisierbaren traumatischen Kern, der in dieser Verzerrung, in der phantasmatischen Verschiebung der „wirklichen" Verteilung der Häuser seinen Ausdruck fand. Dies ist es, was Lacan vor Augen hat, wenn er behauptet, daß *die Verzerrung und/oder Verstellung enthüllend ist*. Was in der Verzerrung der adäquaten Repräsentation der Realität auftaucht, ist das Reale, das heißt das Trauma, um das sich die gesellschaftliche Realität strukturiert. Anders gesagt, würden alle Einwohner des Dorfes denselben adäquaten Grundriß zeichnen, hätten wir es mit einer nicht-antagonistischen, harmonischen Gemeinschaft zu tun.

Wollen wir jedoch zu dem fundamentalen Paradox gelangen, das im Marxschen Begriff des Warenfetischismus impliziert ist, müssen wir einen Schritt weitergehen und uns z. B. zwei verschiedene „wirkliche" Dörfer vorstellen, die durch ihre Verteilung der Wohnhäuser jeweils einen der beiden phantasierten und von Lévi-Strauss evozierten Grundrisse realisieren; in diesem Fall materialisiert die Struktur der gesellschaftlichen Realität selbst einen Versuch, mit dem Realen des Antagonismus zurechtzukommen. Es darf also nie vergessen werden, daß der „Warenfetischismus" keine (bürgerliche) Theorie der politischen Ökonomie bezeichnet, sondern eine Reihe von Voraussetzungen, die die Struktur der sehr „realen" ökonomischen Praxis des Markttausches determinieren – in der Theorie klammert sich der Kapitalist an einen utilitaristischen Nominalismus, doch in seiner eigenen Praxis (des Tausches usw.) folgt er „theologischen Grillen" und handelt als spekulativer Idealist. „Realität" selbst, insofern sie durch eine symbolische Fiktion reguliert wird, verbirgt das Reale eines Antagonismus, und es ist dieses Reale, das, aus der symbolischen Fiktion verworfen, in Gestalt der spukhaften Erscheinungen wiederkehrt – exemplarisch natürlich in Form des „begrifflichen Juden".

Diese Dualität von symbolischer Fiktion und spukhafter Erscheinung kann auch in der Ambiguität gefunden werden, die dem Begriff des Phantasmas anhaftet. Der Begriff des Phantasmas bietet den exemplarischen Fall einer dialektischen *coincidentia oppositorum*: auf der einen Seite das Phantasma als Glückseligkeit, als Traum vom störungsfreien Zustand, außerhalb des Zugriffs menschlicher Verdorbenheit; andererseits das Phantasma unter einem Aspekt, dessen elementarste Form der Neid ist – all jene Dinge, die mich am anderen „irritieren", die mich bedrängenden Bilder, was er wohl in meiner Abwesenheit tut, wie er mich betrügt und gegen mich intrigiert, wie er mich verleugnet und in Genüssen schwelgt, deren Intensität meine Vorstellungskraft übersteigt etc. (dies bereitet z. B. Swann bei Odette in *Un amour de Swann* Kopfzerbrechen). Und findet sich die reziproke Abhängigkeit dieser beiden Aspekte des Begriffes des Phantasmas nicht auch im sogenannten Totalitarismus wieder? Jene, die behaupten, das Phantasma 1 (die symbolische Fiktion) gänzlich zu realisieren, müssen auf das Phantasma 2 (die spukhaften Erscheinungen) zurückgreifen, um ihre Fehler zu erklären – die verworfene

Kehrseite der harmonischen Volksgemeinschaft der Nazis kehrt in Gestalt ihrer paranoischen Besessenheit von einer jüdischen Verschwörung zurück. In ähnlicher Weise war die zwanghafte stalinistische Enttarnung jedes neuen Feindes des Sozialismus die unvermeidliche Kehrseite ihres Anspruches, das Ideal eines „neuen sozialistischen Menschen" zu verwirklichen. Vielleicht liefert die Freiheit vom infernalen Zugriff des Phantasmas 2 die bündigste Definition für einen Heiligen.

Phantasma 1 und Phantasma 2, symbolische Fiktion und spukhafte Erscheinung, sind somit die Vorder- und Rückseite ein und derselben Medaille. Insofern eine Gemeinschaft ihre Realität als durch das Phantasma 1 reguliert und strukturiert erfährt, muß sie die ihr inhärente Unmöglichkeit verleugnen, das heißt den Antagonismus in ihrem Innersten. Die Verkörperung dieser Verleugnung ist das Phantasma 2 (die Figur des „begrifflichen Juden" zum Beispiel). Die Wirksamkeit des Phantasmas 2 ist, kurz gesagt, Bedingung für die Aufrechterhaltung des Phantasmas 1. Lacan formulierte Descartes' Satz „Ich denke, also bin ich" zu dem Satz „Ich bin der, der denkt 'also bin ich'" um. Die Pointe dabei besteht natürlich in der Nicht-Übereinstimmung der beiden Hilfsverben „bin", das heißt in der phantasmatischen Natur des zweiten „bin". Derselben Neuformulierung läßt sich die pathetische Behauptung einer ethnischen Identität unterziehen: „Ich bin Franzose (Österreicher, Jude, Deutscher, Amerikaner)" sollte als „Ich bin der, der denkt 'also bin ich Franzose'" reformuliert werden, wodurch die Kluft inmitten meiner Selbstidentität sichtbar wird – und die Funktion des „begrifflichen Juden" ist es gerade, diese Kluft unsichtbar zu machen.

7

Last but not least dürfen wir nicht vergessen, daß die Unterscheidung zwischen symbolischer Fiktion und phantasmatischem *spectre* den exemplarischen Fall eines dialektischen Prozesses darstellt, bei dem ein Ding *wird, was es immer schon war*. Obwohl es als eine Art transhistorische Konstante fungiert, die für alle Epochen gilt (man denke nur an *Antigone* und die Spaltung zwischen dem öffentlichen Staatsrecht, das am Tag wirksam ist, und dem göttlichen Familienrecht, das in der Nacht regiert), wird es als solches nur in einem präzisen historischen Moment sichtbar (oder „gesetzt", wie Hegel sagen würde): im Zeitalter der Aufklärung und seinem politischen Korrelativ, der Herausbildung der modernen Nationalstaaten – im Zeitalter von Captain Bligh. Durch eine Reihe von Initiationsriten (die Krönung eines neuen Königs usw.) hielt die vormoderne Macht das Band zwischen dem öffentlichen Recht und dessen ritualisierter Kehrseite aufrecht; mit der Ankunft der Moderne wird dieses Band jedoch zerschnitten, so daß wir auf der einen Seite das leer-formale öffentliche Recht haben und auf der anderen Seite eine Pluralität von geschlossenen initiatorischen Gemeinschaften. Diese Aufspaltung öffnet den Weg für die beiden Formen des „Totalitarismus", für den linken, der im Namen einer abstrakten Form von Staatsbürgerschaft die organischen Gemeinschaften zu zerschlagen versucht, und für den rechten, der sich im Namen der Rückkehr irgendeiner Version einer organischen Gemeinschaft der „unverankerten" abstrakten Form des modernen Staates entgegenstellt.

Hegel war der erste, der die Logik der Individualisierung als sekundärer, substitutiver Identifikation herausarbeitete: Will sich ein Subjekt in seiner „autonomen Individualität" behaupten, muß es sich von seiner ursprünglich „organischen" Gemeinschaft (seiner Familie, der ethnischen Gruppe usw.) losreißen, seine Bindungen an sie ablösen und sozusagen seinem fundamentalen Treueeid abschwören, um die „Substanz" seines Seins in einer anderen, sekundären Gemeinschaft wiederzuerkennen. Diese sekundäre Gemeinschaft ist „abstrakt", „künstlich" und nicht mehr „spontan", sie wird durch die Aktivität unabhängiger, freier Subjekte vermittelt, konstituiert und aufrechterhalten (Nation versus lokale Gemeinschaft; Beruf im modernen Sinn – ein Job in einer großen anonymen Gesellschaft zum Beispiel – versus persönliche Beziehungen zu einem paternalistischen Handwerksmeister; akademische Gemeinde der Wissenschaftler versus traditioneller, von Generation zu Generation weitergereichter Weisheit; schließlich die Mutter, die sich mehr an Handbücher für Kinderpflege hält, als an elterliche Ratschläge). In einem ersten Schritt ist man versucht zu sagen, daß wir heute Zeugen einer unerwarteten Umkehrung dieses Prozesses geworden sind: Die „abstrakte" Institution der sekundären Identifizierung wird mehr und mehr als äußerlich erfahren, als rein formaler Rahmen, der nicht wirklich verbindlich ist, so daß man mehr und mehr nach einer Stütze in „ursprünglichen" und normalerweise kleineren (ethnischen, religiösen) Identifikationsformen sucht. Selbst wenn diese Identifikationsformen „künstlicher" sind als nationale Identifikationen (wie das etwa in den Gay-Communities der Fall ist), sind sie „unmittelbarer", insofern sie das Individuum direkter und vollständiger in seiner spezifischen „Lebensform" erfassen und dabei die abstrakte Freiheit, die er oder sie in seiner/ihrer Eigenschaft als Bürger eines Nationalstaates besitzen, in die Schranken weisen. Die Pointe, die hierbei aber nicht übersehen werden darf, liegt darin, daß diese „Regression" von den sekundären zu den „ursprünglichen" Identifikationsformen mit „organischen", ethnischen, ... Gemeinschaften bereits durch die universelle Dimension des Weltmarktes „vermittelt" ist. Sie ist eine *Reaktion* auf die universelle Dimension des Weltmarktes – als solche findet sie auf dessen Terrain und vor ihrem Hintergrund statt. Aus diesem Grund ist das, womit wir es bei diesen Phänomenen zu tun haben, keine „Regression" sondern eher die Erscheinungsform ihres exakten Gegenteils: In einer Art hegelscher „Negation der Negation" *signalisiert die neuerliche Selbstbehauptung einer „ursprünglichen" ethnischen usw. Identifikation, daß der Verlust der organisch-substantiellen Gemeinschaft endgültig vollzogen ist.*

Um diesen Punkt klar zu machen, sollte man sich vergegenwärtigen, was die fundamentale Lehre der postmodernen Politik ist: weit davon entfernt, eine „natürliche" Einheit des sozialen Lebens zu sein, ein ausbalancierter Rahmen oder eine Art Aristotelische *entelechia*, zu dem alle vorhergehenden Entwicklungen voranschreiten, ist die universelle Form des Nationalstaates eher eine prekäre und zeitlich beschränkte Balance zwischen der Beziehung zu einem spezifischen ethnischen Ding (Patriotismus, *pro patria mori* usw.) und der (potentiell) universellen Funktion des Marktes. Auf der einen Seite ist sie die *Aufhebung* (im hegelschen Sinn) der lokalen organischen Identifikationsformen zu universellen „patriotischen" Identifikationen; auf der anderen Seite setzt sie sich selbst als eine Art pseudonatürliche Grenze der Marktökonomie, indem sie den „inneren" vom „äußeren" Handel abgrenzt – die ökonomische Aktivität wird dadurch „sublimiert", in den Rang eines ethnischen Dings erhoben und als patriotischer Beitrag zur Größe der Nation legitimiert. Diese Balance wird ständig von beiden Seiten her bedroht, einerseits von seiten der vorhergegangenen spezifisch „organischen" Identifikationsform, die nicht einfach verschwindet, sondern ihr unterirdisches Leben außerhalb der universellen öffentlichen Sphäre fortsetzt, als auch von seiten der immanenten Logik des Kapitals, dessen „transnationale" Natur indifferent gegenüber den Grenzen von Nationalstaaten ist. Und die heutigen neuen „fundamentalistischen" ethnischen Identifikationen bringen eine Art von „Desublimierung" mit sich, einen Prozeß der Desintegration dieser prekären Einheit der „Nationalökonomie" zu ihren zwei konstitutiven Teilen, der transnationalen Funktion des Marktes und der Beziehung zum ethnischen Ding.[15]

Erst heute, in den zeitgenössischen „fundamentalistischen" Gemeinschaften, realisiert sich daher vollständig die durch das Projekt der Aufklärung ins Leben gerufene Spaltung zwischen der abstrakten Form des Handels und der Beziehung zum besonderen ethnischen Ding: Die heutigen ethnischen „Fundamentalismen" und der Widerstand gegen Ausländer sind nicht nur nicht „regressiv", sondern legen im Gegenteil Zeugnis von der endgültigen Emanzipation der ökonomischen Logik der Marktabstraktion vom Zugriff des ethnischen Dings ab.[16]

Die Schuld des Blickes

1

Einer der Gemeinplätze des dekonstruktivistischen Feminismus betrifft die Verbindung von Blick und Macht: derjenige, der *sieht*, dessen Blickwinkel das Gesichtsfeld der Beobachtung organisiert und beherrscht, ist zugleich der Inhaber von Macht; bereits in Benthams Phantasma vom Panoptikum ist die Macht im zentralen Blick angesiedelt. So gesehen ist das Machtverhältnis im Kino dadurch bestimmt, daß der männliche Blick das Gesichtsfeld kontrolliert, während die Rolle der Frau die eines vom männlichen Blick bevorzugten Objekts ist. Hitchcocks große Meisterwerke von *Notorious* bis *Rear Window* lehren uns jedoch, daß die Dialektik von Blick und Macht weit raffinierter ist: der Blick bedeutet Macht, gleichzeitig jedoch und auf grundsätzlicher Ebene das genaue Gegenteil von Macht: *Machtlosigkeit*, insofern er die Position eines zur Untätigkeit verdammten Zeugen innehat, der nur noch beobachten kann, was vor sich geht. Der derzeitige Krieg in Bosnien wirft in eindringlicher Weise die Frage nach der *Schuld des Blickes* auf: Warum scheint der ohnmächtige Blick, der Zeuge eines unaussprechlichen Schreckens wird, unvermeidlich Schuld auf sich zu laden, obwohl *er gar nichts dafür kann*? Worum es hier geht, ist Vergewaltigung als Waffe, insbesondere angewendet von den Serben gegenüber den Moslems. Die Form, in der das geschieht – die Vergewaltigung eines Mädchens (oder auch eines Jungen) *in Gegenwart seines Vaters*, der gezwungen ist, zum Zeugen der Angelegenheit zu werden – setzt zwangsläufig den Teufelskreis der Schuld in Bewegung: der Vater, Repräsentant der Autorität, des großen Anderen, wird in seiner völligen Machtlosigkeit vorgeführt, was ihn in den eigenen Augen wie in den Augen seiner Tochter schuldig macht; die Tochter hat sich schuldig gemacht, indem sie einen Anlaß zur Erniedrigung des Vaters gegeben hat usw. Die Vergewaltigung zieht so, abgesehen vom physischenund psychischen Leiden des Mädchens, den Zerfall des gesamten familiären sozio-symbolischen Netzwerks nach sich.

Der ohnmächtige Blick ist bereits in der Schlüsselszene von Poes *The Purloined Letter* (deutsch: *Der stibitzte Brief*) am Werk, beim Entwenden des Briefs durch den Minister in Gegenwart von Königin und König: der ohnmächtige Blick ist hier der Blick der Königin, die den Akt nur beobachten, nicht verhindern kann, da ihr Eingreifen dem König ihre Komplizenschaft offenbaren würde. Der ohnmächtige Blick ist also ein Element in dem Dreieck, das noch den unwissenden Blick des „großen Anderen" und den Akt des Kriminellen/Folterers umfaßt. Wer ist hier überhaupt ohnmächtig? In erster Linie sicherlich das Subjekt des ohnmächtigen Blicks. Eigentlich jedoch ist von einer radikaleren Machtlosigkeit der unwissende Dritte, der große Andere, betroffen, der Repräsentant der sozialen Autorität (der König in *The Purloined Letter*): der kriminelle Akt legt die Machtlosigkeit des großen Anderen offen, ohne daß dieser sich dessen überhaupt bewußt wird (Es kann der Schluß gezogen werden, daß *The Purloined Letter* von den Folgen der Machtlosigkeit, der Impotenz des Königs handelt: Poe gibt zu verstehen, daß das Geheimnis des „stibitzten Briefes" die verbotene Liebesaffäre der Königin ist – und warum sollte die Königin nach einem Liebhaber suchen, wenn nicht wegen der Unfähigkeit des Königs, sie zu befriedigen...). Das Subjekt des ohnmächtigen Blickes kann lediglich teilnahmslos die Affäre beobachten, da ihm die Hände wegen *seiner verborgenen Komplizenschaft und Solidarität mit dem Verbrecher* gebunden sind: unerkannt vom „großen Anderen", hat er selbst gegen ihn verstoßen.

Diese Stellung des „ohnmächtigen Zeugen" ist auch ein entscheidender Bestandteil der Erfahrung des Erhabenen: diese Erfahrung tritt dann ein, wenn wir ein schreckenerregendes Ereignis erleben, das unser Vorstellungsvermögen übersteigt, ein Ereignis, das so überwältigend ist, daß wir nichts tun können und es nur entsetzt anstarren. Gleichzeitig jedoch stellt dieses Ereignis keine unmittelbare Bedrohung für unsere physische Integrität dar, so daß wir die sichere Distanz eines Beobachters beibehalten können. Kant schränkt die Erfahrung des Erhabenen auf Beispiele aus der Natur ein (stürmische See, schroffe Berghänge...), versäumt aber, davon zu sprechen, daß ein *menschlicher* Akt eine ebensolche Erfahrung auslösen kann: der Akt des Folterns und *Tötens* – auch ihn können wir nur entsetzt anstarren. Thomas de Quincey entwickelte seine Theorie von der „erhabenen Kunst des Mordes" unter Bezug auf Kant; literarisch umgesetzt zeigt sich diese erhabene Dimension, indem er den Mord vom Standpunkt eines Beobachters aus darstellt (das Hausmädchen, das weiß, daß der Mörder, der gerade ihren Herrn getötet hat, hinter der Tür lauert; der Hotelgast, der aus einem dunklen Winkel am oberen Treppenende beobachtet, wie der Mörder die ganze Familie des Hotelbesitzers abschlachtet)[1]. Die Lehre der Psychoanalyse besagt, daß zu Folter und Mord als Quellen möglicher Erfahrung des Erhabenen *intensives (sexuelles) Genießen* hinzugerechnet werden muß.

Die Position des ohnmächtigen Beobachters ist gleichfalls die Matrix einer der klassischen Szenen des *film noir*. In Hawks' *The Big Sleep*, zum Beispiel, beobachtet der hinter einem Holzzaun versteckte Marlowe, wie ein bezahlter Killer einen kleinen Ganoven auslöscht, der lieber sein Leben lassen will, als das von ihm geliebte Mädchen zu verraten. Vielleicht ist der eindeutigste Fall zu Beginn von Fritz Langs *Scarlet Street* zu finden, als Edward Robinson Zeuge von Dan Duryeas Gewaltausbruch gegen Joan Bennett wird: blind gemacht von seiner Phantasmavorstellung, mißdeutet Robinson eine einfache Liebesstreiterei – welche Joan Bennett eindeutig *genießt* – als das Leid, von dem sie befreit werden muß. Diese Szene liefert den Schlüssel für die Konstellation des ohnmächtigen Blicks: das unerträgliche, traumatische Element, das von diesem Blick wahrgenommen wird, ist letztlich das *weibliche Genießen*, dessen Gegenwart die Autorität des „großen Anderen", des Namens-des-Vaters, suspendiert. Die Phantasie (die Phantasie von der bedrohten Frau, die „gerettet" werden muß) ist ein Szenario, das wir konstruieren, um weibliches Genießen auszuschließen. Freuds „Ein Kind wird geschlagen" ist zu ergänzen durch etwas, was vielleicht ein elementareres Beispiel der Phantasma-Szene ist: „Eine Frau ist gefoltert/koitiert worden".

Warum nun ist der Beobachter passiv und ohnmächtig? Weil seine Begierde gespalten ist, geteilt zwischen der Faszination am Genießen und dem Abgestoßensein davon; oder, um es anders zu sagen, weil sein Verlangen, die Frau von ihren Folterern zu befreien, vom impliziten Wissen verhindert wird, daß das Opfer sein Leiden *genießt*[2]. Die Fähigkeit des Beobachters zu handeln, das heißt die Opfer-Frau vom Folterer oder von ihr selbst zu befreien, zeigt, daß er „Opfer seines eigenen Phantasmas" geworden ist (wie Lacan es a propos de Sade formuliert): *der Schlag richtet sich gegen das unerträgliche Mehrgenießen.* (Diese Konstellation ist in einer ganzen Reihe von amerikanischen Filmen am Werk, von John Fords *Searchers* zu Scorseses *Taxi Driver*, wo Travis [Robert de Niro] Zuflucht zu einer gewalttätigen *passage à l'acte* nimmt, um aus der Verfahrenheit seiner Beziehung zu der jungen Prostituierten, die sich weigert, gerettet zu werden [Jodie Foster], herauszugelangen.[3])

2

Die Doxa über Gewalt in der postmodernen „Gesellschaft des Spektakels" lautet folgendermaßen: Heute ist unsere Wahrnehmung der Realität von ästhetisierenden Medien-Manipulationen derart geprägt, daß es uns nicht mehr möglich ist, die Realität von ihrem medialen Bild zu unterscheiden – die Realität selbst wird als ein ästhetisches Spektakel erfahren. Ausbrüche „irrationaler" Gewalt lassen sich vor diesem Hintergrund begreifen: Sie sind verzweifelte Versuche, mit Hilfe einer *passage à l'acte* eine Trennungslinie zwischen Fiktion und Realität zu ziehen, das heißt das Spinnennetz der ästhetisierten Scheinrealität zu lösen und bei der harten, wahren Realität anzukommen. – Weit entfernt davon, einfach falsch zu sein, ist diese Doxa vielmehr *aus den falschen Gründen richtig*: Was ihr fehlt, ist die wesentliche Unterscheidung zwischen imaginärer Ordnung und symbolischer Fiktion.

Das Problem der zeitgenössischen Medien liegt nicht darin, daß sie uns dazu verleiten, Fiktion mit Realität zu verwechseln, sondern vielmehr in ihrem „hyperrealistischen" Charakter, mit Hilfe dessen sie *die Lücke füllen, die den Raum für symbolische Fiktion geöffnet hält*. Die symbolische Ordnung kann nur funktionieren, wenn sie eine minimale Distanz zur Realität aufrechterhält, der gegenüber sie letztendlich den Status einer Fiktion hat. Denken wir an die Angst, die uns immer dann überkommt, wenn unsere Worte sich „buchstäblich" verwirklichen. In Hitchcocks *Rope* wird Professor Caddell unangenehm überrascht, als zwei seiner Schüler seine Theorien über das Recht der Übermenschen zu töten „wörtlich nehmen" und sie in die Tat umsetzen: Diese Überraschung bezeugt Caddells „Normalität". Um normal zu funktionieren, darf die symbolische Ordnung also nicht „wörtlich" genommen werden. In der „Gesellschaft des Spektakels" läßt die Überwucherung mit „realistischen Darstellungen" immer weniger Raum offen für die symbolische Fiktion.

Was geschieht nun, wenn dieses imaginäre Überwuchern den Raum für die symbolische Fiktion verschließt? Die Leere, die von kreativer symbolischer Fiktion ausgefüllt wird, ist das *objet petit a*, die Objekt-Ursache des Begehrens, der leere formale Rahmen, der den Raum für die Artikulation des Begehrens offenhält. Wenn diese Leere verschlossen wird, geht die Distanz, die *objet petit a* von der Realität trennt, verloren – *a* fällt in die Realität. Jedoch konstituiert sich die Realität selbst durch das Sich-Entziehen des *objet a*: Wir können uns auf die „normale" Realität nur beziehen, sofern das *Genießen* aus ihr ausgewiesen worden ist, die Objekt-Ursache des Begehrens also in ihr fehlt. Die notwendige Folge dieser absoluten Nähe von *a* zur Realität, die die Aktivität der symbolischen Fiktion erstickt, ist deshalb eine „Derealisierung" der Realität selbst: Die Realität wird nicht mehr von symbolischen Fiktionen strukturiert, Phantasmen, die das imaginäre Überwuchern regulieren, gewinnen einen direkten Einfluß auf sie. Und genau hier betritt Gewalt im Gewand der psychotischen *passage à l'acte* die Bühne.

Wenn der Hysteriker Hamlet, verborgen hinter dem Vorhang, den betenden Claudius beobachtet, kann er sich nicht entscheiden, ob er ihn mit dem Schwert niederschlagen soll oder nicht: Wird sein Mord an Claudius als Fleisch und Blut auch der erhabenen Substanz in Claudius, demjenigen „in ihm, das mehr ist als er selbst", dem *objet a*, einen Schlag versetzen? Hamlets Zweifel eröffnen uns die Möglichkeit, die psychotische *passage à l'acte per negationem* zu verstehen. In der Psychose ist *a* nicht aus der Realität ausgeschlossen, es funktioniert nicht als die Leere ihres formalen Rahmens. Folglich gerät der Psychotiker – im Gegensatz zum Hysteriker – nicht in Zweifel; er *weiß*, daß sich *a* in der Realität befindet, weshalb er handeln und den anderen tatsächlich töten kann, wobei er *a* einen Schlag versetzt. Die psychotische *passage à l'acte* muß als der verzweifelte Versuch des Subjekts begriffen werden, das *objet a* mit Gewalt aus der Realität zu vertreiben und damit einen Zugang zu ihr zu gewinnen (Der psychotische „Realitätsverlust" tritt nicht dann in Erscheinung, wenn in der Realität etwas fehlt, sondern im Gegenteil, wenn es in der Realität *zuviel* von einem Ding gibt). Diese Vertreibung von *a* stellt auch die Matrix für die „irrationale" Kriegsgewalt bereit. Vielleicht kann Richard Rortys Interpretation von Orwells *1984* hierbei hilfreich sein: Anläßlich von Winstons Zusammenbruch in den Armen von O'Brien, seines Folterers, führt Rorty aus, daß Menschen die Erfahrung machen können von einer nicht mehr zu übertreffenden Demütigung, wenn sie sich im Rückblick sagen müssen: 'Jetzt, nachdem ich das geglaubt oder gewünscht habe, kann ich nie mehr sein, was ich zu sein hoffte, was ich zu sein meinte. Die Geschichte, die ich mir über mich erzählt habe ... gibt keinen Sinn mehr ... Es gibt keine Welt, in der ich mich als lebendig sehen kann, weil es kein Vokabular gibt, in dem ich eine kohärente Geschichte über mich selbst erzählen kann.' Der Satz, den Winston nicht ehrlich sagen konnte, ohne die Fähigkeit zu verlieren, sich selbst wieder zu einem Ganzen zusammenzusetzen, hieß: 'Foltert lieber Julia', und das Schlimmste auf der Welt waren – zufällig – Ratten. Aber vermutlich steht jeder von uns in der gleichen Beziehung zu irgendeinem solchen Satz und irgendeinem Ding.[4]

Eine der grundlegenden Aussagen der Psychoanalyse Lacans ist die, daß jener Satz oder jenes Ding, das den Kern des Seins des Subjekts jenseits imaginärer Identifikation einkapselt, in Bezug auf die symbolische Textur, die die Identität des Subjekts bestimmt, irreduzibel dezentriert ist: Das Subjekt kann diesem „ex-timen" Kern nur um den Preis seiner temporären *Aphanisis* (Verfinsterung) begegnen. Das ist es, was die Lacansche Formel des Phantasmas – $\$ \lozenge a$ – bezeichnet: die Selbstauslöschung des Subjekts angesichts dieses fremden „ex-timen" Körpers (Glaube, Begehren, Aussage), der den Kern seines Seins bildet. Es genüge, in Erinnerung zu rufen, wie wir einer Rose gleich erröten, wenn unsere intimste Art und Weise zu genießen öffentlich enthüllt wird: man wünschte, in den Boden zu versinken. Mit anderen Worten: Die *Aphanisis* zeugt von einer irreduziblen Zwietracht zwischen dem phantasmatischen harten Kern und der Textur der symbolischen Erzählung: Wenn ich das Risiko der Begegnung mit diesem harten Kern auf mich nehme, „macht die Geschichte, die ich mir über mich selbst erzählt habe, keinen Sinn mehr", „ich habe kein Selbst mehr, dem man einen Sinn abgewinnen könnte", oder, in lacanschen Begriffen, das „große Andere" (die symbolische Ordnung) stürzt zusammen zum „kleinen Anderen", zum Objekt klein a, dem Phantasma-Objekt. Die Extraktion des Objekt a aus dem Feld der Realität verleiht diesem Feld seine Konsistenz: in der *Aphanasis* ist das *objet a* nicht mehr extrahiert, es erlangt völlige Präsenz – folglich löst sich nicht nur die symbolische Textur, die meine Realität konstituiert, auf, es ist auch der phantasmatische Kern meines Genießens offengelegt und Angriffen ausgesetzt. Vielleicht gibt es in einem gewissen Sinn keine größere Gewalt als die, die das Subjekt erduldet, wenn es gezwungen ist, gegen seinen Willen das *objet a* in ihm selbst dem öffentlichen Blick auszusetzen. Darauf beruht auch das ultimative Argument gegen Vergewaltigung: selbst wenn, in gewissem Sinne, der männliche Chauvinismus richtig liegt, das heißt, selbst wenn eine Frau tatsächlich irgendwie und irgendwann hart genommen werden will, ist aus eben diesem Grund nichts erniedrigender als sie gegen ihren Willen zu zwingen, ihrer eigenen Begierde nachzukommen. Das ist es, was Shakespeares Coriolan im Sinn hat, wenn er sich dagegen wehrt, „mein Nichts zum Fabelwerk vergrößert (zu) hören": er zog es vor, eher ein Verräter zu werden, als sich öffentlich selbst zu loben und dieses „Nichts" offenzulegen, welches der Kern seines Seins war.

Der gegenwärtige Krieg in Bosnien ist daher der paradigmatische Fall eines „postmodernen" Krieges: wir haben es hier mit extremer physischer Gewalt zu tun, mit Gebietseroberung und Plünderung; mit symbolischer Gewalt, der Zerstörung des symbolischen Universums des Feindes, dem „Kulturozid", der zur Folge hat, daß „die Geschichte, die die Gemeinschaft sich über sich selbst erzählt hat, keinen Sinn mehr macht"; und – im tiefsten Grund – haben wir es mit dem Bestreben zu tun, dem unerträglichen Mehrgenießen, *a*, das im Anderen beinhaltet ist, einen Schlag zu versetzen. Seitdem der Haß nicht mehr auf die „wirklichen Eigenschaften" seines Objektes begrenzt ist, sondern auf seinen realen Kern abzielt (Objekt a, das, was „im Objekt mehr als das Objekt selbst ist"), ist das Objekt des Hasses *stricto sensu unzerstörbar*: je mehr wir das Objekt in der Realität zerstören, desto gewaltsamer ersteht sein erhabener Kern vor uns auf. Dieses Paradoxon, das bereits in Nazi-Deutschland auftauchte (je unbarmherziger die Juden vernichtet wurden, desto entsetzlichere Qualitäten wurden den noch Übriggebliebenen unterstellt), kann heute bei den Moslems in Bosnien wahrgenommen werden: je mehr sie abgeschlachtet und ausgehungert werden, um so gewaltiger ist die Gefahr des „Moslemischen Fundamentalismus" in den Augen der Serben. Unsere Beziehung zu diesem traumatisch-realen Kern des Mehrgenießens, das uns am Anderen „stört", ist in Phantasmen strukturiert (über die Omnipotenz der Anderen, über „deren" fremde sexuelle Praktiken, etc.) – in genau diesem Sinn ist Krieg immer auch ein *Krieg von Phantasmen*.

3

Woraus besteht der sozio-politische und ideologische Hintergrund dieser „postmodernen" Kriegsführung? Um den gegenwärtigen Zustand von Europa zu charakterisieren, zitierte Etienne Balibar kürzlich den alten Marxschen Satz *Es gibt keinen Staat in Europa*. Das alte Gespenst von Leviathan, der die gesellschaftliche Lebenswelt parasitär, sie von oben zu einem Ganzen schmiedend, infiziert, wird zunehmend von zwei Seiten ausgehölt. Einerseits gibt es die neu aufgekommenen ethnischen Gemeinschaften – wenngleich einige von ihnen formal als souveräne Staaten etabliert sind, sind sie nicht mehr Staaten im eigentlichen modernen europäischen Sinn, da sie die Nabelschnur zwischen Staat und ethnischer Gemeinschaft nicht zerschnitten haben. (Rußland ist hierfür paradigmatisch, wo lokale Mafias bereits als eine Art paralleler Machtstruktur fungieren.) Andererseits gibt es vielfältige transnationale Verknüpfungen, vom multinationalen Kapital über Mafia-Kartelle zu zwischenstaatlichen politischen Gemeinschaften, wie beispielsweise die EU. (Es gibt zwei Gründe, deren jeder für sich allein hinreicht, um die Begrenzung staatlicher Souveränität zu legitimieren: den transnationalen Charakter der ökologischen Krise und die nukleare Bedrohung.)

Wiederum Etienne Balibar[5] war es, der auf bestechende Weise die zweifache Verschiebung des zeitgenössischen Rassismus im Hinblick auf den „klassischen" Rassismus beschrieb, der im Zuge des Niedergangs des Nationalstaats aufgekommen war. Der klassische Rassismus funktioniert als Ergänzung zum Nationalismus; er ist eine sekundäre Formation, welche vor dem Hintergrund der Betonung nationaler Identität erscheint und deren „pathologische" Verstärkung kennzeichnet: ihr Negativ, ihre Umkehrung, den Richtungswechsel hin auf die „interne" Andersheit, auf den Fremdkörper, der unseren Nation-Körper von innen bedroht. Heute scheint ihr Verhältnis umgekehrt oder, frei nach Hegel, in sich selbst reflektiert: *Nationalismus selbst funktioniert als eine Erscheinungsform oder eine Ergänzung zum Rassismus*, als eine Abgrenzung vom „internen" Fremdkörper. Deswegen ist „nicht-rassistischer Nationalismus" heute formal unmöglich, da Nationalismus selbst, in seinem eigentlichen Sinn, postuliert ist als eine Spezies des Rassismus (der „Andere", demgegenüber wir unsere nationale Identität behaupten, bedroht uns immer „von innen"). Die Zweifel der Linken am „nicht-aggressiven", „guten" Nationalismus, das heißt an der Möglichkeit, eine klare Unterscheidung zwischen dem „guten" Nationalismus der kleinen, bedrohten Nationen und dem „bösen" aggressiven Nationalismus uu treffen, sind daher voll gerechtfertigt.

Auf dem Feld des Rassismus selbst ist das Gegenstück zu dieser Verschiebung der Strukturwandel der Rolle des Antisemitismus. Im klassischen Rassismus funktioniert Antisemitismus als *Ausnahme*: im Nazi-Diskurs z. B. unterscheidet sich das Verhältnis zu den Juden (die die unheimlichen Doppelgänger der Deutschen sind und als solche vernichtet werden müssen) radikal vom Verhältnis zu anderen „minderwertigen" Völkern, in deren Fall dann das Ziel nicht die Vernichtung, sondern nur ihre Unterwerfung ist – sie haben ihren „eigenen Platz" in der Völkerhierarchie einzunehmen. Juden sind das Verwirrung stiftende Element, welches andere minderwertige Völker zum Ungehorsam verleitet, sodaß andere Völker also erst nach erfolgter Vernichtung der Juden ihren eigenen untergeordneten Platz akzeptieren. Heute erfolgt jedoch auch hier eine spezifische Umkehrung: wir haben es zu tun mit *universalisiertem Antisemitismus*, das heißt jede ethnische „Andersheit" wird als ein unheimlicher Doppelgänger wahrgenommen, der unser Genießen bedroht – kurzum, der „normale", nicht-außergewöhnliche, nicht-antisemitische Rassismus ist nicht mehr möglich. Die Universalisierung der Holocaust-Metapher (bei jeglicher ethnischen Säuberung wird behauptet, daß sie mit dem Holocaust unter den Nazis verglichen werden kann), so übertrieben sie auch erscheinen mag, ist daher auf der inhärenten Logik der Sache selbst gegründet, auf der Universalisierung des Antisemitismus.

Dieser Zerfall der staatlichen Autorität von beiden Seiten her spiegelt sich in der Tatsache, daß der grundlegende politische Antagonismus derjenige zwischen der universellen „kosmopolitischen" liberalen Demokratie einerseits (für die Kraft, die den Staat von oben zerstört) und dem neuen „organischen" Populismus-Kommunitarismus andererseits (für die Kraft, die den Staat von unten zerstört) ist. Und, wie wiederum bei Balibar ausgeführt[6], dieser Antagonismus ist weder wahrzunehmen als ein äußerer Gegensatz, noch als die komplementäre Beziehung zweier Pole, in welcher der eine Pol das Übergewicht seines Gegenteils ausbalanciert (etwa: haben wir zuviel Universalismus, gibt eine kleine Dosis ethnischer Wurzeln den Leuten das Gefühl der Zugehörigkeit und stabilisiert so die Situation), sondern in einem genuin hegelschen Sinn ist jeder Pol des Antagonismus seinem Gegenteil inhärent, so daß wir immer genau dann über ihn stolpern, wenn wir danach trachten, seinen Gegenpol allein zu ergreifen, ihn „als solchen" zu setzen. Wegen dieser Inhärenz der beiden Pole zueinander sollte man die liberal-demokratische Falle vermeiden, sich ausschließlich auf die schaudererregenden Tatsachen und noch schauerlicheren Möglichkeiten dessen, was heute in

Rußland und einigen anderen ex-kommunistischen Ländern vor sich geht, zu konzentrieren: die neue hegemoniale Ideologie des „Eurasientums", die den organischen Zusammenhang von Gemeinschaft und Staat als Antidot gegen den zerstörenden Einfluß des westlichen Individualismus predigt, einen orthodoxen nationalen Imperialismus als Antidot gegen „jüdische" Grundsätze des Marktes, der sozialen Vereinzelung usw. beschwört. Um diese neuen Formen eines Rechts-Populismus effektiv zu bekämpfen, muß man den kritischen Blick zurück auf sich selbst lenken und den liberal-demokratischen Universalismus sich selbst zur kritischen Untersuchung vorlegen. Was für den Rechts-Populismus den Raum erschließt, ist die Schwachstelle, die „Falschheit" dieses Universalismus selbst. Wie rechtfertigt denn der liberal-demokratische Universalismus seine Begrenzung der Souveränität des Nationalstaates? Die Hauptrolle bei der ideologischen Rechtfertigung dieser Begrenzung spielt die Bezugnahme auf die *Menschenrechte*: ein Eingriff in die Souveränität eines Staates wird heute meist mit der Verletzung der Menschenrechte gerechtfertigt. Welcher Begriff des Individuums ist die Grundlage dieser Obsession für die Verletzung der Menschenrechte? Wie werden unter diesem Gesichtspunkt Individuen wahrgenommen? Die Antwort ist selbstverständlich: als (potentielle) Opfer.

4

Wie ist, näher betrachtet, dieser Schlüsselbegriff des Opfers strukturiert? Beginnen wir mit der klassischen „progressiven" Kritik an der Psychoanalyse: Die psychoanalytische Erklärung von Schmerz und psychischem Leiden aus unbewußten libidinösen Komplexen oder sogar über einen direkten Bezug zum „Todestrieb" verstelle den Blick auf die wahren Gründe von Destruktivität. Diese Kritik an der Psychoanalyse findet schließlich ihren theoretischen Ausdruck in der Rehabilitierung der Idee, daß der letzte Grund psychischer Traumatisierung eine wirkliche sexuelle Belästigung in der Kindheit sei: indem er den Begriff vom phantasmatischen Ursprung des Traumas einführt, übt Freud angeblich Verrat an der Wahrheit seiner eigenen Entdeckung[7]. Statt an der konkreten Analyse wirklicher, äußerer sozialer Bedingungen – patriarchale Familie, ihre Rolle in allen Bereichen der Reproduktion des kapitalistischen Systems – hielten wir am Märchen ungelöster libidinöser Stauungen fest; statt die sozialen Bedingungen zu analysieren, die zum Krieg führen, hielten wir am Todestrieb fest; statt die sozialen Verhältnisse zu ändern, werde die Lösung im inner-psychischen Wandel erblickt, in der Reifung also, die uns dazu befähigen sollte, die soziale Wirklichkeit so zu akzeptieren, wie sie ist. In dieser Perspektive werde der Einsatz für sozialen Wandel als Ausdruck des unbewältigten Ödipuskomplexes denunziert. Ist der Begriff des Rebellen, der durch seinen „irrationalen" Widerstand gegenüber der sozialen Autorität seine ungelösten psychischen Spannungen auslebt, nicht reinste Ideologie? Gleichwohl ist – wie Jacqueline Rose zeigt[8] – eine Externalisierung der Ursache hin zu „sozialen Bedingungen" nicht weniger falsch, und zwar insofern, als sie nämlich dem Subjekt gestattet, dem Realen seines Begehrens aus dem Weg zu gehen. Durch diese Externalisierung der Ursache ist das Subjekt nicht länger *eingebunden* in das, was mit ihm geschieht, es unterhält zum Trauma ein einfaches äußeres Verhältnis: weit davon entfernt, den nicht eingestandenen Kern des eigenen Begehrens aufzuwühlen, stört das traumatische Ereignis die Balance des Subjekts von außen.[9]

Von speziellem Interesse für die Ideologietheorie ist hier der allgemeine Rahmen, auf den sich die Wiedergeltendmachung des äußerlichen Status der Ursache gründet. Die Kritik an der Psychoanalyse, die das unklare Eingebundensein des Subjekts im Trauma in die Position eines uneingebundenen Opfers wendet, ist nur ein Spezialfall des oben erwähnten Hauptmerkmals der ideologischen Anordnung, die unsere Epoche weltweiten Triumphes westlicher Demokratie charakterisiert: die *Universalisierung des Opferbegriffs*. Den letzten Beweis dafür, daß wir es mit reinster Ideologie zu tun haben, liefert die Tatsache, daß dieser Opferbegriff als außer-ideologisch par excellence erfahren wird: das herkömmliche Bild vom Opfer ist das eines unschuldig-unwissenden Kindes oder einer ebensolchen Frau, die den Preis für politisch-ideologische Machtkämpfe zahlen. Gibt es etwas, was weniger „ideologisch" wäre als dieser Schmerz des Anderen in seiner nackten, stummen, fühlbaren Präsenz? Läßt dieser Schmerz nicht alle ideologischen Ursachen unbedeutend werden? Der verstörte Blick eines ausgehungerten oder verwundeten Kindes, das in die Kamera starrt, verloren und unbeteiligt an allem, was um es herum vorgeht – ein ausgehungertes Somali-Mädchen, ein Junge aus Sarajevo, dessen Bein von einer Granate zerrissen worden ist –, das ist heute das erhabene Bild, das alle anderen Bilder zurücktreten läßt, der ultimative Knüller, dem alle Fotoreporter hinterher sind.

In Patricia Highsmiths hervorragender Kurzgeschichte *The Terrapin* (deutsch: *Die Schildkröte*) bringt die Mutter eines achtjährigen Jungen eine lebende Wasserschildkröte mit nach Hause, die sie zum Diner zuzubereiten gedenkt. Wenn das Schildkrötenmahl richtig schmecken soll, muß das Tier lebendig gekocht werden, und dies führt zur Katastrophe: in Gegenwart ihres Sohnes wirft die Mutter die Wasserschildkröte in das kochende Wasser und deckt den Topf zu; die verzweifelte Wasserschildkröte findet am Topfrand mit ihren Vorderfüßen Halt, hebt den Deckel mit ihrem Kopf und schaut heraus; für einen kurzen Moment, bevor die Mutter die Wasserschildkröte mit einem Kochlöffel in das kochende Wasser zurückschubst, erhascht der Sohn den verzweifelten Blick des sterbenden Tieres. Die traumatische Auswirkung dieses Blickes veranlaßt ihn, seine Mutter mit einem Küchenmesser tödlich zu verletzen ... Das traumatische Element ist also der Blick des hilflosen Anderen – Kind oder Tier –, welcher nicht weiß, warum etwas so Schreckliches und Sinnloses mit ihm geschieht: nicht der Blick eines Helden, der sich selbst willentlich für eine Sache opfert, sondern der Blick eines verwirrten Opfers. In Sarajevo haben wir es mit demselben entgeisterten Blick zu tun. Es greift zu kurz, zu sagen, daß der Westen nur tatenlos das Schlachten in Sarajevo mitansieht und nicht handeln will, nicht einmal verstehen will, was wirklich dort vor sich geht: die wahren passiven Beobachter sind die Bürger von Sarajevo selbst, die nur Zeuge der Schrecken sein können, denen sie ausgeliefert sind, ohne verstehen zu können, wie so etwas Schreckliches möglich sein kann. In den Augen der liberal-demokratischen Ideologie macht uns dieser Blick alle schuldig.

Die Viktimisierung ist also universell, sie reicht von der sexuellen Belästigung und Schikanierung bis hin zu den Opfern von AIDS, vom grausamen Schicksal der Obdachlosen bis zu denjenigen, die Zigaretten-Qualm ausgesetzt sind, von den verhungernden Kindern in Somalia zu den Bombenopfern Sarajevos, von den leidenden Tieren in den Versuchslabors bis zu den sterbenden Bäumen des Regenwaldes. Es gehört zum Image eines Film- oder Rock-Stars, sein oder ihr Lieblingsopfer zu haben: Richard Gere hat die Tibeter, Opfer kommunistischer Herrschaft, Elizabeth Taylor die Opfer von AIDS, die verstorbene Audrey Hepburn die Kinder von Somalia, Vanessa Redgrave Kinder, die im Bürgerkrieg in Ex-Yugoslawien leiden, und Sting den Regenwald. Die in die Jahre gekommene Brigitte Bardot kümmert sich um das grausame Schicksal der Tiere, die um ihres

Pelzes willen getötet werden. Vanessa Redgrave ist hier exemplarisch: die Alt-Trotzkistin, die plötzlich anfing, die Sprache einer abstrakten Viktimisierung zu sprechen, und dabei wie der Vampir das Knoblauchgebinde die konkrete Analyse der Politik scheute, die zu den Schrecknissen in Bosnien führte. Kein Wunder, daß der weitaus größte Hit auf dem Gebiet klassischer Musik in den letzten Jahren Henryk Goreckis *Dritte Symphonie* ist (zwei Millionen CDs von ihr sind allein in Europa verkauft worden), eine große Wehklage auf das Schicksal aller möglicher Opfer mit dem ziemlich zutreffenden Untertitel „Symphonie der Klagelieder". Selbst die Philosophie war schnell bereit, dieser universellen Opferwerdung ihren Tribut zu zollen: Richard Rorty, der Philosoph des liberal-demokratischen Pluralismus schlechthin, definiert in *Kontingenz, Ironie und Solidarität* den Menschen als potentielles Opfer, als „etwas, was verletzt werden kann".

Ohne die libidinöse Ökonomie dieser Viktimisierung ist es nicht möglich, zu erklären, was in den letzten zwei Jahren in Sarajevo, der Opfer-Stadt schlechthin, vor sich ging. Allein die geographische Lage der Stadt ist bezeichnend: Sarajevo ist weit entfernt genug, um nicht als Teil des eigentlichen West-Europas angesehen zu werden, es hat Teil an der exotischen Mystik des Balkans. Dennoch ist es nah genug, um uns erschaudern zu lassen, wenn wir daran denken (einer der Leitgedanken der europäischen Medien ist: „Denk' Dir nur, das ist nicht irgendein fernes Land der Dritten Welt – nein hier, so nah am Herzen Europas, weniger als zwei Flugstunden entfernt von uns, passieren diese schrecklichen Dinge"). Wie ging nun der Westen in diesem Fall vor?[10] Er lieferte gerade genug humanitäre Hilfe, um die Stadt am Leben zu halten, er übte gerade genug Druck auf die Serben aus, um sie daran zu hindern, die Stadt zu besetzen. Dieser Druck war jedoch nicht stark genug, die Belagerung zu beenden und die Stadt frei atmen zu lassen, als ob es das uneingestandene Begehren wäre, Sarajevo in einer Art ewigen Eises zu bewahren, zwischen den zwei Toden, in Gestalt eines lebenden Toten, eines in seinem Leid verewigten Opfers. Lacan hat schon vor langer Zeit unsere Aufmerksamkeit auf den fundamentalen Grundzug des Sadeschen Phantasmas gelenkt, der Verewigung von Leiden: das Opfer, in der Regel eine junge, unschuldige, bezaubernde Frau, wird einer endlosen Tortur durch dekadente Aristokraten unterzogen, aber sie behält trotz allem wunderbarerweise ihre Schönheit und stirbt nicht, als ob sie hinter oder neben ihrem materiellen Körper einen anderen, ätherischen, erhabenen Körper besitze. Der Körper Sarajevos wird wie ein derartiger phantasmatischer Körper behandelt, verewigt in seinem Leiden, jenseits von Zeit und erfahrbarem Raum.

5

Was ist hier falsch? Was verbirgt – wie jede Phantasma-Bildung – dieses Phantasma-Bild vom Opfer? Das Phantasma, seine immobilisierende Faszinationskraft, vereitelt unsere Fähigkeit zu handeln – wie Lacan sagt, „durchqueren wir das Phantasma" vermittels eines *Aktes*. Die liberal-demokratische „post-moderne" Ethik des Mitleidens mit dem Opfer legitimiert die Vermeidung, das endlose Hinauszögern des Akts. All die „humanitäre" *Aktivität*, den Opfern zu helfen, all die Nahrungsmittel, Kleidung, Medizin für die Bosnier sind dazu da, die Dringlichkeit des *Aktes* zu vernebeln. Die Vielzahl partikularer Ethiken, die heute gedeihen (die Ethik der Ökologie, medizinische Ethik...), kann treffend als ein Bemühen begriffen werden, die wahre Ethik zu verhindern, die Ethik des Akts, dessen Status der des Realen ist. Was wir hier antreffen ist wieder die genuin dialektische Spannung zwischen dem Universellen und dem Partikularen: weit davon entfernt, einfach die Universalität, zu der es gehört, zu veranschaulichen, unterhält das Partikulare ihr gegenüber ein antagonistisches Verhältnis. Und trifft dies nicht auch zu auf die post-moderne Behauptung von der Vielzahl von Subjekt-Positionen gegenüber dem Gespenst des Subjekts als solchem, das als cartesianische Illusion entlarvt wurde?[11]

Die positive Seite dieser Vernebelung ist die Solidarität und/oder das Mitleid mit dem Opfer: die phantasmatische Faszination angesichts des leidenden Opfers dient dazu, die symbolische Gemeinschaft derer zu konstituieren, die narzißtische Befriedigung darin finden, dieses Mitleid zu teilen. Die Fälle von „Mitleid mit den Leidenden in Bosnien", von denen es in unseren Medien wimmelt, illustrieren auf vollendete Weise Lacans These von der reflexiven Natur des menschlichen Begehrens: Begehren ist immer das Begehren eines Begehrens. Das heißt, diese Beispiele offenbaren vor allem, daß Mitleid der Weg ist, *die richtige Distanz* gegenüber dem „Nachbarn in Not" zu wahren. Erst jüngst haben Österreicher eine groß angelegte Hilfsaktion organisiert, bei der für Ex-Jugoslawien unter dem Motto „Nachbar in Not!" gesammelt worden war. Die dem Motto zugrundeliegende Logik war jedem klar: wir müssen zahlen, damit unser Nachbar ein Nachbar bleiben kann, in gehöriger Distanz, und nicht zu uns kommt. Mit anderen Worten setzt unser Mitleiden, eben gerade insofern es „ehrlich" ist, voraus, daß *wir in ihm uns selbst als liebenswert wahrnehmen*: das Opfer wird in einer Weise präsentiert, daß wir uns darin gefallen, es zu betrachten. Rufen wir uns Milan Kunderas Definition von Kitsch in Erinnerung:

Der Kitsch ruft zwei nebeneinander fließende Tränen der Rührung hervor. Die erste Träne besagt: wie schön sind doch auf dem Rasen rennende Kinder!
Die zweite Träne besagt: wie schön ist es doch, gemeinsam mit der ganzen Menschheit beim Anblick von auf dem Rasen laufenden Kindern gerührt zu sein!
Erst diese zweite Träne macht den Kitsch zum Kitsch.[12]

Um zu ergründen, worum es bei unserer Faszination angesichts der in Sarajevo abgeschlachteten Kinder wirklich geht, muß man nur diese Worte von Kundera ein wenig umarbeiten:

Die erste Träne besagt: Wie schrecklich ist es doch, dieses auf einer Straße Sarajevos abgeschlachtete Kind zu sehen!
Die zweite Träne besagt: Wie schön ist es doch, gemeinsam mit der ganzen Menschheit von einem auf einer Straße Sarajevos abgeschlachteten Kind gerührt zu sein![13]

Das so oft gepriesene „Recht auf Differenz" und der Anti-Eurozentrismus erscheinen so in ihrem wahren Licht: der Andere aus der Dritten Welt wird als Opfer anerkannt, will sagen, *insofern er ein Opfer ist*. Das eigentliche Objekt der Angst ist der Andere, der nicht länger bereit ist, die Rolle eines Opfers zu spielen – ein solcher Anderer wird prompt als „Terrorist", „Fundamentalist", etc. denunziert. Die Somalis zum Beispiel werden einer klaren Kleinschen Spaltung in ein „gutes" und ein „böses" Objekt unterzogen – auf der einen Seite das gute Objekt, das passive Opfer, leidende, verhungernde Kinder und Frauen, auf der anderen Seite das böse Objekt, fanatische Kriegsherrn, die sich mehr um ihre Stärke oder um ihre ideologischen Ziele kümmern als um das Wohlergehen der eigenen Leute. Der gute Andere lebt in der anonymen, passiven Universalität eines Opfers – in dem Moment, in dem wir einen wirklichen/bewirkenden Anderen antreffen, haben wir immer etwas an ihm auszusetzen: er sei patriarchalisch, fanatisch, intolerant...

Diese zweideutige Haltung gegenüber dem Opfer ist eingeschrieben in die Grundgefüge der modernen amerikanischen Kultur; es genüge, noch einmal John Fords *Searchers* und Martin Scorseses *Taxi Driver* zu erwähnen: in beiden Fällen strebt der Held danach, das weibliche Opfer aus den Klauen des bösen Anderen zu befreien (amerikanische Indianer, der verkommene Zuhälter), das Opfer scheint jedoch seiner eigenen Befreiung zu widerstehen, als ob es ein unbegreifliches Genießen in seinem reinen Leiden fände. Ist nicht de Niros (Travis') gewaltsame *passage à l'acte* in *Taxi Driver* ein Ausbruch, mit dessen Hilfe das Subjekt die Haltung des Opfers, das der aufgedrängten Befreiung widersteht, umgeht? Ist nicht dieselbe libidinöse Haltung die Wurzel des Traumas von Vietnam, wo die Vietnamesen in gewisser Weise der amerikanischen Hilfe irgendwie widerstanden? Und ist es nicht zuletzt möglich, dieselbe Zweideutigkeit in der „politisch korrekten" männlichen Obsession von der Frau als Opfer sexueller Belästigung auszumachen? Ist diese Obsession nicht geleitet von der uneingestandenen Furcht, daß die Frau irgendwie die Belästigung genießen könnte, daß sie nicht fähig sein könnte, eine gebührende Distanz dazu zu bewahren? Ist das nicht die Weise, in der wir mit der Furcht vor *weiblichem Genießen* umgehen?[14]

Die Universalisierung des Opfer-Begriffs verdichtet also zwei Aspekte. Auf der einen Seite das Dritte-Welt-Opfer: das Mitleiden mit dem Opfer örtlicher Kriegsherren/ Fanatiker/ Fundamentalisten ist die Grundlage der liberal-demokratischen (Falsch-) Wahrnehmung der heutigen großen Spaltung zwischen denjenigen, die *in* sind (zur *law-and-order*-Gesellschaft von Wohlfahrt und Menschenrechten gehören) und denjenigen, die *out* sind (von den Obdachlosen unserer Städte bis zu den verhungernden Afrikanern und Asiaten). Auf der anderen Seite zeigt die Viktimisierung bei Angehörigen der liberal-demokratischen Gesellschaften selbst die Verschiebung vom vorherrschenden Typ von Subjektivität hin zu einem, wie es heute genannt wird, „pathologischen Narzißmus". Der Andere als solcher wird mehr und mehr als potentielle Bedrohung wahrgenommen, als Eindringling in den Raum meiner Selbst-Identität (durch Rauchen, zu lautes Lachen, indem er einen begehrlichen Blick auf mich wirft). Es ist nicht schwierig zu ermitteln, was diese Haltung verzweifelt zu umgehen trachtet: das *Begehren als solches*, das, wie wir von Lacan wissen, immer das Begehren des Anderen ist. Der andere stellt eine Bedrohung dar, insofern er das Subjekt des Begehrens ist und insofern er ein unergründliches Begehren ausstrahlt, das in die zurückgezogene Balance meiner „Lebensweise" einzudringen scheint...

Marx unterschied die „klassische" bürgerliche politische Ökonomie (Ricardo) von der „apologetischen" politischen Ökonomie (Malthus u. a.): die „Klassiker" machten die der kapitalistischen Wirtschaft inhärenten Antinomien sichtbar, wohingegen die „Apologeten" diese unter den Teppich kehrten. Dasselbe könnte *mutatis mutandis* vom liberal-demokratischen Denken behauptet werden: es erreicht eine gewisse Größe, wenn es den dem liberal-demokratischen Projekt inhärenten *antinomischen* Charakter aufzeigt. Diese Antinomie betrifft vor allem das Verhältnis von Universalismus und Partikularismus: das liberale universalistische „Recht auf Differenz" gelangt in dem Moment an seine Grenze, in dem es an einen wirklichen Unterschied stößt. Als Beispiel kann hier auf die Klitoris-Beschneidung hingewiesen werden, ein Eingriff, der in Teilen Ostafrikas den Eintritt der sexuellen Reife markiert (oder, als weniger extremer Fall, auf muslimische Frauen in Frankreich, die auf das Tragen des Schleiers in öffentlichen Schulen bestehen): Was geschieht, wenn eine Minderheitengruppe darauf besteht, daß diese „Differenz" ein unentbehrlicher Teil ihrer kulturellen Identität ist und in der Konsequenz die Gegnerschaft zur Klitoris-Beschneidung als kulturellen Imperialismus verurteilt, als gewaltsames Auferlegen europäischer Standards? Wofür sollen wir uns im Falle widerstreitender Ansprüche des Rechts des Individuums einerseits und der Gruppenidentität andererseits entscheiden, *wenn die Gruppenidentität als ein substantieller Teil des Selbstverständnisses des Individuums angesehen wird*? Die liberale Standard-Antwort ist selbstverständlich: laß die Frau wählen, was immer sie wünscht, *unter der Bedingung, daß sie hinlänglich vertraut gemacht wurde mit der Spanne von Alternativen, die zur Wahl stehen*, sodaß sie sich über die Konsequenzen ihrer Wahl vollständig im klaren ist. Die Illusion beruht hier auf der zugrundeliegenden Annahme, daß es einen neutralen Weg gebe, das Individuum mit der Gesamtheit aller möglichen Alternativen bekannt zu machen: die bedrohte partikulare Gemeinschaft erfährt notwendigerweise den konkreten Erwerb von Kenntnissen über alternative Lebensstile (die Schulpflicht beispielsweise) als einen gewaltsamen Eingriff, der ihre Identität zerstört (Aus diesem Grund lehnen die *Amish* in den USA die Pflichtschule für ihre Kinder ab: sie haben durchaus recht, wenn sie sagen, daß der Besuch der öffentlichen Schule ihre Gruppenidentität untergräbt). Kurzum, es gibt keinen Weg, Gewalt zu vermeiden: allein schon das neutrale Medium der Information, das eine wirklich freie Wahl möglich machen sollte, ist bereits gezeichnet von unvermeidlicher Gewalt.

6

Wie steht es denn um dem verrufenen „Multikulturalismus"? In einem seiner Briefe bezieht sich Freud auf den bekannten Witz über den Frischverheirateten, der, als sein Freund ihn fragt, wie seine Frau aussähe, wie schön sie denn sei, antwortet: „Ich persönlich mag sie nicht, aber das ist ja Geschmackssache." Das Paradox dieser Antwort verweist nicht auf eine Haltung selbstsüchtiger Kalkulation („Stimmt, mir gefällt sie nicht, aber ich habe sie aus anderen Gründen geheiratet – aufgrund ihres Reichtums, des sozialen Einflusses ihrer Eltern..."). Der springende Punkt ist, daß das Subjekt, indem es derart antwortet, vorgibt, den Standpunkt der Universalität einzunehmen, von dem aus „anziehend zu sein" als eine Idiosynchrasie, als ein kontingentes „pathologisches" Merkmal, erscheint, das als solches nicht in Betracht gezogen werden darf. Der Witz besteht also in der unmöglichen, unhaltbaren Aussageposition des Frischverheirateten: von dieser Position aus erscheint Heirat als ein Akt, der in die Domäne der universellen symbolischen Bestimmungen gehört und als solcher unabhängig von persönlichen Idiosynchrasien sein sollte – als ob der Begriff der Heirat nicht genau diese „pathologische" Tatsache, nämlich einen bestimmten Menschen aus keinem besonderen Grund zu mögen, beinhalten würde.

Man trifft auf genau die gleiche „unmögliche" Aussageposition im zeitgenössischen „postmodernen" Rassismus. Wir alle können uns an eines der Hightlights von Bernsteins *West Side Story* erinnern, „Officer Krupke", das Lied, in dem die Delinquenten dem verblüfften Polizisten eine sozio-psychologische Erklärung ihrer Einstellung liefern: sie sind Opfer schädlicher sozialer Umstände und ungünstiger familiärer Beziehungen... Wenn man Neo-Nazi-Skinheads nach den Gründen für ihre Gewalt gegen Ausländer befragt, so geben sie die gleiche Antwort: auf einmal fangen sie an, wie Sozialarbeiter zu reden, zitieren verringerte soziale Mobilität, steigende Unsicherheit, die Desintegration väterlicher Autorität etc. Das gleiche gilt sogar für Zhirinowsky: in Interviews mit der „aufgeklärten" westlichen Presse spricht auch er die Sprache der Pop-Soziologen und Psychologen. Das heißt, über den Aufstieg der populistischen Demagogen gibt es zwei Klischees: sie profitieren von den durch die wirtschaftliche Krise und die soziale Unsicherheit bedingten Frustrationen des gemeinen Volkes; der populistische, totalitäre Führer ist eine gestörte Person, die anhand ihrer Aggressivität eine traumatische persönliche Vergangenheit abreagiert, den Mangel an aufrichtiger elterlicher Liebe und Zuspruch während seiner Kindheit – genau die Gründe, die Zhirinowsky anführt, wenn man ihn bittet, seinen Erfolg zu erklären: „Gäbe es eine gesunde Wirtschaft sowie Sicherheit für das Volk, würde ich alle meine Stimmen verlieren"; „es scheint mein Schicksal zu sein, daß ich niemals wirkliche Liebe oder Freundschaft erfahren habe."[15] An das dachte Lacan, als er sagte, „es gibt keine Metasprache": was Schirinowsky und die Skinheads anführen, ist sogar dann eine Lüge, wenn, oder genau insofern, als ihre Aussagen den Tatsachen entsprechen – ihren Behauptungen widerspricht ihre Aussageposition, das heißt die neutrale, freie Position, von welcher aus das Opfer die objektive Wahrheit über sich selbst erzählen kann. Und man kann sich leicht eine theoretisch modernisierte Version solch einer falschen Einstellung vorstellen – einen Rassisten, zum Beispiel, der angibt, nicht der eigentliche Urheber seiner gewalttätigen verbalen Ausbrüche gegen afrikanische Amerikaner oder Juden oder Araber zu sein: die Anklagen gegen ihn setzen traditionelle metaphysische Begriffe voraus, die es zu dekonstruieren gilt; in seiner performativen Aussage, die an sich einen Gewaltakt ausübt, bezog er sich nur auf, zitierte, verwies auf den historisch verfügbaren Schatz von Beleidigungen, so daß die gesamte historische Tradition und nicht er selbst angeklagt werden muß; der Begriff von einem mit sich selbst identischen, verantwortlichen Subjekt, das für seine Ausbrüche zur Rechenschaft gezogen werden kann, ist eine Illusion, die schon Nietzsche entlarvte. Er bewies, daß die Tat bzw. das Tun ursprünglich ist, und daß der „Täter" hinter der Tat eine symbolische Fiktion ist, eine metaphysische Hypothese, etc., etc.

Diese unmögliche Ausssageposition charakterisiert die zeitgenössische zynische Haltung: in ihr kann die Ideologie die Karten auf den Tisch legen, sie kann das Geheimnis ihres Funktionierens enthüllen und weiterhin funktionieren. Dafür beispielhaft ist Robert Zemeckis *Forrest Gump*, ein Film, der als identifikatorischen Punkt, als Ideal-Ich, einen Dummkopf anbietet, und daher Dummheit direkt als eine Schlüsselkategorie der Ideologie ausweist. Die Opposition des Helden und seiner lebenslangen Liebe, Jenny, bildet die ideologische Hauptachse in *Forrest Gump*. Gump ist ein mit Unschuld gesegneter Dummkopf mit einem „goldenen Herzen", der die Befehle seiner Vorgesetzten ungestört von ideologischen Vorbehalten oder fanatischer Hingabe ausführt. Ohne ein Minimum an „kognitiver Planung" (Jameson) zu besitzen, ist er in einer tautologischen symbolischen Maschine gefangen, gegenüber der ihm jegliche ironische Distanz fehlt – ein passiver Zeuge von und/oder Teilnehmer an historisch-politischen Schlachten, deren Bedeutung er noch nicht einmal versucht zu verstehen (er fragt sich niemals, warum er in Vietnam kämpfen muß, warum er auf einmal nach China geschickt wird, um Ping-Pong zu spielen, etc.). Seine Freundin hingegen ist ein Mädchen, das die ideologischen Kämpfe der letzten Jahrzehnte mitträgt (Anti-Vietnam-Demonstrationen, etc.) – mit einem Wort, sie nimmt an der Geschichte teil und versucht zu verstehen, was tatsächlich vor sich geht. Das erste, was man an diesem Film feststellen kann, ist, daß *Gump Ideologie im Reinformat ist*: die Opposition zwischen Gump und seiner Freundin steht nicht für die Opposition zwischen dem außerideologischen sozialen Leben am Punkt Null und den ideologischen Kämpfen, die den sozialen Körper teilen; sie exemplifiziert eher die Spannung zwischen Ideologie am Nullpunkt (die sinnlose ideologische Maschine) und den Antagonismen, die die Ideologie zu meistern und/oder unsichtbar zu machen versucht. Gump, dieser begriffsstutzige, automatisierte Befehlsausführer, der noch nicht einmal versucht, irgendetwas zu verstehen, verleiht dem unmöglichen reinen Subjekt der Ideologie Körper, dem Ideal eines Subjektes, in dem Ideologie reibungslos funktionieren würde. Die ideologische Mystifikation des Filmes besteht in der Tatsache, daß er Ideologie im Reinformat als Nicht-Ideologie präsentiert, als außerideologische gutmütige Partizipation am Leben der Gemeinschaft. Das heißt, die elementarste Lektion dieses Filmes ist: versuche nicht, etwas zu verstehen, gehorche, und du wirst Erfolg haben! (Gump wird ein berühmter Millionär.) Sein Mädchen, das versucht, eine Art „kognitive Planung" ihrer sozialen Situation zu erreichen, wird am Ende symbolisch für ihren Wissensdurst bestraft: am Ende des Films stirbt sie an Aids. *Forrest Gump* enthüllt das Geheimnis der Ideologie (die Tatsache, daß ihr erfolgreiches Funktionieren die Dummheit ihrer Subjekte verlangt) auf derart offene Weise, daß der Film unter anderen historischen Umständen zweifelsohne subversive Effekte gezeigt hätte; heutzutage jedoch, in der Ära des Zynismus, kann die Ideologie es sich leisten, das Geheimnis ihres Funktionierens zu enthüllen (eine konstitutive Idiotie, welche die traditionelle, prä-zynische Ideologie geheim halten mußte), ohne im mindesten ihre Effizienz zu unterwandern.

Man darf der derzeit modischen Kritik des Universalimus und der ihr verwandten Behauptung der Pluralität partikularer Erzählungennicht auf den Leim gehen. Ein partikulares soziales Phänomen kann niemals komplett „kontextualisiert" werden, auf ein Set soziohistorischer Umstände verringert werden – solch eine Partikularisation würde den rohesten Universalismus vorrausetzen, nämlich die Annahme, daß wir, seine Agenten, von einem neutral-universalen Platz reiner Metasprache, die von jeglichem spezifizierten Inhalt ausgenommen ist, sprechen können. Der Punkt ist nicht, daß wir, die beobachtenden Subjekte, die wir in unserer partikularen Situation eingebettet sind, niemals ganz das Set partikularer Umstände verstehen können, die das Andere, das Objekt unserer Nachforschungen, determinieren; der Mangel ist ein „ontologisches", nicht nur „epistemologisches", das heißt das Objekt ist schon in sich selbst nicht ganz von den Umständen bestimmt. Es ist genau diese Überschneidung (oder nach Lacan: die Intersektion der beiden Mängel), die die Dimension der Universalität öffnet.

In der berühmten Passage aus seiner Einleitung zu *Grundrisse* bemerkte Marx scharfsinnig dieses Rätsel der Universalität: wie kommt es, daß Homers Poesie, trotzdem sie von ihrer Zeit bestimmt wurde, ihre quasi universale Anziehungskraft bis in unsere Zeit behalten hat? Das Problem besteht nicht darin, zu erklären, wie etwas wie die *Ilias* nur in der frühen griechischen Gesellschaft möglich war, sondern darin, zu erklären, warum dieses Produkt der frühen griechischen Gesellschaft uns heute noch anspricht und unseren Enthusiasmus hervorruft. Marx' Antwort hält leider nicht, was seine Frage verspricht: in naivem Rückgriff auf die Parallele zwischen den Epochen der europäischen Geschichte und den Entwicklungsstadien eines menschlichen Individuums, einer Parallele, die der Tradition der deutschen Romantik verpflichtet ist, interpretiert Marx den unwiderstehlichen Charme der alten griechischen Gesellschaft als den ewigen Charme der „Kindheit der Menschheit". Dennoch beinhaltet selbst diese irrgeleitete Antwort ein korrektes Erklärungsprinzip: sie beruht auf der Prämisse, daß die universelle Anziehungskraft von Homers Poesie durch ihre Anbindung an spezifische historische Konditionen bedingt ist. Das Problem ist nicht, warum Homers Poesie, trotz ihrer Verwurzelung in einer spezifischen historischen Konstellation, ihren universellen Charakter behält, sondern genau das Gegenteil: warum behält ein Produkt dieser (und nicht irgendwelch anderer) spezifischen historischen Konditionen eine universelle Anziehungskraft? Dieses Stocken der historizistischen Kritik des Universalismus kommt auf exemplarische Weise bei der Menschenrechtsproblematik ans Licht: sind sie in einen spezifisch westlichen Kontext eingebettet, oder sind sie universell? Es ist ein Leichtes, den Begriff der allgemeinen Menschenrechte zu historisieren, indem man ihr Auftreten im modernen westlichen Kontext der bürgerlichen Emanzipationsbewegung demonstriert; das eigentliche Problem besteht jedoch darin, ihre allgemeine Anziehungskraft zu erklären, aufgrund derer die Kritik, die sie als auferlegte westliche Werte abtut, Schiffbruch erleidet. Diese allgemeine Anziehungskraft beruht auf der Lücke zwischen ihrer Universalität und ihrer immer unvollständigen Verwirklichung, die der Begriff der Menschenrechte beinhaltet. Das heißt, der grundlegende Unterschied zwischen dem demokratischen Universum der Menschenrechte und anderer politischer Ordnungen besteht darin, daß jede dieser anderen Ordnungen sofort mit ihrem besonderen, bestimmten Inhalt identifiziert wird, während das Funktionieren der demokratischen Ordnung auf dem Unterschied zwischen dem strukturierenden Prinzip des Systems, des Systems „in seinem Werden" (wie Kierkegaard es ausdrücken würde), und jeder bestimmten positiven Form dieser Ordnung basiert. In anderen Worten, Menschenrechte können niemals einfach aufgelistet werden, als geschlossenes Set präsentiert werden – der moderne Begriff der Menschenrechte impliziert, daß sie niemals „vollständig" sind, daß es immer noch etwas zur Liste hinzuzufügen gibt. Sie sind nicht einfach in dem Sinne „allgemein", daß sie allen Menschen zuteil werden sollten, sondern auch in dem Sinne, daß man sie nicht auf eine partikulare, bestimmte Form ihrer positiven Artikulation reduzieren kann – der zweite Sinn ist dabei ein *sine qua non* des ersten. In dieser Hinsicht könnten alle sogenannten Minoritäten (ethnische, sexuelle, religiöse . . .) sich in ihrer Kritik an dem partikularen (sexistischen, westlichen, etc.) Ungleichgewicht der prädominanten Formulierung der Menschenrechte wieder auf die Allgemeinheit der Menschenrechte beziehen und feststellen, daß ihre Rechte von dieser prädominanten Formulierung nicht richtig gewürdigt werden. *Allgemeinheit wird „für sich selbst", gesetzt als solche, nur wenn irgendein partikularer Inhalt an seiner Selbsterfüllung gehindert wird.*

Wir können nun sehen, wo die hegelsche Betrachtungsweise der Allgemeinheit von der üblichen abweicht: die übliche Betrachtungsweise bemüht sich um das historistische Problem des effektiven Umfangs eines allgemeinen Begriffs (ist ein Begriff tatsächlichlich allgemein, oder ist sein Wert auf eine spezifische historische Epoche, soziale Klasse, etc. begrenzt?); Hegel hingegen stellt genau die entgegengesetzte Frage – wie, unter welchen historischen Bedingungen, kann ein „neutraler", allgemeiner Begriff überhaupt auftreten? Unter welchen Bedingungen werden Menschen sich des allgemeinen Begriffs der „Arbeit", unabhängig von den partikularen Berufen, bewußt? Wann wird der neutrale Begriff eines „Stils" operativ in der Kunsttheorie? Wann, beispielsweise, begannen Maler anzunehmen, daß sie die Freiheit haben, zwischen verschiedenen Stilen auszuwählen (expressionistisch, impressionistisch, kubistisch, surrealistisch ...)? In welcher Gesellschaftsform erfährt man seinen eigenen kulturellen Hintergrund als etwas Kontingentes, als eine der möglichen Exemplifizierungen des neutral-allgemeinen Begriffs von „Kultur", so daß das Spiel des Multikulturalismus anfangen kann?

Anmerkungen

Einleitung

1 Diesen Bezug analysierte ich ausführlich in der Einleitung zu Slavoj Žižek, *Der Erhabenste aller Hysteriker*, Wien: Turia und Kant 1991.
2 Sigmund Freud, *Bemerkungen über einen Fall von Zwangsneurose*, in: Studienausgabe Bd. VII, Frankfurt/Main: S. Fischer 1982, S. 44.

I Erotik

Eine Spalte in der Realität

1 Jacques Lacan, *Ecrits*, Paris: Editions du Seuil 1966, S. 435.
2 Richard Boothby, *Death and Desire*, New York: Routledge 1991.
3 Ernest Newman, *Wagner Nights*, London 1988, S. 221.
4 Jacques Lacan, *Die vier Grundbegriffe der Psychoanalyse* (= *Das Seminar von Jacques Lacan*, Buch XI), übersetzt von Norbert Haas, Olten und Freiburg i. Br.: Walter Verlag 1978, S. 207.
5 Genau dieser körperliche, berührbare Einschlag der „Lamelle" geht in *Alien II* verloren, weshalb diese Folge weitaus schwächer ist als *Alien*.
6 Vgl. Alain Abelshausers Analyse „D'un manque à saisir", in: *Razpol* 3, Ljubljana 1987.
7 Man kann sich vorstellen, daß eine Filmversion dieser Szene auf einen kontrapunktisch verwendeten Ton angewiesen wäre: Die Kamera zeigte die Kutsche, wie sie die leeren Straßen, die Fronten alter Paläste und Kirchen entlang fährt, während der Ton die absolute Nähe zum Ding bewahrte und das *Reale* dessen, was sich in der Kutsche ereignet, wiedergäbe: das Keuchen und Stöhnen, welches von der Intensität der geschlechtlichen Vereinigung zeugt ...
8 Vgl. Michel Foucault, *Ceci n'est pas une pipe*, Montpellier 1973 (dt.: *Dies ist keine Pfeife*, übersetzt und mit einem Nachwort von Walter Seitter, Frankfurt/M.-Berlin-Wien 1983).
9 Man begegnet demselben Paradox in Robert Heinleins Science-Fiction-Roman *The Unpleasant Profession of Jonathan Hoag*: Ein Fenster wird geöffnet und die Realität, die vorher durch die Fensterscheibe hindurch zu sehen war, löst sich auf, und alles, was wir sehen, ist ein dichter, nicht transparenter Schleim des Realen; für eine

detailliertere lacansche Lektüre dieses Romans vgl. das erste Kapitel von: Slavoj Žižek, *Mehr-Geniessen*, Wien: Turia und Kant 1992.

10 In Marx-Brothers-Filmen begegnen wir drei Variationen über dieses Paradox der Identität, das heißt des unheimlichen Verhältnisses zwischen Existenz und Eigenschaft:
 – Groucho Marx, als er einem Fremden vorgestellt wird: „Sie erinnern mich irgendwie an Emmanuel Ravelli. – Aber ich *bin* Emmanuel Ravelli. – Kein Wunder, daß sie aussehen wie er!"
 – Groucho verteidigt einen Klienten vor Gericht: „Dieser Mann sieht aus wie ein Idiot und handelt wie ein Idiot, doch lassen Sie sich von all dem nicht täuschen – er *ist* ein Idiot!"
 – Groucho beim Hofieren einer Dame: „Alles an Ihnen erinnert mich an Sie, Ihre Nase, Ihre Augen, Ihre Lippen, Ihre Hände – alles außer Ihnen!"

11 Was wir in dieser Szene vorfinden, ist natürlich eine Art reflexive Verdoppelung des äußeren Reizes (Ton, organische Bedürfnisse), der die Traumarbeit auslöst: Man erfindet einen Traum, der dieses Element integriert, um den Schlaf zu verlängern, doch ist der Inhalt, dem man im Traum begegnet, so traumatisch, daß man schließlich in die Realität entflieht und erwacht ... Das Klingeln des Telephons, während wir schlafen, ist ein solcher Reiz *par excellence*; daß es andauert, auch wenn die Quelle in der Realität aufgehört hat es auszusenden, ist ein Beispiel für das, was Lacan die *Insistenz* des Realen nannte.

12 Eine ähnliche Einstellung findet sich in Fritz Langs *Blue Gardenia*, wo Anne Baxter aus dem Spalt einer halboffenen Tür herausschaut.

13 Immanuel Kant, *Kritik der reinen Vernunft*, B 307 (*Werke*, herausgegeben von Wilhelm Weischedel, Bd. III, Frankfurt/M. 1968, S. 277).

14 Karl Marx, „Das Elend der Philosophie", in: *Frühschriften*, herausgegeben von Siegfried Landshut, Stuttgart 1971, S. 494.

15 Lacan, *Die vier Grundbegriffe der Psychoanalyse*, S. 204.

16 Dieselbe Verteidigung gegen den Trieb ist wirksam in der berühmten Kamerafahrt in Hitchcocks *Young and Innocent*: Das nervöse Blinzeln des Schlagzeugers ist letztlich eine Verteidigungsreaktion gegen das Gesehen-Werden, ein Widerstand dagegen, in das Bild gezogen zu werden. Das Paradox ist natürlich, daß er mit seiner Verteidigungsreaktion ungewollt die Aufmerksamkeit auf sich zieht und sich auf diese Weise exponiert, seine Schuld preisgibt, das heißt buchstäblich „durch Trommelschlag öffentlich macht" – er ist unfähig, den Blick des anderen (der Kamera) auszuhalten.

17 Wir erhalten einen Hinweis hierauf bereits in der ersten Szene des Films, in der wir für einen kurzen Moment den letzten Schnappschuß sehen, den Stewart vor seinem Unfall aufgenommen hat, und der die Ursache für sein gebrochenes Bein zeigt. Dieses Photo ist ein wahrhaft Hitchcocksches Gegenstück zu Holbeins *Gesandten*: Der schräge Fleck in seinem Zentrum ist der Reifen eines Rennwagens, der auf die Kamera zufliegt, eingefangen in dem Bruchteil einer Sekunde, bevor Stewart von ihm getroffen wird ... Der Augenblick, den dieses Photo wiedergibt, ist genau der Moment, in dem Stewart seine Distanz verlor und sozusagen in seinem eigenen Bild gefangen wurde; vgl. Miran Božovičs Beitrag über *Fenster zum Hof* in: Slavoj Žižek (Hrsg.), *Ein Triumph des Blickes über das Auge. Psychoanalyse bei Alfred Hitchcock*, Wien: Turia und Kant 1992.

18 Wir begegnen hier wieder der Verdichtung von Schuß und Gegenschuß innerhalb derselben Einstellung. Das Begehren umreißt das Feld gewöhnlicher Intersubjektivität, innerhalb derer wir uns einander von Angesicht zu Angesicht anschauen, während wir in das Register des Triebes eintreten, wenn wir uns zusammen mit unserem Schatten-Doppel auf der selben Seite finden – beide auf denselben dritten Punkt starrend. Wo findet sich hier das „sich sehen machen", das konstitutiv ist für den Trieb? Man macht sich (ge)sehen von genau diesem dritten Punkt, diesem Blick, der in der Lage ist, das Feld im Gegenfeld zu umfassen, das heißt fähig ist, in mir ebenso mein Schatten-Doppel wahrzunehmen, das, was in mir mehr ist als ich, das *Objekt klein a*.

Zusatz: Minne und Masochismus

1 Jacques Lacan, *Le seminaire, livre VII: L'ethique de la psychanalyse*, Paris: Editions du Seuil 1986, S. 179.
2 Ibidem, S. 180.
3 Ibidem, S. 180–181.
4 Es ist somit klar, daß es ein verhängnisvoller Fehler wäre, die *frouwe* in der höfischen Liebe, dieses uneingeschränkte Ideal der Frau, mit der Frau insoweit zu identifizieren, als sie dem phallischen Genuß nicht unterworfen ist: die Opposition der alltäglichen, „gezähmten" Frau, mit der die sexuelle Beziehung möglich erscheinen mag, und der *frouwe* als „inhumanem Partner", hat überhaupt nichts zu tun mit der Opposition der Frau, die dem phallischen Signifikanten unterworfen ist, und der Frau als Trägerin des Genusses des Anderen. Die *frouwe* ist die Projektion des narzißtischen Ideals des Mannes, ihre Gestalt entsteht als Resultat des masochistischen Paktes, in dem die Frau die Rolle der dominatrix in dem Theater, das der Mann inszeniert hat, annimmt. Aus diesem Grunde ist etwa Rosettis *Beata beatrix* nicht als Figuration des Genusses des Anderen zu verstehen; wie im Falle des Liebestodes Isoldes in Wagners Tristan haben wir es mit einer Phantasie des Mannes zu tun.
5 Lacan, op. cit., S. 181.
6 Vgl. Gilles Deleuze, „Le Froid et le Cruel", in *Presentation de Sacher-Masoch*, Paris: Editions de Minuit 1967.
7 Der sogenannte lesbische Sadomasochismus ist aus diesem Grund weit subversiver als das übliche „weiche" Lesbentum, das, in Opposition zur aggressiv-phallischen männlichen Penetration, die zärtliche Beziehung zwischen Frauen zelebriert; mögen die Handlungen ihrem Inhalt nach die „aggressive" phallische Heterosexualität imitieren, so wird dieser Inhalt durch die spezifische Form des Vertrags doch unterlaufen.
8 Die Logik ist hier dieselbe wie in der „unpsychologischen" Welt von David Lynch's *Twin Peaks*, in der wir zwei Haupttypen von Personen begegnen, nämlich „norma-

len" Alltagspersonen (auf der Basis von Seifenoperklischees) und „verrückten" Exzentrikern (der Frau mit dem Holzklotz usw.). Das Unheimliche an der Welt der *Twin Peaks* verdankt sich der Tatsache, daß die Beziehung zwischen diesen beiden Gruppen den Regeln der „normalen" Kommunikation folgt: Die „normalen" Leute sind in keiner Weise erstaunt oder erbost vom befremdlichen Benehmen der Exzentriker, sie akzeptieren sie als Teil ihrer täglichen Routine.

9 Sigmund Freud, „Über die allgemeinste Erniedrigung des Liebeslebens" (1912), *Studienausgabe* Bd. V, Frankfurt/M: Fischer 1972, S. 88.
10 Jacques Lacan, *Encore. Das Seminar, Buch XX*, Weinheim: Quadriga 1986, S. 65.
11 Jacques Lacan, *Le seminaire, livre VII: L'ethique de la psychanalyse*, S. 181.
12 Ibidem, S. 181–182.
13 Das gilt für jedes Objekt, das als Zeichen der Liebe figuriert: es wird nicht mehr als Gebrauchgegenstand verwendet, sondern verwandelt sich in ein Medium, den Liebesanspruch zu artikulieren. Vgl. Jacques Lacan, *Le seminaire, livre VIII: Le transfert*, Paris: Editions du Seuil 1990, S. 250.
14 *A Neil Jordan Reader*, New York: Vintage Books 1993, S. XII-XIII.

Otto Weininger oder „die Frau existiert nicht"

1 Die Nummern in Klammern beziehen sich auf die Seiten von: Otto Weininger, *Geschlecht und Character*, Wien/Leipzig: Kiepenheuer 1932.
2 Das berühmte „Geheimnis des Osten" folgt derselben Logik wie das „Geheimnis der Frau". Darum ist der erste Schritt mit dem Eurozentrismus zu brechen der, die Lacansche Formel „die Frau existiert nicht" *mutatis mutandis* zu wiederholen und zu behaupten, daß „der Orient nicht existiert".
3 Zur Interpretation dieses Witzes siehe Kapitel 2 in Slavoj Žižek, *The Sublime Object of Ideology*, London: Verso 1989.
4 Georg Wilhelm Friedrich Hegel, *Sämtliche Werke*, Bd. XX, *Jenenser Realphilosophie. Jenenser Philosophie des Geistes*, 1805/1806, Leipzig: Meiner 1911, S. 181.
5 Ebd., S. 183.
6 Die Verbindung zwischen *la femme n'existe pas* und ihrem Status als reinem Objekt kann auch durch eine präzise Referenz auf Kant sicher gestellt werden. In Kants Philosophie findet der Übergang vom Subjekt zur Substanz über die Schematisierung statt: Das Subjekt ist eine reine logische Entität (Subjekt eines Urteils), während die Substanz „das schematisierte Subjekt" bezeichnet, Subjekt als reale Entität, die in der Zeit fortdauert. Nur die Substanz existiert in der genauen Bedeutung einer Entität, die Teil der empirisch-phänomenalen Realität ist; ein Wesen, das ein reines Subjekt ist, also nicht schematisiert und gefangen in der kausaltemporalen Kontinuität der Realität ist, existiert stricto senso nicht.
7 Ernesto Laclau, „Universalism, Particularism and the Question of Identity", in: *October* 61, S. 89.

8 Ibidem.
9 Siehe G. B. Houden, *Edvard Munch*, London: Times and Houdson 1972, S. 88–89.
10 Jacques Lacan, *Ecrits*, Paris: Editions du Seuil 1966, S. 827.
11 Der Automatismus der Liebe wird in Bewegung gesetzt, wenn ein kontingentes, letztendlich indifferentes (libidinöses) Objekt einen vorgegebenen phantasmatischen Platz einnimmt. Diese Rolle des Phantasmas im automatischen Auftauchen der Liebe hängt mit der Tatsache zusammen, daß „es kein sexuelles Verhältnis gibt", keine allgemeine Formel oder Matrix, die eine harmonische sexuelle Beziehung zwischen den Partnern garantieren würde: wegen dieses Mangels an einer allgemeinen Formel muß jedes Individuum ein eigenes Phantasma erfinden, eine „private Formel" für die sexuelle Beziehung – für den Mann ist die Beziehung mit einer Frau nur möglich, insofern sie in seine Formel paßt. Die Formel von Wolfsmann, Freuds berühmtem Patienten, bestand aus einer „Frau, von hinten gesehen, auf ihren Händen und Knien, etwas am Boden vor ihr aufwaschend oder putzend" – der Anblick einer Frau in dieser Position ließ in ihm automatisch Liebesgefühle entstehen.
12 Für eine detaillierte Darstellung dieser „Formeln der Sexualisierung", siehe Jacques Lacan, *Seminar XX: Encore*, Weinheim: Quadriga Verlag 1978, und auch den Kapitel 2 von Slavoj Žižek, *Verweilen beim Negativen*, Wien: Turia und Kant 1994.
13 Im Gegensatz dazu existiert im stalinistischen diskursiven Universum der Klassenkampf, weil es eine Ausnahme zu ihm gibt: Technik und Sprache werden als neutrale Instrumente aufgefaßt, die jedermann zur Verfügung stehen und als solche dem Klassenkampf äußerlich sind.
14 Einer der privilegierten Arten, die Fiktion von der Existenz der Frau als eine Ausnahme, die dem Allgemeinen einen Körper gibt, aufrechtzuerhalten, ist die Opernarie: der Höhepunkt, wenn der Sopran „ganz zur Stimme wird", ist vielleicht das schönste Beispiel dessen, was Lacan *jouis-sense*, Genuß-Sinn nennt, der Moment, wo das schier sich selbst verbrauchende Genießen der Stimme die Bedeutung (die Worte der Arie) verdunkelt. In diesem Moment kann man kurz die Illusion aufrechterhalten, daß die Frau es „in ihr selbst" hat, das Objekt klein a (*objet petit a*), das Stimme-Objekt, die Ursache des Begehrens, und daß sie aus diesem Grund existiert.
15 Übrigens läßt sich hier sehen, warum man ganz zu Recht behaupten konnte, daß das transsexuelle Subjekt die Kastration verleugnet, indem es die Frau an die Stelle des Namens-des-Vaters setzt. Übernimmt man den gängigen feministisch-dekonstruktivistischen Gemeinplatz, demzufolge der psychoanalytische Begriff der Kastration impliziert, daß die Frau und nicht der Mann kastriert ist, so würde man erwarten, daß umgekehrt, wenn die Frau den Ort der symbolischen Autorität einnimmt, an diesem Ort die Kastration eingezeichnet ist; ziehen wir jedoch in Betracht, daß die Frau, ebenso wie der Urvater, „unkastrierbar" ist, verschwindet das Mysterium.
16 Da in unseren patriarchalen Gesellschaften die männliche Vorherrschaft in die symbolische Ordnung eingeschrieben ist, stellt sich die Frage, ob nicht die Behauptung, daß die Frauen ausnahmslos in die symbolische Ordnung integriert sind, und das heißt in gewissem Sinne mehr als die Männer, ihrer untergeordneten Position in dieser Ordnung widerspricht? Wäre es nicht einleuchtender, die

untergeordneten Positionen jenen zuzuweisen, die nicht völlig in die symbolische Ordnung integriert sind? Was hier allerdings geprüft werden müßte, ist die dieser Behauptung zugrundeliegende Prämisse, nach der die Macht jenen gehört, die vollständiger in die symbolische Ordnung integriert sind. Die Ausübung der Macht impliziert ganz im Gegenteil stets einen Rest eines nicht-symbolisierten Realen (beispielsweise in Gestalt eines *je ne sais quoi*, von dem geglaubt wird, es sei der Grund für das Charisma des Herren). Es ist keineswegs zufällig, daß unsere beiden Beispiele konstitutiver Ausnahmen, also nicht in die symbolische Ordnung integrierter Elemente (Urvater, Dame in der höfischen Liebe), die Figur eines extrem grausamen, nicht an das Gesetz gebundenen Herren implizieren.

17 Dies läßt sich auch anders darstellen: Insofern sich das Symbolische selbst konstituiert, indem es ein Element als traumatisches nicht-symbolisierbares Ding, als konstitutive Ausnahme setzt, ist der Akt einer Grenzziehung zwischen dem Symbolischen und dem Realen die symbolische Geste par excellence; das „Reale" ist seinerseits dem Symbolischen nicht äußerlich, ist keine bestimmte, dem Symbolischen sich widersetzende Substanz. Das Reale ist das Symbolische selbst als „nicht-alles", das heißt insofern ihm die konstitutive Ausnahme fehlt.

18 Diesen Punkt hat Elisabeth Bronfen detailliert ausgearbeitet, in ihrem Buch *Nur über ihre Leiche: Tod, Weiblichkeit und Ästhetik*, München: Kunstmann 1994.

19 Siehe Carol Gilligan, *Die andere Stimme: Lebenskonflikte und Moral der Frau*, München: Piper 1991.

20 Diese Ambiguität findet sich bereits beim gängigen Begriff der Weiblichkeit, der, auf einer Linie mit Gilligan, Frauen – im Gegensatz zur männlichen Distanz, Reflexivität und Berechnung – mit Intimität, Identifizierung und Spontaneität gleichsetzt, aber zugleich auch, im Gegensatz zu männlicher authentischer Innerlichkeit, mit Maskerade, affektierter Heuchelei – Frauen sind zugleich spontaner und künstlicher als Männer.

21 F. W. J. von Schelling, *Zur Geschichte der neueren Philosophie*, Leipzig: Reclam 1966, S. 120.

22 Ibidem, S. 119.

23 Ibidem, S. 121.

24 Ibidem, S. 120.

25 Ibidem, S. 119.

26 „Ausgerechnet um dessentwillen, was sie nicht ist, meint sie, begehrt und zugleich geliebt zu werden." (Jacques Lacan, „Die Bedeutung des Phallus", in: *Schriften* II, Weinheim: Quadriga Verlag 1986, S. 130.) – Ist nicht Edith Wartons kleines Meisterwerk „*The Muse's Tragedy*" das perfekte Beispiel dieser These Lacans? Es handelt von einer Frau, die angeblich die Muse – die große Liebe und Quelle aller Inspiration – eines bereits verstorbenen berühmten Dichters war. Als ihr junger Liebhaber entdeckt, daß sie in Wahrheit gar nicht die wirkliche Geliebte des Dichters war, hält er dennoch zu ihr: er liebt sie für das, was sie wirklich ist, und nicht für die Aura, die ihr der Umstand verleiht, das Liebesobjekt eines großen Dichters gewesen zu sein. Sie jedoch verweigert sich ihm – sie will für das geliebt sein, was sie nicht ist, die Muse eines Dichters, nicht für das, was sie wirklich ist.

Zusatz: David Lynch oder die weibliche Depression

1 Siehe Michel Chion, *David Lynch*, Paris: Cahiers du Cinema 1992, insbesondere S. 108–117 und S. 227–228.

Die Stimme in der Geschlechterdifferenz

1 Vgl. Michel Chion, *La voix au cinéma*, Paris: Cahiers du Cinema 1982.
2 Vgl. Jacques Lacan, *Das Seminar, Buch XI: Die vier Grundbegriffe der Psychoanalyse* (übersetzt v. Norbert Haas), Weinheim: Quadriga Verlag 1986.
3 Wir stützen uns hier auf zwei Bücher von Michel Poizat: *L'opéra ou le cri de l'ange*, Paris: Ed. A. M. Metailie 1986, und *La voix du diable. La jouissance lyrique sacrée*, Paris: Ed. A. M. Metailie 1991
4 Vgl. Michel Chion, „La revolution douce", in *La toile trouée*, Paris: Cahiers du Cinema 1988
5 Vgl. Jacques Lacan, *Das Seminar, Buch II: Das Ich in der Theorie Freuds und in der Technik der Psychoanalyse* (übersetzt v. Hans-Joachim Metzger). Weinheim: Quadriga Verlag 1986.
6 Siehe Theodor Reik, „Der Schofar", in: *Probleme der Religionspsychologie*, Teil I, Wien-Leipzig 1919, S. 178–311.
7 Den wahren Adressaten eines zu interpretierenden Textes herauszustellen, ist vielleicht die grundlegende Geste der psychoanalytischen Deutung: Die durch den Deutungsakt aufzulösende „Verdrängung" verbirgt nicht primär eine wahre Bedeutung. Sie liefert vielmehr einen falschen Adressaten, um den wahren zu verstecken. Ein nettes Beispiel einer solchen Deutung findet sich in einem von Erle Stanley Gardners Perry-Mason-Romanen, in dem der Hauptzeuge eines Mordes in Anwesenheit seiner Braut dem ermittelnden Polizisten und Mason sehr detailliert schildert, was sich zur Tatzeit zugetragen hat; Mason löst das Rätsel, als er in diesem unerwartet detaillierten Bericht einen anderen Adressaten vermutet – die Braut. Der Tatzeuge, in Wahrheit der Mörder, hatte vor dem Gespräch mit Mason und dem Polizisten keine Gelegenheit, seine Braut unter vier Augen zu sprechen; der wahre Zweck seiner Erzählung besteht also darin, ihr den von ihm zurechtgelegten Hergang der Ereignisse zu vermitteln, so daß beide bei derselben falschen Version bleiben können. Die Täuschung betrifft somit den diskursiven, intersubjektiven Status der Rede. Was sich als objektiver Bericht über die Ereignisse ausgibt, dient in Wahrheit dazu, die Partnerin über die zurechtgelegte Konstruktion zu informieren, an die sie sich zu halten hat.
8 Siehe Jacques Lacan, Seminar über die *Angst* (unveröffentlicht), Vorlesung vom 22. Mai 1963. – Genau in diesem Sinn kann man sagen, daß der Schofar ein Widerstand gegen die psychotische Figur des Vaters ist, ein Vater, der noch nicht tot ist, nicht als Agent symbolischer Autorität handelt und dadurch das normale Funktionieren der symbolischen Ordnung blockiert. Mit anderen Worten, diese Ordnung funktioniert in der Regel nur dann, wenn der ursprüngliche Kern der *jouissance* (das Freudsche *Ding*) geräumt, „urverdrängt" wird. Die artikulierte Rede kreist stets um die unerfaßbare Leere des Dings. Umgekehrt gleicht die Rede des

Psychotikers völlig dem Ding: das Symbolische fällt ins Reale. Die Folgen dieses Kurzschlusses werden am besten durch den Fall Louis Wolfsons exemplifiziert, jenem jüdisch-amerikanischen Schriftsteller, der sich nicht überwinden konnte, etwas in seiner Muttersprache zu lesen oder zu hören, und dem erbarmungslosen Zwang ausgeliefert war, seine Worte in die irgendeiner anderen „fremden" Sprache zu übersetzen. Er unterhielt eine inzestuöse Verbindung mit seiner Muttersprache, die für ihn ein unmögliches Reales, ein inzestuöses Ding blieb – und da das Ding nicht aus der Muttersprache geräumt worden war, da diese Sprache keinerlei Grundverbot implizierte, sondern einfach sein Ding blieb, mußte das Verbot gegenüber der Muttersprache selbst ausgesprochen werden und zum Übersetzungszwang führen. Wir haben es hier mit dem exemplarischen Fall einer psychotischen Verschiebung des Verbotes zu tun: Die Sprache, die das väterliche Gebot ignoriert, wird selbst zum Objekt des Verbotes. (Siehe Louis Wolfson, *Le Schizo et les langues*, Paris 1970.)

9 Zur konstitutiven „Ur-Verdrängung" der Ursprünge des Gesetzes siehe Kapitel V aus Slavoj Žižek, *Denn sie wissen nicht, was sie tun*, Wien: Passagen Verlag 1994.

Zusatz: Kino angesichts der „allgemeinen Erniedrigung des Liebeslebens"

1 Unsere Filminterpretation übersieht natürlich die Tatsache, daß die Frau (Camille) auch ein Tauschgegenstand zwischen den beiden Männern ist: tragen die beiden Männer ihren Kampf miteinander nicht über die Frau aus, wobei der eine seinen Partner verrät, indem er eine Beziehung mit ihr anfängt, der andere sich im Gegenzug dafür rächt, indem er sie verführt? Genau aus diesem Grunde kann Stephan sie zurückweisen, als seine Verführung von Erfolg gekrönt wird und sie sich ihm anbietet – sie hat keinen inhärenten „Gebrauchswert" für Stephan, er hat sie nur verführt, um seinem Partner ein Zeichen zu setzen . . . Diese Interpretation wirft das Motiv der latenten Homosexualität und des „male bonding" auf; aber, so adäquat sie auch in ihrem eigenen Bezugsrahmen sein mag, vermag sie doch nicht Stephans Geste der Zurückweisung befriedigend zu erklären.

2 Hollywood kommt diesem eigentlich ethischen Begriff der Wiederholung in den sogenannten „Wiederverheiratungskomödien" der späten 30er und frühen 40er Jahre am nächsten: hier ist der Punkt der, daß nur die zweite Heirat eine authentische, reife intersubjektive Verbindung zwischen den Partnern herstellt (siehe Stanley Cavells *In Pursuit of Happiness*, Harvard: Harvard University Press 1975). Das Interesse von Mike Nichols *Heartburn* (mit Meryl Streep und Jack Nicholson) ist darin gelagert, das dieser Film so etwas wie ein Negativ zu den Wiederverheiratungskomödien liefert: der Film ist wortwörtlich eine „Komödie des Sich-wiederscheiden-Lassens", das heißt die erste Scheidung des Paares ist in den Grenzen eines narzißtischen Liebesspieles angesiedelt, und die zweite Scheidung durchtrennt effektiv das symbolische Band, das die Gatten einte.

3 Dieses Paradox kann man auch vor dem Hintergrund des dialektischen Kurzschlusses zwischen Möglichkeit und Tatsächlichkeit erklären: in dem Moment, wenn die Eroberung (der Frau durch den Verführer) effektiv möglich wird, muß sich der Verführer zurückziehen, das heißt die Möglichkeit zählt an sich schon als

Erfolg. Hierin liegt ein allgemeiner Zug des psychischen Haushalts: tiefe Zufriedenheit stellt sich oft allein durch das Bewußtsein ein, daß wir etwas, nach dem wir uns sehnten, hätten tun können (z. B. mit einem leidenschaftlich begehrten Sexualpartner zu schlafen oder sich an einem alten Feind zu rächen) – so als würde die Realisation dieser Möglichkeit irgendwie die Reinheit des Erfolgs verderben...

4 Sigmund Freud, „Über die allgemeinste Erniedrigung des Liebeslebens" (1912), *Studienausgabe* Bd. V, Frankfurt/M: Fischer 1972, S. 88.

5 Jacques Lacan, *Seminar XX: Encore*, Weinheim: Quadriga Verlag 1978, S. 65.

6 Hierin besteht eine der Antinomien des Spätkapitalismus: auf der einen Seite diese Saturation, diese sofortige Befriedigung, die das Begehren erstickt, auf der anderen Seite die zunehmende Anzahl derer, denen es an Grundsätzlichem fehlt (richtiger Ernährung, Unterkunft, medizinischer Versorgung usw.) – Exzeß und Mangel sind strukturell voneinander abhängig.

7 Der seit kurzem modische Begriff der „interaktiven Medien" versteckt genau das Gegenteil dessen, was sein Name sagt, nämlich die Tendenz, das Subjekt als isoliertes Individuum zu propagieren, das nicht mehr mit anderen interagiert: das „interaktive" Computernetzwerk ermöglicht dem Subjekt, seine Einkäufe zu erledigen (anstatt in den Laden zu gehen), Essen zu bestellen (anstatt ins Restaurant zu gehen), Rechnungen zu bezahlen (anstatt zur Bank zu gehen), zu arbeiten (auf einem Computer, der durch ein Modem mit der Firma, für die man arbeitet verbunden ist, anstatt zur Arbeit zu gehen), an politischen Debatten teilzunehmen (indem man sich an „interaktiven" TV-Debatten beteiligt) usw. bis hin zum Sexualleben (vor dem Fernseher zu masturbieren oder „virtuellen Sex" zu betreiben anstatt sich mit einer „realen" Person zu treffen). Hier kommt langsam aber sicher das „post-ödipale" Subjekt auf, das nicht länger an die väterliche Metapher gebunden ist.

8 Daher ist man verleitet, das Paar Zynismus/Ironie heranzuziehen, um einen der Aspekte der „geistigen" Distanz zu definieren, die nach wie vor den Osten (das exkommunistische Osteuropa) vom Westen trennt. Im Osten besteht eine Art zynisches Mißtrauen gegenüber dem Wort, gegenüber dem symbolischen Pakt, gegenüber seiner bindenden Autorität hartnäckig weiter, während der Westen den Verdacht aufrecht erhält, daß das angeblich „freie", utilitaristisch kalkulierende Subjekt selbst in einem Netz uneingestandener innerer Hemmungen und symbolischer Schuld gefangen ist. Um diesen Punkt mittels einer unangenehmen alltäglichen Erfahrung zu illustrieren, stellen wir uns ein Flugzeug in starken Turbulenzen vor: wenn der Pilot uns über Lautsprecher versichert, daß nichts wirklich Gefährliches passiert, beruhigt das den Menschen aus dem Westen umgehend, während ein Mensch aus dem Osten automatisch vermuten würde, daß er eine vorab auf Kassette aufgenommene Nachricht hört und die Besatzung längst mit dem Fallschirm abgesprungen ist...

II Politik

Das genießerische Gesetz

1 Dies wirft auch ein neues Licht auf den Widerstand der US-Armee, Homosexuellen in ihren Reihen den Status der Legalität zu verleihen: Die libidinöse Struktur des Lebens in der Armee ist nämlich latent homosexuell, das heißt der „Geist der (militärischen) Gemeinschaft" erweist sich als geleugnete (verhinderte, „zielgehemmte") Homosexualität. Aus diesem Grund würde die offene und öffentliche Anerkennung der Homosexualität die perverse „Sublimierung", die die Grundlage des „Geistes der (militärischen) Gemeinschaft" bildet, unterlaufen.

2 Der Fehler Bachtins – oder vielmehr der einiger seiner Anhänger – war es, ein idealisiertes Bild dieser „Überschreitungen" zu zeichnen, wobei sie Lynch-Orgien und ähnliches als wesentliche Form der „karnevalistischen Aufhebung der gesellschaftlichen Hierarchie" stillschweigend übergehen.

3 Aus dem, was soeben gesagt wurde, sollte deutlich werden, daß Marquis de Sade selbst kein Sadist war: Er unterlief die Logik des Sadismus und setzte sie außer Kraft, indem er sie in seinen Schriften öffentlich herausstellte – dies ist genau die Geste, die für den eigentlichen Sadismus untragbar ist. Der eigentliche Sadismus ist die „nächtliche" und obszöne Kehrseite der institutionellen Macht; er kann seine eigene öffentliche Enthüllung nicht überleben. (Exakt in diesem Sinn legt Lacan dar, daß de Sade kein Opfer seiner eigenen sadistischen Phantasie war: Die Distanz, die er gegenüber dieser Phantasie aufrechterhielt, versetzte ihn in die Lage, ihre Funktionsweise offenzulegen.) Der gesamte Inhalt des Werkes von de Sade ist „sadistisch" – das nicht-sadistische Element dabei ist nur seine Position des Aussagens, das heißt die Tatsache, daß es ein Subjekt gibt, das bereit ist, ihn auszusprechen. Dieser Akt des Übertragens-in-Worte der sadistischen Phantasie bringt de Sade selbst auf die Seite des Opfers.

4 Louis Althusser, *Ideologie und ideologische Staatsapparate*, Übersetzung von *Ideologie et appareils idéologiques d'Etat* (Editions Sociales, Paris 1976) aus dem Französischen von Rolf Löper, Klaus Riepe, Peter Schöttler. Verlag für das Studium der Arbeiterbewegung. Hamburg, Westberlin 1977. S. 142–143.

5 Ich folge hier der scharfsinnigen Beobachtung von Henry Krips; siehe sein unveröffentlichtes Manuskript „Das Subjekt von Althusser und Lacan" (Department of Communication, University of Pittsburgh).

6 Vgl. Havels berühmtes Beispiel aus seinem Essay „Die Macht und die Machtlosen". Es bezieht sich auf einen einfachen Menschen, einen Gemüsehändler, der natürlich nicht an den Sozialismus glaubt und dennoch, sobald der Anlaß es erfordert, seine Schaufenster pflichtgemäß mit offiziellen Parteiparolen schmückt usw. Siehe Vaclav Havel, *Versuch, in der Wahrheit zu leben. Von der Macht der Ohnmächtigen*. Reinbek bei Hamburg 1980.

7 Jacques Lacan, *Die vier Grundbegriffe der Psychoanalyse. Das Seminar von Jacques Lacan Buch XI (1964)*, übersetzt von Norbert Haas, Olten-Freiburg i. Br. 1978, S. 290.

8 Lacans Versicherung (aus seinem Seminar über die Angst vom 5. Dez. 1962), daß die (symbolische) Kastration mit der Interpretation der Kastration durch das Subjekt zusammenfällt, bringt eine homologe „hegelsche" reflexive Umkehrung mit sich. Diese paradoxe und scheinbar unsinnige Koinzidenz ruft sofort die besser be-

kannte These über die Beziehung zwischen Begehren und Deutung in Erinnerung: das Begehren *ist* seine eigene Deutung. Wird das Subjekt mit dem Enigma seines Begehren konfrontiert, versucht es verzweifelt die Koordinaten und Pfeiler dessen zu fixieren, was die wahre Ursache seines Begehrens ist, es produziert neue und immer neuere Deutungen dessen, was es tatsächlich will – und gerade diese unendliche Suche, die fragende Haltung einer unausgesetzten Unsicherheit darüber, was wir begehren, *ist* das Begehren *tout court*. Und dasselbe gilt für die Kastration: „Kastration" bezeichnet letztlich den Abstand, der die nackte Tatsache der Kastration (eines reinen, „nicht ökonomischen" Fehlens oder Verlustes) für immer von den Versuchen des Subjekts trennt, diese nackte Tatsache in seine symbolische Ökonomie zu integrieren.

9 Jacques Lacan, *Die vier Grundbegriffe der Psychoanalyse*, S. 253.
10 Ibidem.
11 Vgl. Slavoj Žižek, „Genieße Deine Nation wie Dich selbst!", in *Gemeinschaften*, Hrsg. von Joseph Vogl, Frankfurt: Suhrkamp 1994, S. 133–164.
12 Um zu verdeutlichen, wie dieses Bloßstellen, dieses öffentliche Inszenieren des obszönen phantasmatischen Kerns eines ideologischen Gebäudes seine normale Wirkung außer Kraft setzt, wollen wir an ein gewissermaßen homologes Phänomen aus der Sphäre der privaten Erfahrung erinnern: Ein jeder von uns hat ein privates Ritual, Wort (Spitzname usw.) oder eine private Geste, die nur im intimsten Kreis der engsten Freunde oder Verwandten verwendet wird; wenn diese Rituale öffentlich gemacht werden, so ist die Wirkung notwendig eine von extremer Peinlichkeit oder Scham – man wünscht sich, in die Erde zu versinken...
13 Die innere Logik der Triade Hysterie-Perversion-Psychose läßt sich exakt beschreiben, wenn man auf die Position eingeht, die von der *Frage* in jedem der drei Fälle besetzt wird. In der Hysterie richtet das Subjekt selbst eine Frage an den großen Andern, eine Frage, die seine Angst um seine Stellung in den Augen des großen Anderen ausdrückt: „Was bin ich für den Anderen?" In der Perversion wird die Frage zum Anderen hin verschoben, das heißt der Perverse kennt die Antwort (so z. B. ein stalinistischer Kommunist, der – im Gegensatz zu den einfachen Menschen, die von der feindlichen Propaganda verwirrt und desorientiert worden sind – genau weiß, was diese Leute eigentlich brauchen), wobei die Frage auf den Andern übertragen wird, bei dem der Perverse versucht, Angst hervorzurufen. In der Psychose verschwindet die Dimension der Frage: Das psychotische Symptom (die Halluzination zum Beispiel) ist die „Antwort des Realen" im präzisen Sinn einer Antwort ohne Frage, einer Antwort, der im symbolischen Kontext kein Platz zugewiesen werden kann. Der Psychotiker sprengt den Zirkel der Kommunikation, indem der Sprecher vom Empfänger seine eigene Botschaft in ihrer wahren, umgekehrten Form zurückhält; das heißt, indem der Sprecher mit Hilfe seines Sprechens den Raum der möglichen Antwort absteckt – in der Psychose erscheint eine Antwort, welcher der symbolische Kontext fehlt.

Ideologie zwischen Fiktion und Phantasma

1 Was geschieht, wenn es nun wirklich einen Verschwörungs- oder Korruptionsskandal gibt – und es gibt immer einen –, in den die Staatsmacht selbst involviert ist? Die phantasmatische Logik der Verschwörung verhindert die öffentliche Ent-

hüllung wirklicher Verschwörungs- oder Korruptionsfälle – die Rationalität der phantasmatischen Logik verlangt, daß der Feind eine unfaßbare Entität bleibt, dessen wahre Identität nie ganz offenbart werden kann.

2 Wir beziehen uns hier auf das ausgezeichnete Buch von Greg Dening, *Mr. Bligh's Bad Language. Passion, Power and Theater on the Bounty*, Cambridge: CUP 1994, vor allem S. 55–87.

3 Greg Dening, op. cit., S. 77 ff.

4 Siehe Henning Hennigsen, *Crossing the Equator: Sailor's Baptisms and Other Initiation Rites*, Munksgaarde 1961, zitiert nach Dening, op. cit.

5 Siehe Christian Geffreys round-table-Beitrag „L'ordre et la loi" auf dem Symposion *Violence et politique*, Cerisy-la-Salle (Frankreich), 23–30 Juni 1994.

6 Dieses Beispiel erlaubt uns auch, die genauen formalen Bedingungen nachzuzeichnen, unter denen die Beziehung der Subjekte zu ihrem (politischen) Herren die der Liebe ist. Liebe hat absolut nichts mit irgendeiner ursprünglichen Leidenschaft zu tun, die etwa durch das Charisma des Führers ausgelöst würde; sie taucht, quasi spontan, in dem Moment auf, in dem es zu einem Kurzschluß zwischen dem Regenten und dem Gesetzesrahmen kommt, das heißt in dem Moment, wo der Regent nicht fähig ist, seine Herrschaft auf eine dritte unabhängige Instanz zu gründen – auf ein Set formal-legaler Regeln, die seine Beziehungen zu seinen Subjekten regulieren –, sondern sich selbst als das Maß verbürgen muß, das seine Herrschaft legitimiert. Anders gesagt, Liebe ist ein Zeugnis für den Abgrund einer selbstbezüglichen Geste, durch die der Regent, mangels einer unabhängigen Garantie des Gesellschaftsvertrages, selbst die Wahrheit seiner Worte zu garantieren hat.

7 Muriel Gardiner (Hrsg.): *Der Wolfsmann vom Wolfsmann, Sigmund Freuds berühmtester Fall*, Frankfurt/Main: Fischer 1982, S. 298.

8 Wären wir aufgefordert, uns in Spekulationen über die Frage zu ergehen, warum der Phallus als Organ auserwählt wurde, um als phallischer Signikant zu fungieren, so würden wir sagen, daß das Charakteristikum, das ihn für diese Rolle „prädisponiert", in einem Merkmal gefunden werden kann, das bereits der Heilige Augustinus erwähnt: Der Phallus ist zwar ein Organ der Macht-Potenz, doch ein Organ, bei dem sich die Zurschaustellung einer Potenz der Kontrolle des Subjekt essentiell entzieht – mit der (angeblichen) Ausnahme einiger Hindupriester, kann niemand willentlich erigieren, so daß die Erektion zum Zeugnis für eine im Innersten des Subjekts fremde tätige Macht wird.

9 Das andere, mit dem ersten eng verbundene (Miß-) Verständnis dieses Phänomens, betrifft die Opposition zwischen der phallischen Ökonomie und der polymorphen Pluralität der Subjektpositionen. Einer Lehrmeinung zufolge besteht die Aufgabe der phallischen Ökonomie darin, die präödipale verstreute Pluralität der Subjektpositionen zu einem vereinheitlichten Subjekt zu verschmelzen, das dem Gesetz des Namens-des-Vaters (des Trägers und Relais' der sozialen Autorität) untergeordnet und als solches das ideale Subjekt der (sozialen) Macht ist. Was dabei jedoch in Zweifel gezogen werden muß, ist die zugrundeliegende Annahme, daß die soziale Macht ihren Einfluß nur auf vereinheitlichte ödipale Subjekte, die dem väterlichen phallischen Gesetz unterworfen sind, ausübt und daß umgekehrt die Zerstreuung des vereinheitlichten Subjekts in eine Vielzahl von Subjektpositionen sozusagen von selbst die Autorität der Macht und ihre Ausübung unterminiert.

Diesem Gemeinplatz gegenüber muß immer wieder betont werden, daß die Macht uns immer als *gespaltene* Subjekte anruft oder adressiert, daß sie sich für ihre Reproduktion auf unsere Spaltung stützt. Die Botschaften, mit denen uns der Diskurs der Macht bombardiert, sind per definitionem inkonsistent, es gibt immer eine Kluft zwischen dem öffentlichen Diskurs und seiner phantasmatischen Stütze – weit davon entfernt, eine Art sekundärer Schwäche, ein Zeichen der Unvollkommenheit der Macht zu sein, ist diese Spaltung konstitutiv für deren Ausübung. In bezug auf die sogenannte „postmoderne", dem Spätkapitalismus angemessene Form der Subjektivität muß man sogar noch einen Schritt weiter gehen: Das „postmoderne" Subjekt ist sogar direkter, auf der Ebene des öffentlichen Diskurses, als inkonsistentes Bündel multipler „Subjektpositionen" konstituiert (der ökonomisch konservative, sexuell aber aufgeklärte Yuppie usw.).

10 Dieselbe Logik scheint beim anti-kommunistischen Rechtsaußen-Populismus am Werk zu sein, der in letzter Zeit in den ehemaligen sozialistischen Ländern Osteuropas an Einfluß gewonnen hat. Seine Antwort auf das gegenwärtige ökonomische und gesellschaftliche Übel lautet, daß die Kommunisten, obwohl sie die Legalität und öffentliche Macht verloren haben, nach wie vor die Fäden ziehen, die Hebel der wirklichen ökonomischen Macht bewegen und die Medien und Staatsinstitutionen kontrollieren... Die Kommunisten werden somit zu einer Art phantasmatischen Entität, vergleichbar den Juden: je mehr sie ihre öffentliche Macht verlieren und unsichtbar werden, desto stärker wird ihre phantomartige Omnipräsenz, ihre schattenartige, effektive Kontrolle...– Diese *idée fixe* der Populisten, denen zufolge, das, was nun in den post-kommunistischen Ländern im Enstehen begriffen ist, kein „wahrer" Kapitalismus ist, sondern dessen falsches Imitat und die wirkliche Macht und Kontrolle in den Händen der als Neo-Kapitalisten herausgeputzten Ex-Kommunisten bleibt, stellt auch den exemplarischen Fall einer Illusion dar, deren Mechanismus zum ersten Mal von Hegel offengelegt wurde: Was die Anti-Kommunisten anzuerkennen verfehlen, ist der Umstand, daß ihre Opposition diesem „falschen" Kapitalismus gegenüber in Wahrheit eine Opposition gegen den Kapitalismus *tout court* ist, das heißt daß sie, die keine Ex-Kommunisten sind, die wahren ideologischen Stützen des Sozialismus sind – kein Wunder also, daß sich die Populisten gezwungen sehen, die alte kommunistische Opposition von „formaler" und „wahrer" Demokratie wiederzubeleben. Kurzum, wir haben es hier mit einem weiteren Beispiel für die zu jedem revolutionären Prozeß gehörende Ironie zu tun, einer Ironie, die bereits von Marx beschrieben wurde: Mit einem Schlag werden sich die verblüfften Revolutionäre bewußt, daß sie reine verschwindende Vermittler waren, deren „historische Rolle" darin bestand, das Terrain für die Übernahme der alten Herrn in neuem Kleid vorzubereiten.

11 Siehe Jacques Derrida, *Spectre de Marx*, Paris: Galilee 1993.

12 Dieser Begriff des Antagonismus stammt natürlich aus den Arbeiten von Ernesto Laclau und Chantal Mouffe, vor allem aus: *Hegemonie und Radikale Demokratie*, Wien: Passagen 1991.

13 Siehe die unvergleichliche Analyse von Linda Williams in „Mirrors without Memories – Truth, History, and the New Documentary", *Film Quarterly*, Vol. 46, Nr. 3, Frühjahr 1993, S. 9–21.

14 Dieser Koinzidenz muß man die Logik von Disneyland, vor Jahren von Baudrillard entlarvt, entgegensetzen: die Falle von Disneyland besteht nicht im Versuch,

uns von der Authenzität seiner nachgemachten Attraktionen zu überzeugen, sie besteht eher in dem Versuch, daß die Welt außerhalb von Disneyland, die Welt, in die wir (wieder) eintreten, sobald wir den Vergnügungspark verlassen, die „wahre Wirklichkeit" und keine Täuschung ist. In anderen Worten, die eigentliche Irreführung beruht auf der Tatsache, daß die inszenierte Erscheinung sich als etwas Nachgemachtes ausgibt, und so die Authentizität der „Wirklichkeit" draußen garantiert – dies ist nach Hegel die wahre Täuschung im Begriff der Erscheinung.

15 Eines der unbedeutenderen, aber verräterischen Ereignisse, das von dieser „Verkümmerung" des Nationalstaates Zeugnis ablegt, ist das langsame Anwachsen von obszönen Institutionen wie den Privatgefängnissen in den USA und einigen anderen westlichen Ländern. Die Ausübung dessen, was Monopol des Staates sein sollte (Ausübung von Zwang und physischer Gewalt), wird zum Objekt eines Vertrages zwischen dem Staat und einer Privatfirma, die auf Individuen Gewalt ausübt, um damit Profit zu schlagen. Wir haben es hier schlicht und einfach mit dem Ende des Monopols einer legitimierten Gewaltanwendung zu tun, die (nach Max Weber) den modernen Staat definiert.

16 Diese drei Stadien (prämoderne Gemeinschaft, Nationalstaat und die heute im Entstehen begriffene transnationale „universelle Gesellschaft") entspricht natürlich der von Fredric Jameson entwickelten Triade Realismus, Moderne, Postmoderne. Auch hier wird uns das Retrophänomen, das die Postmoderne charakterisiert, nicht enttäuschen: erst mit der Postmoderne wird der Bruch mit der Vormoderne wirklich vollzogen. Siehe Fredric Jameson, *Postmodernism, or, The Cultural Logic of Late Capitalism*, Durham: Duke University Press 1991.

Die Schuld des Blickes

1 Joel Black, *The Aesthetics of Murder*, Baltimore: The Johns Hopkins University Press 1991.
2 Diese mysteriöse Figur des Folterers, der Macht über die Frau hat und dem Subjekt den Zugang zu ihr verweigert, das letzte Ziel des Gewaltausbruchs beim Subjekt, ist das, was Lacan das Vater-Genießen (*Père-Jouissance*) nennt, das Phantasma-Bild vom Herrscher über das weibliche Genießen – das genaue Gegenteil des symbolisch-toten Vaters, dessen Tod präzise bedeutet, daß er in bezug auf das Genießen ein vollkommener Ignorant ist. Zu dieser Vorstellung vom Vater-Genießen vgl. Slavoj Žižek, *Enjoy Your Symptom!*, New York: Routledge 1992.
3 Siehe Joel Black, op. cit.
4 Richard Rorty, *Kontingenz, Ironie und Solidarität*, Frankfurt/M: Suhrkamp 1992.
5 Etienne Balibar, „Violence et politique" (unveröffentlichtes Manuskript).
6 Etienne Balibar, „Racism as Universalism", in: *Masses, Classes, Ideas*, New York: Routledge 1994.
7 Jeffrey Masson, *The Assault on Truth. Freud's Suppression of the Seduction Theory*, New York: Farrar Straus Giroux 1984.
8 Jacqueline Rose, „Where Does the Misery Come From?", in: Richard Feldstein and Judith Roof (Hg.), *Feminism and Psychoanalysis*, Ithaca und London: Cornell University Press 1989.

9 Der Titel von Roses Artikel „Where Does the Misery come From?" ist hier geradezu bezeichnend; eine der Funktionen von Ideologie besteht haargenau darin, die „Ursprünge des Bösen" zu erklären, ihre Ursache zu „objektivieren"/externalisieren und auf diese Weise uns von der Verantwortlichkeit dafür zu entheben . . .
10 Ich folge hier der weitsichtigen Argumentation von Alenka Zupancic in ihrem Vortrag „L'ideologie et l'evidence" beim Colloquium *Der Althusser-Effekt* in Wien, 17.-20. 3. 1994.
11 Alain Badiou, *L'ethique*, Paris: Hatier 1993.
12 Milan Kundera, *Die unerträgliche Leichtigkeit des Seins*, München: Hanser 1984.
13 Ich entlehne diese Rephrasierung von Kundera von Renata Salecl, *The Spoils of Freedom*, London: Routledge 1994.
14 Übrigens einer der inhärenten Widersprüche der *Political-Correctness*-Dekonstruktivisten: Obwohl sie auf der Ebene des ausgesagten Inhalts sehr wohl wissen, daß kein Subjekt, nicht einmal der widerwärtigste Rassist oder Sexist, voll verantwortlich (und also auch voll schuldig) für seine Taten ist, das heißt, daß „Verantwortung" eine juristische Fiktion ist, die dekonstruiert werden kann, behandeln sie – auf der Ebene der subjektiven Position des Aussagens – Rassisten und Sexisten als voll verantwortlich für ihre Taten.
15 Zitiert nach *Time*, 11. Juli 1994, S. 27–28.